Leistungsbild und Honorierung

Nr. 9

Projektmanagementleistungen in der Bau- und Immobilienwirtschaft

Stand: Mai 2014

erarbeitet von der
AHO-Fachkommission
„Projektsteuerung/Projektmanagement“

4., vollständig überarbeitete Auflage

Ausschuss der Verbände und Kammern
der Ingenieure und Architekten
für die Honorarordnung e.V.

Bundesanzeiger
Verlag

Bibliografische Information Der Deutschen Bibliothek
Die Deutsche Bibliothek verzeichnet diese Publikation in der Deutschen Nationalbibliografie; detaillierte bibliografische Daten sind im Internet über: http://dnb.ddb.de abrufbar.

Herausgeber: AHO e.V.
Uhlandstraße 14
10623 Berlin
Telefon: (030) 31 01 917-0
Telefax: (030) 31 01 917-11
E-Mail: aho@aho.de

Redaktionelle Bearbeitung: Dr.-Ing. Norbert Preuß
Döbrastraße 10
81549 München
Telefon: (089) 2 06 06 55-10
Telefax: (089) 2 06 06 55-19
E-Mail: norbert.preuss@preuss-pm.de

Dieses Heft erscheint im Rahmen der AHO-Schriftenreihe als unverbindliche Honorierungsempfehlung und Praxishilfe. Bei der Zusammenstellung des Inhalts wurde mit größter Sorgfalt vorgegangen. Haftungsansprüche gegen den Herausgeber, die Autoren oder den Verlag sind jedoch ausgeschlossen.

ISBN 978-3-8462-0189-3
4., vollständig überarbeitete Auflage Mai 2014 (korrigierter Nachdruck)
3., vollständig überarbeitete Auflage März 2009
2., vollständig überarbeitete und erweiterte Auflage Januar 2004
Nachdruck April 2003
Redigierte Auflage März 2002
Nachdruck September 2000
Redigierte Auflage August 1998
1. Auflage November 1996

Mitglieder der AHO-Fachkommission „Projektsteuerung/Projektmanagement"

RA Prof. Dr. jur. K. Eschenbruch	Kapellmann und Partner, Düsseldorf DVP-Vorstand
RA R. Herholz	AHO Ausschuss der Verbände und Kammern der Ingenieure und Architekten für die Honorarordnung e.V., Berlin
Dipl.-Ing. W. Hoffmann	LBB Rheinland-Pfalz, Mainz
Dipl.-Ing. Arch. H. J. Pillich	bmp Baumanagement Pillich, Recklinghausen DVP-Vorstand
Dr.-Ing. N. Preuß (Leiter der Fachkommission)	PREUSS PROJEKTMANAGEMENT GMBH, München Geschäftsführender DVP-Vorstand
Dipl.-Ing. W. Schneider	DU Diederichs Projektmanagement AG & Co. KG, Wuppertal DVP-Vorstand
Dr.-Ing. R. Schofer	SMV Bauprojektsteuerung Ingenieurgesellschaft mbH, Berlin Geschäftsführender DVP-Vorstand
Dr.-Ing. M. G. Viering	KVL Bauconsult GmbH, Berlin DVP-Vorstand
Dipl.-Ing. Arch. BDA W. Volkmann	volkmann-pm, Duisburg

Autoren der 1. Auflage

Prof. Dr.-Ing. C. J. Diederichs

Dipl.-Ing. Arch. J. Homola

Dipl.-Ing. M. Johannsen

Dipl.-Ing. P. Mittmann

Dr.-Ing. Wolfgang Müller

Dipl.-Ing. A. Pellar

Dipl.-Ing. G. Schulz

Dipl.-Ing. Arch. BDA W. Volkmann

Vorwort zur 4. Auflage

Die AHO-Fachkommission hat die Leistungs- und Honorarordnung im Projektmanagement in der 4. Auflage vollständig überarbeitet und neuen Entwicklungen angepasst. Der Schwerpunkt der Überarbeitung betrifft folgende Bereiche:

Die 4. Auflage verzichtet auf die Wiedergabe der Vorworte aus der 1. bis 3. Auflage. Ein historischer Bezug ist in Kapitel 1.2 enthalten.

Die verwendeten Begrifflichkeiten bei den Leistungsanforderungen wurden vereinheitlicht. Präzisierungen fanden insbesondere bei den Kerndefinitionen des Leistungsbildes, nämlich betreffend Mitwirken, Erstellen/Aufstellen und Abstimmen, das Fortschreiben, das Überprüfen und Prüfen statt. Auf eine möglichst einheitliche Begriffsverwendung im Vergleich mit der HOAI, den DIN-Normen und sonstigen Normen des Projektmanagements wurde geachtet.

Die im Jahre 2013 in Kraft getretene HOAI machte eine Überarbeitung der Leistungsbilder in vielen Punkten notwendig. Die Aufnahme von Koordinierungs-, Termin- und Kostensteuerungsaufgaben der Objektplanung während aller Projektphasen bedingte eine Neubestimmung der Aufgabenteilung zwischen Objektplanung und Projektsteuerung. Insbesondere die Anforderungen an die Projektsteuerung bezüglich der „Planung der Planung" mussten neu entwickelt werden. Die stärker phasenbezogene Ausbildung der Leistungsbilder der HOAI mit einer Ergebnisdokumentation zum Phasenabschluss erforderte eine entsprechende Kontrollaufgabe der Projektsteuerung.

Durch die Aufnahme zusätzlicher Besonderer Leistungen soll das Standardleistungsbild für Projektsteuerung präzisiert und von den Leistungen anderer Projektbeteiligter abgegrenzt werden. Dies betrifft auch neue Anforderungen an Planungsprozesse (BIM) sowie den Einsatz von Nachhaltigkeitssystemen und die Zertifizierung von Projekten, aber auch Wirtschaftlichkeitsuntersuchungen.

Zudem wurde für Standardprojekte die Abgrenzung zu den Aufgaben des Auftraggebers konkretisiert. Einzelne Leistungsanforderungen wurden im Detail geändert. So wurde die Beschränkung des Mitwirkens beim Risikomanagement auf technische Risiken aufgegeben. Eine anlassbezogene örtliche Kontrolle der Leistung der Objektüberwachung wurde explizit benannt.

Die Überarbeitung der Vergütungsregelung hatte folgende Schwerpunkte:

Die Honorartafelwerte der Projektsteuerung wurden zum ersten Mal seit zehn Jahren wegen der eingetretenen Preisentwicklungen und der Leistungserweiterungen ab 2004 sowie unter Berücksichtigung der aktuellen Erhöhung in der HOAI um 10 % erhöht.

Die Verteilung des Honorars auf die einzelnen Projektstufen wurde den Entwicklungen des Leistungsbildes angepasst.

Da es zwischen Bau- bzw. Projektlaufzeit und Honorar zwangsläufig einen Zusammenhang gibt, erfolgte ein Hinweis zur Bauzeit vor der Honorartafel. Es erfolgte eine geringfügige Anpassung der Monatsverrechnungssätze.

Vorwort zur 4. Auflage

Der Leitfaden zur Beauftragung von Leistungen der Projektsteuerung wurde überarbeitet. Die beispielhafte Ausprägung von Zuschlagskriterien wurde erweitert, kommentiert und geändert. Die in einem Flussdiagramm dargestellten Vergabeprozesse zeigen die Unterschiede zwischen dem öffentlichen und dem privaten Bauherrn auf.

Der Leitfaden zur Vertragsgestaltung von Projektmanagementleistungen und das Praxisbeispiel eines Projektmanagementvertrags wurden ebenfalls aktualisiert.

Die vollständige Neubearbeitung des vorliegenden Heftes war nur aufgrund des ganz erheblichen Einsatzes der Mitglieder der AHO-Fachkommission sowie der Unterstützung durch Frau Nowak bei der Erstellung der Textfassung für den Bundesanzeiger Verlag möglich. Ich danke allen, die an der neuen Auflage mitgewirkt haben.

Berlin, im Mai 2014

Dr.-Ing. Norbert Preuß

– Leiter der AHO-Fachkommission „Projektsteuerung/Projektmanagement" –

Inhaltsverzeichnis

Verzeichnis der Bilder

1 Einleitung

Die Leistungs- und Honorarordnung Projektsteuerung enthält ein Standardleistungsbild und Vergütungsvorschläge für Leistungen im Zusammenhang mit der Unterstützung von Bauherren bei der Realisierung von Bau- und Immobilienprojekten. Die Leistungs- und Honorarordnung ist in regelmäßigen Abständen an die Bedürfnisse des Marktes angepasst worden. Die Beauftragung von Projektmanagementleistungen im deutschen Markt erfolgt heute überwiegend in Anlehnung oder unter Berücksichtigung der Leistungs- und Honorarordnung Projektmanagement AHO. Zu deren besserem Verständnis und als Anwendungshilfe sollen nachfolgend einige (auch historische) Grundlagen der Leistungs- und Honorarordnung erläutert werden.

1.1 Der historische Regelungsansatz

Die AHO-Fachkommission „Projektsteuerung" wurde im September 1993 in Bonn gegründet. Die Zielsetzung bestand darin, unter Fortentwicklung des seinerzeitigen § 31 Abs. 1 HOAI ein praxistaugliches Leistungsbild und eine Honorarordnung zur Projektsteuerung zu entwickeln.

Die Projektsteuerung im Bauwesen hatte sich seit den 70er Jahren als eine eigenständige Leistungsdisziplin bei der Abwicklung von größeren Bauvorhaben etabliert. Der im Jahre 1976 eingeführte § 31 HOAI trug jedoch den Bedürfnissen der Praxis nicht ausreichend Rechnung. Die Vorschrift zählte nur beispielhaft einige Kernleistungen der Projektsteuerung auf, im Wesentlichen zur Abgrenzung von dem Preisrecht der HOAI unterworfenen Architekten- und Ingenieurleistungen. Die Vergütung für die Projektsteuerung blieb deshalb ungeregelt.

Die ehemals in § 31 (1) HOAI beispielhaft aufgezählten Leistungen waren nicht geeignet, die auftraggeber- und auftragnehmerseitigen Anforderungen an ein ausreichend differenziertes Leistungsbild für Projektsteuerungsleistungen zu erfüllen. Darüber hinaus enthielt § 31 (1) HOAI keine Gliederung in terminlicher Hinsicht nach Projektphasen oder inhaltlich nach Handlungsbereichen, so dass die sehr praxisrelevante Beauftragung von Teilleistungen (z.B. bei gestuften Beauftragungen) erschwert wurde.

Diesen Anforderungen sollte durch die Entwicklung eines eigenständigen Standardleistungsbildes für die Bauprojektsteuerung Rechnung getragen werden, welches für eine möglichst große Anzahl von Bau- und Immobilienprojekten Anwendung finden kann. Passend zu diesem Leistungsbild sollten marktgerechte Honorarvorschläge (in einer Honorarordnung) entwickelt werden. Die Honorarvorschläge sollten dem typischerweise entstehenden Aufwand bei der Anwendung des Leistungsbildes Rechnung tragen und die seinerzeit vorliegenden empirischen Grundlagen über die Höhe von Projektsteuererhonoraren berücksichtigen. Dadurch sollte die Projektsteuerung erstmals aus den recht diffusen Vorstellungen über Leistungen und Honorarangebote herausgehoben und effektive und wirtschaftliche Beauftragungen von Projektmanagementleistungen auf einer klaren Leistungs- und Honorargrundlage ermöglicht werden.

Die AHO-Fachkommission konnte bei ihren früheren Entwürfen auf Leistungsbilder und Honorarordnungen des Deutschen Verbandes der Projektmanager in der Bau- und Immobilienwirtschaft e.V. (DVP) zurückgreifen. Im Hinblick auf die damaligen Widerstände gegen eine selbständige Leistungsdisziplin Projektsteuerung hatte sich auch die AHO-Fachkommission weitgehend an die HOAI angelehnt. Die Grundleistungen der Projektsteuerung wurden dabei als neutrale und unabhängige Wahrnehmung von Auftraggeberaufgaben in beratender Stabsfunktion beschrieben. Sie umfassten hiernach die Kernfunktionen der Bauabwicklung, nämlich Organisation, Qualitäten, Kosten und Termine.

In Abgrenzung von den Leistungsbildern der HOAI wurde der Versuch unternommen, Überschneidungen von Grundleistungen zu vermeiden. Lediglich bei Besonderen Leistungen mussten Überschneidungen zwischen Projektsteuerungs- und HOAI-Leistungen vorgesehen werden. Die Trennung der Projektsteuerungs- und Planungsfunktionen wurde hierdurch weitgehend sichergestellt. Die Abgrenzung von den Planungsleistungen speziell im Bereich der Besonderen Leistungen erfolgte nach folgenden Grundsätzen:

- Planungsergänzende Leistungen (z.B. Untersuchung von Lösungsmöglichkeiten nach grundsätzlich verschiedenen Anforderungen) sollten vom Planer zur zweifelsfreien Abgrenzung der Leistungsbilder und zur eindeutigen Erhaltung der Haftungsgrenzen erbracht werden,
- Beratungs-, Koordinations-, Informations- und Kontrollleistungen, z.B. Mitwirkung beim Veranlassen und Abstimmen besonderer Anpassungsmaßnahmen (Krisenmanagement), sollen immer vom Projektsteuerer wahrgenommen werden, damit eine Selbstkontrolle von Planerleistungen vermieden wird, und
- Leistungen, die Grundlagen der Planungs- und Entscheidungsvorbereitung schaffen sollen (z.B. Standortanalyse, Aufstellen eines Raum- und Funktionsprogramms, Überprüfen von Wertermittlungen für Grundstücke und Gebäude), können entweder vom Planer oder vom Projektsteuerer erbracht werden, da hier Interessenkollisionen ausgeschlossen sind.

Die Differenzierung zwischen Grundleistungen und Besonderen Leistungen wurde vorgesehen, um ein Leistungsbild zu entwickeln, welches einerseits die für die Abwicklung von Standardprojekten notwendigen Grundleistungen enthält und andererseits eine hierauf abgestimmte wirtschaftliche Vergütung ermöglicht. Besondere Projektanforderungen können die Beauftragung von Besonderen Leistungen erforderlich machen, wobei die Kataloge der AHO-Leistungs- und Honorarordnung den Umfang projektspezifisch zu vereinbarender Besonderer Leistungen insoweit nicht abschließend regeln.

1.2 Die weitere Entwicklung

1.2.1 Leistungsbild

Die Leistungs- und Honorarordnung Projektsteuerung der AHO-Fachkommission fand schnelle Verbreitung in der Praxis, und zwar sowohl bei öffentlichen wie auch privaten Auftraggebern. Dementsprechend musste die 1. Auflage der Leistungs- und Honorarordnung Projektsteuerung mehrfach nachgedruckt und in einer lediglich redigierten Fassung neu aufgelegt werden, bis erstmals mit der 2. Auflage im Jahre 2004 eine grundlegende Überarbeitung stattfand.

Auch mit der 2. Auflage blieb die Grundstruktur des AHO-Leistungsbildes zunächst unverändert, insbesondere die Strukturierung des Leistungsbildes in fünf Projektstufen (Projektvorbereitung, Planung, Ausführungsplanung, Ausführung, Projektabschluss) sowie in vier Handlungsbereiche (Organisation, Qualitäten, Kosten, Termine). Die Leistungsinhalte wurden mit der 2. Auflage 2004 neu gefasst. Die Praxistauglichkeit und Verständlichkeit sollten erhöht und das Leistungsbild auf die Anforderungen der aktuellen Projektgegebenheiten angepasst werden. Insbesondere wurde die Projektsteuerung mehr auf den Erfolg des Bauprojekts ausgerichtet und der Übernahme der Projektleitungsaufgaben wurde besonderes Gewicht verliehen. Neben der Standardlösung einer Unterstützung der bauherrenseitigen Projektleitung durch einen Projektsteuerer (in Stabsfunktion) bei der Realisierung von Projekten forderten Auftraggeber zunehmend auch die Übernahme von Projektleitungsaufgaben (in Linienfunktion) durch Projektsteuerer. Dem Projektsteuerer wurde dementsprechend oft das gesamte Portfolio des Projektmanagements bei Immobilien- und Bauprojekten übertragen. Dies war auch Veranlassung, das Leistungsbild und die Honorarordnung nicht auf reine Projektsteuerungsleistungen zu beschränken, sondern für das gesamte Projektmanagement als Summe von Projektsteuerungs- und Projektleitungsaufgaben zu öffnen. Dementsprechend wurde die AHO-Fachkommission im Mai 2003 auch in „Projektsteuerung/Projektmanagement" umbenannt.

Zur weiteren Erleichterung der Beauftragung von Projektsteuerungsleistungen bei Projektsteuerungs- und Projektleitungsaufgaben wurde mit der 2. Auflage ein Kapitel zur Beauftragung von Leistungen des Projektmanagements, hier ein Leitfaden zur Vertragsgestaltung, aufgenommen.

Die 3. Auflage der Leistungs- und Honorarordnung Projektmanagement des AHO von 2009 führte erneut zu einer grundlegenden Neubearbeitung des Leistungsbildes. Zum einen wurde die Struktur des Leistungsbildes dadurch geändert, dass die in dem Leistungsbild verstreuten Leistungsanforderungen betreffend Verträge und Versicherungen in einem gesonderten Handlungsbereich E zusammengeführt wurden. Das Standardleistungsbild enthält dementsprechend fortan fünf Handlungsbereiche, einschließlich des Handlungsbereichs E für Verträge und Versicherungen.

Des Weiteren wurden die übergreifenden Leistungen, die zumeist für sämtliche Leistungsphasen relevant sein sollen, in dem Handlungsbereich A – Organisation, Information, Koordination und Dokumentation – gebündelt. Die Leistungen wurden unter dem Blickwinkel der Betonung der Gesamtverantwortung des Projektmanagers erweitert. Insbesondere bei dem Entscheidungsmanagement und Änderungsmanagement sind umfassende Leistungsansätze aufgenommen worden. Viele weitere Konkretisierungen bei Einzelleistungen sind hinzugetreten.

Mit der 4. Auflage der Leistungs- und Honorarordnung Projektmanagement des AHO von 2014 ist nochmals eine umfassende Neubearbeitung erfolgt. Die Neufassung der Leistungsbilder der HOAI 2013 machte eine neue Abgrenzung der Leistungen des Projektsteuerers von denen des Objektplaners notwendig. Die Leistungsbilder der HOAI wurden im Wesentlichen als Maßstab für die Leistungsgrenzen der Projektsteuerung berücksichtigt. Dementsprechend obliegt der Projektsteuerung ab der 4. Auflage eine vertiefte Kontrolle der Einzelschritte der Planung. In frühen Terminplanungsphasen hat sich die Notwendigkeit ergeben, einen iterativen Prozess aufeinander abgestimmter Tätigkeiten der Terminplanung zu beschreiben.

Die verwendeten Begriffe wurden bei den einzelnen Leistungsanforderungen geschärft und klargestellt, auch im Hinblick auf die HOAI-Reform. Zum Teil sind Leistungsanforderungen auch erweitert worden, um den gesamtheitlichen Beitrag des Projektsteuerers zum Projekterfolg deutlicher herauszustellen.

Der Kommentarteil des Heftes wurde gestrafft und grundlegend überarbeitet. Schließlich fand eine Anpassung und Überarbeitung der Darstellung zur Beauftragung von Projektmanagement wie auch der Vertragsvorschläge statt.

1.2.2 Vergütungsvorschläge

Die Leistungs- und Honorarordnung Projektsteuerung der AHO-Fachkommission sah bis zur 2. Auflage ausschließlich eine Honorierung von Projektsteuerungsleistungen mittels einer Honorarkurve vor, die ähnlich den Honoraren der HOAI für Architekten- und Ingenieurleistungen entwickelt worden war. Die daraus abgeleiteten Pauschalhonorare für Projektsteuerer (die sich allerdings entsprechend der Fortentwicklung der anrechenbaren Kosten verändern konnten) hatten ihre empirische Bestätigung in gutachterlichen Untersuchungen der WIBERA Wirtschaftsberatung Düsseldorf zur Wirtschaftlichkeit und Organisation der Staatshochbauverwaltung Nordrhein-Westfalen aus dem Jahre 1983 gefunden. Zudem bestätigte eine von der AHO-Fachkommission durchgeführte Honorarumfrage aus dem Frühjahr 1995 die Tafelwerte der Honorartabellen. Die hiernach berechneten Projektsteuererhonorare in Anlehnung an die anrechenbaren Kosten fanden ihre Bestätigung durch neue empirische Untersuchungen von *Mittelstädt*.[1]

Mit der 2. Auflage der Leistungs- und Honorarordnung Projektmanagement der AHO-Fachkommission wurde der frühere Ansatz, Projektsteuerungsleistungen ausschließlich in Anlehnung an die anrechenbaren Kosten zu vergüten, teilweise aufgegeben. Neben das System der an die anrechenbaren Kosten anknüpfenden Vergütungssystematik (analog HOAI) wurde die Vergütung nach Zeitaufwand (nach Personaleinsatzkalkulation) gestellt. Beide Honorierungsformen werden heute als selbständige Angebote für die Marktteilnehmer bereitgehalten.

Für eine Vereinbarung von Honoraren auf Basis anrechenbarer Herstellkosten sprechen nach wie vor die Geeignetheit bei Standardprojekten, die einfache Ermittlung, der geringe Controllingaufwand und die empirische Fundierung. Für Projekte mit besonderen Anforderungen, auch an die einzusetzenden Teams, und zur Vermeidung von Kostensteigerungen beim Projektmanagement infolge noch ungeklärter Projektrahmenbedingungen bietet sich die zeitaufwandsbezogene Kalkulation von Honoraren an, die ebenfalls in der Leistungs- und Honorarordnung Projektmanagement im Einzelnen beschrieben ist. Hierzu wurden Angaben zu Verrechnungssätzen für Projektsteuerungsleistungen wie auch Hinweise für die Angebotskalkulation nach Personaleinsatzplänen aufgenommen. Die Vergütungsermittlung sowohl nach anrechenbaren Herstellkosten als auch nach Personaleinsatz eröffnet den Vertragsparteien Möglichkeiten, das Honorar zu pauschalieren.

Ursprüngliche Bemühungen, die Leistungs- und Honorarordnung Projektmanagement in die HOAI zu integrieren, werden von der AHO-Fachkommission nicht weiterverfolgt. Die AHO-Fachkommission ist der Auffassung, dass sie den Marktteilnehmern angesichts der projektindividuellen Anforderungen an Projektsteuerungsleistungen mit dem Angebot

1 Mittelstädt N (2006), Leitlinie zur projektbezogenen Spezifikation und erfolgsabhängigen Honorarbemessung von extern beauftragten Projektmanagement-Leistungen im Hochbau, Institut für Bauwirtschaft, Universität Kassel.

frei verhandelbarer Honorare mehr dient als mit staatlich verordneten Preisvorgaben. Sie trägt damit auch den europarechtlichen Rahmenbedingungen und den gesetzgeberischen Überlegungen zur Reduktion des Anwendungsbereichs der HOAI Rechnung.

Die 3. Auflage der Leistungs- und Honorarordnung Projektmanagement des AHO brachte keine wesentlichen Veränderungen der Vergütungsvorschläge. Die mit den Honorarvorschlägen verbundene Möglichkeit der Vereinbarung von vorläufigen oder endgültigen Pauschalen auf der Basis vorläufig kalkulierter anrechenbarer Kosten oder einer alternativen Preisbildung auf Basis einer Personaleinsatzkalkulation sollte dem Marktteilnehmer ausreichende Spielräume für eine sachangemessene Honorarfindung belassen. Das Kostenberechnungsmodell HOAI für Objektplanungsleistungen wurde auch für die Projektsteuerung übernommen, um das Projektsteuerungshonorar von der weiteren Kostenentwicklung zu entkoppeln.

Mit der 4. Auflage der Leistungs- und Honorarordnung Projektmanagement wurden erstmals nach zehn Jahren die Honorartafelwerte um 10 % angehoben. Die Anpassung berücksichtigt einerseits die Indexentwicklung in den Bürokosten und andererseits die zwischenzeitlich durchgeführten Leistungsergänzungen seit dem Jahre 2004, die in den Vorworten zur jeweiligen Auflage des Heftes abgedruckt sind.

Da es zwischen Bau- und Projektlaufzeit bzw. Honorar zwangsläufig einen Zusammenhang gibt, wurde ein Hinweis zur Bauzeit aufgenommen. Die Empfehlungen für die Monatsverrechnungssätze wurden geringfügig angepasst.

1.3 Ergebnis/Anwendung bei komplexen Projekten

Das entwickelte Leistungsbild und die Honorarordnung Projektmanagement mit den klar strukturierten Grundleistungen und Besonderen Leistungen für klassische Projektkonstellationen decken ein weites Anwendungsfeld für Bau- und Immobilienprojekte ab. Die Leistungsbilder und die Honorartafeln haben deshalb in der Praxis weite Verbreitung gefunden.

Das Leistungsbild ist von Beginn an bewusst offen gehalten und die Leistungsanforderungen sind weitgehend abstrakt formuliert. Wenn Projekte besondere Anforderungen stellen, welche etwa die Anwendung bestimmter Methoden für einzelne Steuerungsleistungen erfordern, sind diese von den Vertragsbeteiligten konkret vertraglich festzulegen. Genauso sind ergänzende Besondere Leistungen vorzusehen, wo dies notwendig ist. Diese ggf. projektspezifische Anpassung des Leistungsbildes muss auch auf der Honorarebene Berücksichtigung finden. Die Leistungsbilder und die Honorartafeln bieten einen flexiblen Maßstab für alle relevanten Anforderungen der Praxis.

Für Standardprojektaufgaben bei der Realisierung von Bau- und Immobilienprojekten enthalten die in diesem Heft beschriebenen Grundleistungen der Projektsteuerung einen umfassenden und ausreichenden Handlungskatalog. Die Leistungs- und Honorarordnung Projektmanagement des AHO ermöglicht auch, unter Berücksichtigung der bereits vorgesehenen, allerdings nicht abschließend definierten Besonderen Leistungen, eine Anpassung auf ganz besonders komplexe Anforderungen, wie sie etwa bei der Realisierung von Großprojekten anzutreffen sind. Es ist eine wesentliche Aufgabenstellung des Auftraggebers, bei besonders komplexen Projektanforderungen, insbesondere den sog. Großprojekten, zu prüfen, ob weitere Leistungen projektspezifisch zu berücksichtigen und ggf. an einen Projektsteuerer zu beauftragen sind. Spektakuläre Fehlsteuerungen bei komplexen und großen Projekten haben verdeutlicht, dass wichtige Felder des Projektmanagements nicht rechtzeitig in Angriff genommen worden sind. Bei derartigen Projekten kommt insbesondere die Beauftragung folgender ergänzender Leistungen in Betracht:

Projektentwicklung im engeren Sinne

Bei komplexen Projekten kann bereits die Definition der Projektziele eine ganz besondere Anforderung darstellen. Das Standardleistungsbild des AHO geht grundsätzlich davon aus, dass der Bedarf und die Projektziele feststehen und der Projektsteuerer bei deren abschließender Verabschiedung und Dokumentation mitzuwirken hat. Dagegen können bei komplexeren Projektanforderungen beträchtliche Projektentwicklungsaufgaben notwendig werden, etwa Marktanalysen und Bedarfsplanungen sowie Wirtschaftlichkeitsuntersuchungen, die über die Grundleistungen hinaus beauftragt werden müssen.

Beteiligung interner/externer Stakeholder

Bei komplexeren Projekten ist in besonderer Weise darauf zu achten, alle Projektbetroffenen, wie etwa betroffene Dritte und die relevante Öffentlichkeit, frühzeitig in die Projektentwicklung und Projektrealisierung einzubinden, um eine störungsfreie Abwicklung des Projekts in der Zukunft zu ermöglichen. Die Sicherstellung eines entsprechenden Stakeholder-Managements bedarf eigenständiger konzeptioneller Ansätze und ebenfalls der Bearbeitung eines ganzen Leistungsportfolios, dessen ergänzende Beauftragung so früh wie möglich im Projekt sichergestellt werden muss.

Konzepte für komplexe Genehmigungsverfahren

Bei komplexen Projekten, insbesondere Infrastrukturprojekten, reicht die Herbeiführung einer Baugenehmigung zumeist nicht aus, um den Projekterfolg zu sichern. Es müssen vielfältige Sondergenehmigungen unterschiedlichster Behörden, z.B. im Rahmen von Planfeststellungsverfahren, beschafft werden. Das Betreiben der Genehmigung kann einen wesentlichen Teil der gesamten Projektlaufzeit in Anspruch nehmen. Bei derartigen atypischen Projekten sind Leistungsbild und Vergütung anzupassen.

Besondere Anforderungen an die Planungssteuerung

Bei komplexeren Projekten stellen sich oft besondere Anforderungen an die Steuerung der Planungsbeteiligten. Sie können bestehen in einer Neuausrichtung der Planungsprozesse auf mehrdimensionale Planungsmethoden (etwa BIM), in der Verwendung von PKMS (Projektplattformen), der Umsetzung von Nachhaltigkeitskonzepten mit Zertifizierungssystemen sowie der Koordinierung mehrerer Objektplaner. Zusätzliche Anforderungen entstehen auch bei dem Projektmanagement für mehrere, verknüpfte Projekte, Programme und Projektportfolios. Auch in Bezug auf derartige Anforderungen ist frühzeitig zu prüfen, ob über die Leistungen des AHO-Leistungsbildes hinaus Besondere Leistungen an Projektsteuerungsunternehmen übertragen werden müssen. Entsprechendes gilt, wenn angesichts der Projektanforderungen und der Kompetenz der übrigen Projektbeteiligten parallele Kosten- und Terminermittlungen durchgeführt werden sollen. Speziell bei komplexen Großprojekten kann es zweckmäßig sein, von vornherein ein Value Engineering zu installieren. Auch hierdurch ergeben sich, abhängig von der Ausgestaltung dieser Prozessoptimierung, ergänzende Anforderungen an das Projektmanagement.

Nutzer-/Mieterkoordination und Inbetriebnahmemanagement

Oftmals entstehen Probleme dadurch, dass der Nutzerbedarf nicht ordnungsgemäß erfasst und die Nutzerbelange während Planung und Ausführung nicht ausreichend berücksichtigt werden. Vielfach erkennen Bauherren erst viel zu spät, dass für die Steuerung der internen Nutzer erhebliche Personalreserven benötigt werden. Dementsprechend ist auch im Hinblick auf die Nutzer-/Mieterkoordination zu prüfen, ob nicht eine ergänzende Beauftragung an ein Projektsteuerungsbüro erforderlich ist. Entsprechendes kann bei anspruchsvollen Bauvorhaben bezüglich eines Logistikkonzepts für die Abwicklung einer Großbaustelle oder eine detaillierte Inbetriebnahmeplanung gelten.

Das nachfolgende Bild 1 verweist für entsprechend spezielle Projektanforderungen bei komplexeren Projekten auf Besondere Leistungen des AHO-Heftes Nr. 9 oder auf ergänzende Beschreibungstexte der AHO-Hefte Nr. 19 und 21. Immer ist zu beachten, dass das Leistungsbild und die Honorarvorschläge nur Wirksamkeit erlangen, wenn und soweit die Vertragsparteien hierauf verweisen.

	Leistungsausprägung	Inhalte / Ziel	Regelung
1	Projektentwicklung im engeren Sinne für Neu- und Bestandsbauten	• Standortanalyse • Grundstücksakquisition und -sicherung • Nutzerkonzeption (Bedarfsplanung) • Marktrecherche Projektentwicklung im engeren Sinne bei Neubauten und Bestandsimmobilien • Vermarktung • Verträge • Finanzierung • Kosten/Termine • Erträge/Rentabilität	• AHO, Heft 19 (Projektentwicklung im engeren Sinne) • AHO, Heft 21 (Projektentwicklung im engeren Sinne bei Bestandsimmobilien)
2	Gebäudemodellbearbeitung	• Planungssteuerung/BIM-Administration	• AHO, Heft 9 (Besondere Leistung)
3	Nachhaltigkeitssteuerung	• Strukturierung der Prozesse zur Formulierung und Umsetzung der Nachhaltigkeitsstrategie	• AHO, Heft 9 (Besondere Leistung)
4	Nutzer-Projektmanagement	• Schnittstellenkoordination Bau-/Nutzer-/Mieter-ausbau • Planungsprozesse Nutzer Facilities • Inbetriebnahme/Besiedelung/Übergabe	• AHO, Heft 19 (Besonderes Leistungs-bild)
5	Konzepte für komplexe Genehmigungsverfahren	• Konzepte für komplexe Genehmigungs-verfahren	• AHO, Heft 9 (Besondere Leistung)
6	Beteiligung externer/interner Stakeholder	• Erstellung und Umsetzung eines Konzepts zur Erfassung aller betroffenen Dritten und der relevanten Öffentlichkeit	• AHO, Heft 9 (Besondere Leistung)
7	Projektmanagement bei verknüpften Projekten, Programmen, Portfolios	• Steuerung von Projektportfolien, Projektprogrammen	• AHO, Heft 9, (Besondere Leistung) DIN 69909-1,2
8	Risikomanagement mit besonderen Anforderungen	• Aufbau eines Risikomanagements mit besonderen Anforderungen	• AHO, Heft 9 (Besondere Leistung) • AHO, Heft 19
9	Projektleitung	• Auftraggeberseitige Projektleitung	• AHO, Heft 9, § 3
10	Value Engineering	• Erstellen von Wirtschaftlichkeits-untersuchungen • Durchführung eines Value Engineering, auch als Leistung bei anderen Projekten	• AHO, Heft 9 (Besondere Leistung) • AHO, Heft 9 (Besondere Leistung)
11	Wirtschaftlichkeits-untersuchungen	• Ausprägung in Abhängigkeit der Projekt-konstellation	• AHO, Heft 9 (Besondere Leistung)
12	Terminmanagement mit Besonderen Leistungen	• Erstellen des Terminplans für Planung und Bau-ablauf, Vergabeterminplanung	• AHO, Heft 9 (Besondere Leistung)
13	Logistikkonzept	• Konzept mit logistischen Lösungen für infra-strukturelle Anbindungen unter Einschluss von öffentlich-rechtlichen Erfordernissen	• AHO, Heft 9 (Besondere Leistung)
14	Detaillierte Inbetriebnahme-planung	• Inbetriebnahmeplanung, detailliert	• AHO, Heft 9 (Besondere Leistung)

Bild 1: Leistungsausprägung der Projektsteuerung mit Bezug zu den Heften aus der AHO-Schriftenreihe

2 Leistungs- und Honorarordnung Projektmanagement in der Bau- und Immobilienwirtschaft

§ 1 Anwendungsbereich

(1) Diese Leistungs- und Honorarordnung beinhaltet Vertragsvorschläge für Projektmanagementleistungen in der Bau- und Immobilienwirtschaft. Sie gilt, soweit die Vertragsparteien in abgeschlossenen Verträgen auf sie verwiesen haben.

(2) Projektmanagementleistungen sind entsprechend DIN 69901-5:2009-01 alle (technisch-wirtschaftlichen) Führungsaufgaben, -organisationen, -techniken und -mittel für die Initiierung, Definition, Planung, Steuerung und den Abschluss von Projekten. Projektmanagementleistungen im Sinne dieser Leistungs- und Honorarordnung setzen sich aus Leistungen der Projektleitung und der Projektsteuerung zusammen.

(3) Leistungen der Projektsteuerung sind Unterstützungsleistungen des Auftragnehmers (Projektsteuerers) für einen Bauherrn (Auftraggeber) bei der Realisierung von Projekten in beratender Funktion (Stabsfunktion), wie sie in § 2 näher beschrieben sind.

(4) Leistungen der Projektleitung sind Unterstützungsleistungen des Auftragnehmers (Projektmanagers) für den Bauherrn (Auftraggeber) bei der Realisierung eines Projekts in Organisations-, Entscheidungs- und Durchsetzungsfunktion (Linienfunktion), wie sie in § 3 definiert sind.

(5) Leistungen der Projektentwicklung sind Aufgabenstellungen, die den Leistungen nach dieser Leistungs- und Honorarordnung entweder zeitlich vorgelagert sind oder rein immobilienwirtschaftliche Sachverhalte betreffen. Entsprechende Leistungen, wie etwa das Erstellen eines Bedarfsprogramms gemäß DIN 18205:1996-04, gehören nicht zu den Grundleistungen des Projektmanagements und bedürfen daher einer zusätzlichen Beauftragung (z.B. als Besondere Leistung).

(6) Projektmanagementleistungen sind von Leistungen der Planungsbeteiligten zu unterscheiden, wie sie z.B. in der HOAI beschrieben sind. Wenn Projektmanagern derartige Planungs- und Überwachungsleistungen übertragen werden sollen, bedarf dies einer besonderen Vereinbarung. Originäre HOAI-Leistungen sind unter Beachtung des Preisrechts der HOAI zu vergüten.

(7) Diese Leistungs- und Honorarordnung gilt insbesondere für folgende Projekttypen:

- Hochbauten (gemäß §§ 33 ff. HOAI),
- Ingenieurbauwerke (gemäß §§ 41 ff. HOAI),
- Verkehrsanlagen (gemäß §§ 45 ff. HOAI),
- Anlagenbauprojekte (z.B. Kraftwerke, Produktionsanlagen).

Bei anderen Aufgabenstellungen, insbesondere auch bei größeren, komplexen Projekten und größeren Infrastrukturmaßnahmen, sind das Leistungsbild und die Honorarregelung individuell anzupassen. Auf § 9 Abs. 2 wird hingewiesen.

(8) Diese Leistungs- und Honorarordnung legt zugrunde, dass Architekten- und Ingenieurleistungen auf der Grundlage der Leistungsbilder der HOAI beauftragt werden. Sofern

individuelle Leistungsbilder vorgegeben werden, die von den Leistungsbildern der HOAI abweichen, muss geprüft werden, ob das Leistungsbild für Projektsteuerungsleistungen und davon abhängig auch die Vergütungsstruktur anzupassen sind.

(9) Rechtsberatungsleistungen i.S.d. Rechtsdienstleistungsgesetzes sind nicht Gegenstand dieser Leistungs- und Honorarordnung.

§ 2 Leistungsbild Projektsteuerung

(1) Sofern die Vertragsparteien keine anderweitigen Festlegungen treffen, gilt das Leistungsbild Projektsteuerung dieser Leistungs- und Honorarordnung zu den Grundleistungen als vereinbart.

(2) Das Leistungsbild der Projektsteuerung ist zeitlich in fünf Projektstufen und fünf Handlungsbereiche untergliedert. Die Untergliederung soll den Vertragsparteien eine leichtere Orientierung und stufenweise Beauftragungen sowie Teilbeauftragungen ermöglichen. Sofern die Vertragsparteien nicht etwas anderes vereinbaren, umfasst die Beauftragung sämtliche Projektstufen und Handlungsbereiche.

(3) Den Vertragsparteien steht es frei, die für Standardprojekte definierten Leistungen an die konkreten Projektumstände anzupassen, zu konkretisieren und ggf. um Besondere Leistungen zu ergänzen, die im Leistungsbild nicht abschließend beschrieben sind. Die Besonderen Leistungen des Leistungsbildes Projektsteuerung können auch für andere Leistungsphasen, denen sie nicht zugeordnet sind, vereinbart werden. Bei Änderungen des Leistungsbildes sind die Honorarvorschläge dieser Leistungs- und Honorarordnung zu überprüfen.

(4) Diesem Leistungsbild liegen folgende Definitionen zugrunde:

a) **Mitwirken** bedeutet:
Der beauftragte Projektsteuerer fasst die genannten Teilleistungen in Zusammenarbeit mit anderen Projektbeteiligten inhaltlich abschließend zusammen und übermittelt diese mit einer eigenen Bewertung dem Auftraggeber zur Entscheidung.

b) **Erstellen/Aufstellen** bedeutet:
Die schriftliche Ausarbeitung eines Arbeitsergebnisses.

c) **Abstimmen** bedeutet:
Die Vorlage von Arbeitsergebnissen unter Herbeiführung der Zustimmung des Auftraggebers zur Umsetzung.

d) **Umsetzen** bedeutet:
Abgestimmte Prozesse über das Informations- und Besprechungswesen einzuführen und deren Einhaltung zu überprüfen.

e) **Fortschreiben** bedeutet:
Die laufende Aktualisierung der erarbeiteten Unterlagen.

f) **Prüfen** bedeutet:
Eine umfassende inhaltliche Prüfung auf Vertragskonformität und Richtigkeit. Entsprechende Unterlagen sind mit einem Prüfvermerk zu versehen und vom Bearbeiter zu unterzeichnen. Die Prüfung der Rechnungen der Planungsbeteiligten und der sonstigen freiberuflich Tätigen umfasst eine entsprechende inhaltliche Kontrolle.

g) **Überprüfen** bedeutet:
Kontrolle eines abgeschlossenen Arbeitsergebnisses in Stichproben mit dem Ziel der Freigabe des Arbeitsergebnisses oder der Verwerfung/Zurückweisung. Der Auftragnehmer ist insbesondere nicht verpflichtet, Leistungen von Planern und Gutachtern im Detail zu kontrollieren. Vielmehr schuldet er eine stichprobenhafte Kontrolle der Leistungsergebnisse, u.a. auf Vollständigkeit, Plausibilität und Übereinstimmung mit den Projektzielen. Die Stichproben sind vom Auftragnehmer eigenverantwortlich so vorzunehmen, dass besonders kritische und fehlerträchtige Vorgänge fachgerecht kontrolliert und etwaige Mängel aufgedeckt werden können. Auch die Stichprobe ist zu dokumentieren.

h) **Analysieren und Bewerten** bedeutet:
Die Kontrolle eines laufenden Projektprozesses/Projektfortschritts bzw. von Leistungen der Projektbeteiligten in Stichproben mit dem Ziel einer Handlungsempfehlung an den Auftraggeber. Ansonsten beinhaltet die Leistung die Definition wie Buchst. g).

i) **Steuern** bedeutet:
Die zielgerichtete Beeinflussung der Beteiligten zur Umsetzung der gestellten Aufgabe.

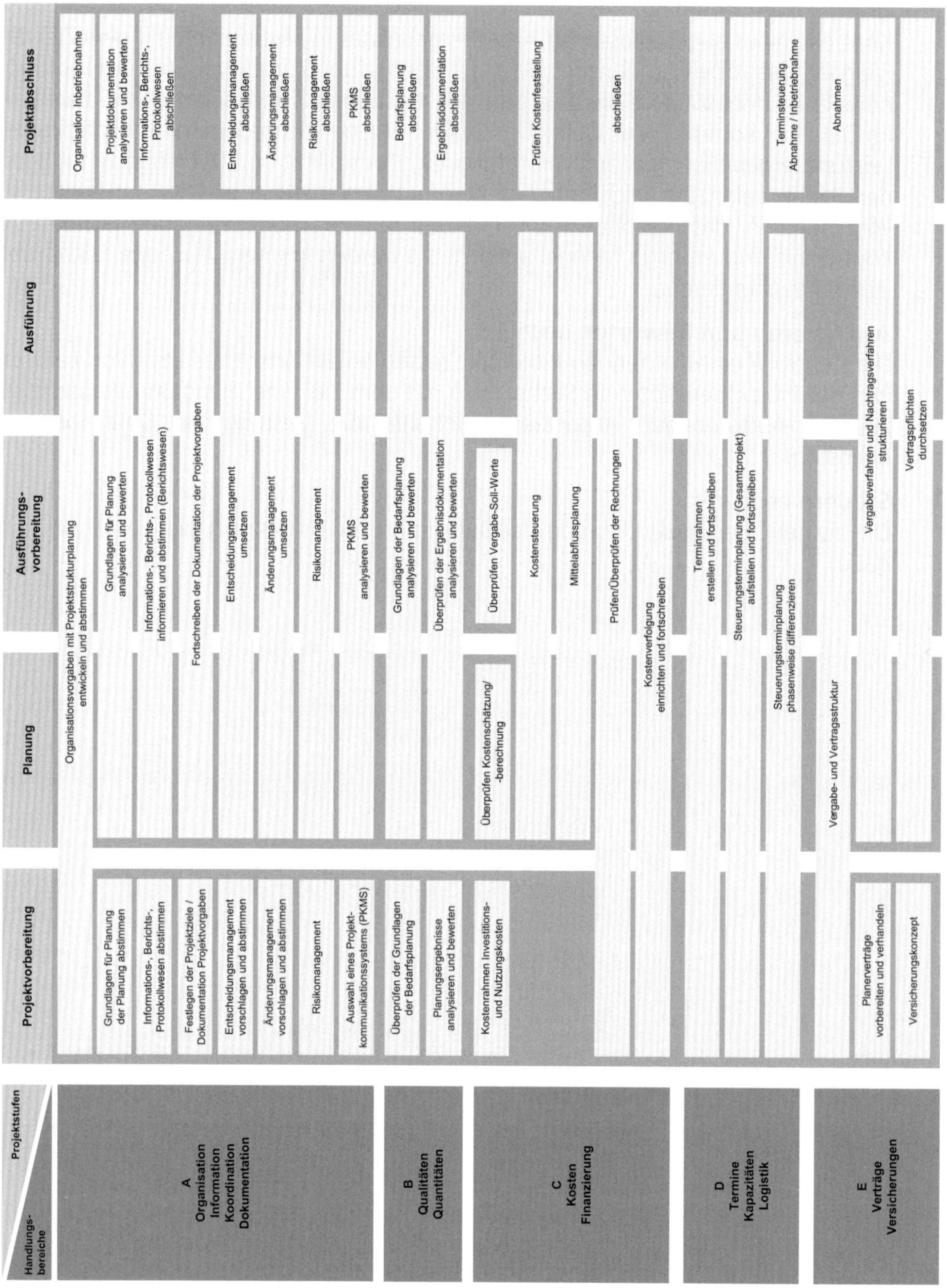

Bild 2: Prozessmodell der wesentlichen Projektsteuerungsleistungen

1. Projektvorbereitung

A Organisation, Information, Koordination und Dokumentation (übrige Handlungsbereiche einbeziehend)

Grundleistungen

1 Entwickeln, Abstimmen und Dokumentieren der projektspezifischen Organisationsvorgaben mit Projektstrukturplanung
2 Entwickeln und Abstimmen der Grundlagen für die Planung der Planung
3 Mitwirken bei der Festlegung der Projektziele und der Dokumentation der Projektvorgaben
4 Vorschlagen und Abstimmen der Kommunikationsstruktur des Informations-, Berichts- und Protokollwesens
5 Vorschlagen und Abstimmen des Entscheidungsmanagements
6 Vorschlagen und Abstimmen des Änderungsmanagements
7 Mitwirken beim Risikomanagement
8 Mitwirken bei der Auswahl eines Projektkommunikationssystems

Besondere Leistungen

1 Koordination von speziellen Organisationseinheiten des Auftraggebers
2 Erstellen von Vorlagen und besondere Berichterstattung in Auftraggeber- und sonstigen Gremien
3 Einrichten eines eigenen Projektkommunikationssystems
4 Erstellen der aufbau- und ablauforganisatorischen Grundlagen zur Planung, übergreifenden Überwachung und Steuern von mehreren verknüpften Projekten (Programme, Projektportfolios)
5 Konzipieren, Vorbereiten und Abstimmen von Risikomanagementsystemen mit besonderen Anforderungen
6 Mitwirken bei den Vorbereitungen besonderer behördlicher Genehmigungsverfahren (z.B. Planfeststellungsverfahren)
7 Erstellen eines Konzepts zur Erfassung aller betroffenen Dritten und der relevanten Öffentlichkeit sowie deren Beteiligung im weiteren Projektablauf

B Qualitäten und Quantitäten

Grundleistungen

1 Überprüfen der bestehenden Grundlagen zur Bedarfsplanung auf Vollständigkeit und Plausibilität
2 Mitwirken bei der Klärung der Standortfragen, bei der Beschaffung der standortrelevanten Unterlagen, bei der Grundstücksbeurteilung hinsichtlich Nutzung in privatrechtlicher und öffentlich-rechtlicher Hinsicht
3 Überprüfen der Ergebnisse der Grundlagenermittlung der Planungsbeteiligten

Besondere Leistungen

1 Erstellen und Abstimmen einer Bedarfsplanung
2 Durchführen einer differenzierten Anfrage bzgl. der Infrastruktur (Ver- und Entsorgungsmedien, Verkehr etc.) und Beschaffen der relevanten Informationen und Unterlagen
3 Vorbereiten und Durchführen von Ideen-, Programm- und Realisierungswettbewerben
4 Strukturieren der Prozesse zur Formulierung und Umsetzen der Nachhaltigkeitsstrategie in der Aufbau- und Ablauforganisation

Grundleistungen

C Kosten und Finanzierung

1 Mitwirken bei der Erstellung des Kostenrahmens für Investitionskosten und Nutzungskosten
2 Mitwirken bei der Ermittlung und Beantragung von Investitions- und Fördermitteln
3 Prüfen und Freigabevorschläge bzgl. der Rechnungen der Planungsbeteiligten und sonstigen Projektbeteiligten (außer bauausführenden Unternehmen) zur Zahlung
4 Abstimmen und Einrichten der projektspezifischen Kostenverfolgung

D Termine, Kapazitäten und Logistik

1 Aufstellen und Abstimmen des Terminrahmens
2 Aufstellen und Abstimmen des Steuerungsterminplans für das Gesamtprojekt und Ableiten des Kapazitätsrahmens
3 Erfassen logistischer Einflussgrößen unter Berücksichtigung relevanter Standort- und Rahmenbedingungen

E Verträge und Versicherungen

1 Mitwirken bei der Erstellung einer Vergabe- und Vertragsstruktur für das Gesamtprojekt
2 Vorbereiten und Abstimmen der Inhalte der Planerverträge
3 Mitwirken bei der Auswahl der zu Beteiligenden, bei Verhandlungen und Vorbereitungen der Beauftragungen
4 Vorschlagen der Vertragstermine und -fristen für die Planerverträge
5 Mitwirken bei der Erstellung eines Versicherungskonzepts für das Gesamtprojekt

Besondere Leistungen

1 Erstellen von Wirtschaftlichkeitsuntersuchungen
2 Verwenden von auftraggeberseitig vorgegebenen EDV-Programmen mit besonderen Anforderungen in Bezug auf die Informationsverarbeitung und Dokumentation

Grundleistungen	*Besondere Leistungen*
2. Planung	
A Organisation, Information, Koordination und Dokumentation (übrige Handlungsbereiche einbeziehend)	
1 Fortschreiben der projektspezifischen Organisationsvorgaben mit Projektstrukturplanung 2 Analysieren und Bewerten der Planungsprozesse auf Konformität mit den vorgegebenen Projektzielen 3 Fortschreiben der Dokumentation der Projektvorgaben 4 Überprüfen und Umsetzen der Kommunikationsstruktur – regelmäßiges Informieren und Abstimmen mit dem Auftraggeber (Berichtswesen) 5 Umsetzen des Entscheidungsmanagements 6 Umsetzen des Änderungsmanagements 7 Analysieren und Bewerten der Koordinationsleistungen des Objektplaners 8 Mitwirken beim Risikomanagement 9 Analysieren und Bewerten der ordnungsgemäßen Nutzung des Projektkommunikationssystems durch die Projektbeteiligten 10 Mitwirken bei der Herbeiführung der behördlichen Genehmigung	1 Vertreten der Planungskonzeption gegenüber der Öffentlichkeit unter besonderen Anforderungen und Zielsetzungen sowie bei mehr als fünf Erläuterungs- oder Erörterungsterminen 2 Betreiben eines eigenen Projektkommunikationssystems 3 Umsetzen von Risikomanagementsystemen mit besonderen Anforderungen 4 Mitwirken bei der Einbeziehung zu beteiligender Dritter und der Öffentlichkeit bei der weiteren Projektrealisierung
B Qualitäten und Quantitäten	
1 Laufendes Analysieren und Bewerten der Leistungen der Planungsbeteiligten 2 Steuern der Planung der Bemusterungen 3 Überprüfen der Ergebnisdokumentation der Planungsbeteiligten zu den einzelnen Leistungsphasen der Planung	1 Steuern der Nachhaltigkeits- und Zertifizierungsprozesse 2 Steuern der Planung bei 3- bis n-dimensionaler Gebäudemodellbearbeitung sowie BIM-Administration
C Kosten und Finanzierung	
1 Überprüfen der Kostenschätzung und -berechnung der Objekt- und Fachplaner sowie Veranlassen erforderlicher Anpassungsmaßnahmen 2 Kostensteuerung zur Einhaltung der Kostenziele 3 Planen von Mittelbedarf und Mittelabfluss 4 Prüfen und Freigabevorschläge bzgl. der Rechnungen der Planungsbeteiligten und sonstigen Projektbeteiligten (außer bauausführenden Unternehmen) zur Zahlung 5 Fortschreiben der projektspezifischen Kostenverfolgung (kontinuierlich)	1 Erstellen einer Kostenschätzung/Kostenberechnung nach DIN 276 2 Erstellen der Nutzungskostenschätzung, -berechnung sowie Nutzungskostensteuerung 3 Erstellen von Wirtschaftlichkeitsberechnungen 4 Durchführen eines Value Engineering mit Überprüfen der Planung auf Wirtschaftlichkeit, Vergabefähigkeit, Nachhaltigkeit, Energieverbrauch, Materialeignung, Logistik, Workflow

Grundleistungen

D Termine, Kapazitäten und Logistik

1 Fortschreiben des Terminrahmens
2 Überprüfen des Terminplans der Planungsbeteiligten für den Planungs- und Bauablauf, insbesondere auf Einhaltung des Terminrahmens
3 Fortschreiben des Steuerungsterminplans unter Berücksichtigung des Terminplans der Planungsbeteiligten für den Planungs- und Bauablauf
4 Terminsteuerung der Planung einschließlich Analyse und Bewertung der Terminfortschreibungen der Planungsbeteiligten
5 Mitwirken bei der Aktualisierung der logistischen Einflussgrößen
6 Aufstellen und Abstimmen des Terminrahmens zur Integration des strategischen Facility Managements

Besondere Leistungen

1 Erstellen eines Terminplans für Planung und Bauablauf bei (noch) nicht vorliegenden Terminplänen der Planungsbeteiligten
2 Erstellen des Vergabeterminplans bei (noch) nicht vorliegenden Terminplänen der Planungsbeteiligten
3 Erstellen eines Logistikkonzepts
4 Abgleichen logistischer Maßnahmen mit Anlieger- und Nachbarschaftsinteressen

E Verträge und Versicherungen

1 Mitwirken bei der Durchsetzung von Vertragspflichten gegenüber den Beteiligten
2 Mitwirken bei der Umsetzung des Versicherungskonzepts für alle Projektbeteiligten

Grundleistungen | *Besondere Leistungen*

3. Ausführungsvorbereitung

A Organisation, Information, Koordination, Dokumentation (übrige Handlungsbereiche einbeziehend)

Grundleistungen

1 Fortschreiben der projektspezifischen Organisationsvorgaben mit Projektstrukturplanung
2 Analysieren und Bewerten der Planungsprozesse auf Konformität mit den vorgegebenen Projektzielen
3 Fortschreiben der Dokumentation der Projektvorgaben
4 Überprüfen und Umsetzen der Kommunikationsstruktur – regelmäßiges Informieren und Abstimmen mit dem Auftraggeber (Berichtswesen)
5 Umsetzen des Entscheidungsmanagements
6 Umsetzen des Änderungsmanagements
7 Analysieren und Bewerten der Koordinationsleistungen des Objektplaners
8 Mitwirken beim Risikomanagement
9 Analysieren und Bewerten der ordnungsgemäßen Nutzung des Projektkommunikationssystems durch die Projektbeteiligten

Besondere Leistungen

1 Betreiben eines eigenen Projektkommunikationssystems
2 Umsetzen von Risikomanagementsystemen mit besonderen Anforderungen
3 Mitwirken bei der Einbeziehung zu beteiligender Dritter und der Öffentlichkeit bei der weiteren Projektrealisierung

B Qualitäten und Quantitäten

Grundleistungen

1 Laufendes Analysieren und Bewerten der Planungsergebnisse auf Konformität mit den vorgegebenen Projektzielen
2 Überprüfen der von den Planungsbeteiligten erstellten Angebotsauswertungen und Vergabevorschläge
3 Überprüfen der unmittelbaren und mittelbaren Auswirkungen von Nebenangeboten auf Konformität mit den vorgegebenen Projektzielen
4 Mitwirken bei den erforderlichen Bemusterungen

Besondere Leistungen

1 Versenden der Ausschreibungsunterlagen
2 Steuern der Nachhaltigkeits- und Zertifizierungsprozesse

C Kosten und Finanzierung

Grundleistungen

1 Überprüfen der von den Planern ermittelten Soll-Werte für die Vergaben auf Basis der aktuellen Kostenberechnung
2 Überprüfen der von den Planungsbeteiligten auf der Grundlage bepreister Leistungsverzeichnisse erstellten Kostenermittlungen
3 Überprüfen der Angebotsauswertungen im Hinblick auf die Angemessenheit der Preise

Besondere Leistungen

1 Erstellen von Wirtschaftlichkeitsberechnungen

Grundleistungen	*Besondere Leistungen*
4 Vorgeben der Deckungsbestätigungen für Aufträge	
5 Kostensteuerung unter Berücksichtigung der Angebotsprüfungen und Kostenvergleiche der Planungsbeteiligten	
6 Prüfen und Freigabevorschläge der Rechnungen der Planungsbeteiligten und sonstigen Projektbeteiligten (außer bauausführenden Unternehmen) zur Zahlung	
7 Planen von Mittelbedarf und Mittelabfluss	
8 Fortschreiben der projektspezifischen Kostenverfolgung (kontinuierlich)	
D Termine, Kapazitäten und Logistik	
1 Fortschreiben des Terminrahmens	1 Fortschreiben der Terminplanung für Planung und Bauablauf
2 Überprüfen der Vergabeterminplanung der Planungsbeteiligten	2 Erstellen und Fortschreiben des Vergabeterminplans
3 Fortschreiben des Steuerungsterminplans unter Berücksichtigung des Terminplans der Planungsbeteiligten für den Planungs- und Bauablauf	3 Fortführen des Abgleichens logistischer Maßnahmen mit Anlieger- und Nachbarschaftsinteressen
4 Überprüfen der vorliegenden Angebote im Hinblick auf vorgegebene Terminziele	
5 Terminsteuerung mit Soll-Ist-Vergleichen betreffend Ausführungsplanung sowie Vorbereitung und Durchführung der Vergabe	
6 Mitwirken bei der Aktualisierung und Prüfung der Entwicklung der logistischen Einflussgrößen	
E Verträge und Versicherungen	
1 Mitwirken bei der Durchsetzung von Vertragspflichten gegenüber den Beteiligten	1 Mitwirken bei der Auswahl, Beschaffung, dem Aufbau und der Einführung von speziellen Informationssystemen (z.B. für das Facility Management)
2 Mitwirken bei der Strukturierung des Vergabeverfahrens	
3 Überprüfen der Vertragsunterlagen für die Vergabeeinheiten auf Vollständigkeit und Plausibilität sowie Bestätigen der Versandfertigkeit	
4 Mitwirken bei den Vergabeverhandlungen bis zur Unterschriftsreife	
5 Mitwirken bei der Vorgabe der Vertragstermine und -fristen für die Besonderen Vertragsbedingungen der Ausführungs- und Lieferleistungen	

Grundleistungen	*Besondere Leistungen*

4. Ausführung

A Organisation, Information, Koordination, Dokumentation (übrige Handlungsbereiche einbeziehend)

Grundleistungen

1 Fortschreiben der projektspezifischen Organisationsvorgaben mit Projektstrukturplanung
2 Analysieren und Bewerten der Planungsprozesse auf Konformität mit den vorgegebenen Projektzielen
3 Fortschreiben der Dokumentation der Projektvorgaben
4 Überprüfen und Umsetzen der Kommunikationsstruktur – regelmäßiges Informieren und Abstimmen mit dem Auftraggeber (Berichtswesen)
5 Umsetzen des Entscheidungsmanagements
6 Umsetzen des Änderungsmanagements
7 Analysieren und Bewerten der Koordinationsleistungen der Objektüberwachung
8 Mitwirken beim Risikomanagement
9 Analysieren und Bewerten der ordnungsgemäßen Nutzung des Projektkommunikationssystems durch die Projektbeteiligten
10 Unterstützen des Auftraggebers bei der Einleitung von selbständigen Beweisverfahren

Besondere Leistungen

1 Koordinieren besonderer Anforderungen der Betreiber-/Nutzerorganisation
2 Betreiben eines eigenen Projektkommunikationssystems
3 Organisatorisches und baufachliches Unterstützen bei Gerichtsverfahren
4 Umsetzen von Risikomanagementsystemen mit besonderen Anforderungen
5 Mitwirken bei der Einbeziehung zu beteiligender Dritter und der Öffentlichkeit bei der weiteren Projektrealisierung

B Qualitäten und Quantitäten

Grundleistungen

1 Analysieren und Bewerten der Leistungen der Objektüberwachung sowie Vorschlagen und Abstimmen von Anpassungsmaßnahmen bei Gefährdung von Projektzielen
2 Anlassbezogenes örtliches Überprüfen der Leistungen der Objektüberwachung

Besondere Leistungen

1 Steuern der Nachhaltigkeits- und Zertifizierungsprozesse

C Kosten und Finanzierung

Grundleistungen

1 Kostensteuerung zur Einhaltung der Kostenziele
2 Prüfen und Freigabevorschläge bzgl. der Rechnungen der Planungsbeteiligten und sonstigen Projektbeteiligten (außer bauausführenden Unternehmen) zur Zahlung
3 Überprüfen und Freigabevorschläge bzgl. der Rechnungsprüfung der Objektüberwachung zur Zahlung an ausführende Unternehmen
4 Vorgeben von Deckungsbestätigungen für Nachträge

Besondere Leistungen

1 Prüfen der Rechnungen der ausführenden Unternehmen

Grundleistungen	*Besondere Leistungen*
5 Fortschreiben der Planung zu Mittelbedarf und Mittelabfluss 6 Fortschreiben der projektspezifischen Kostenverfolgung (kontinuierlich)	
D Termine, Kapazitäten und Logistik	
1 Fortschreiben des Terminrahmens 2 Überprüfen des Terminplans der Planungsbeteiligten, insbesondere auf Einhaltung des Terminrahmens 3 Fortschreiben der Steuerungsterminpläne unter Berücksichtigung des Terminplans der Planungsbeteiligten 4 Terminsteuerung der Ausführung unter Berücksichtigung der Objektüberwachungsleistungen	1 Erstellen einer detaillierten Inbetriebnahmeplanung unter Integration aller Projektbeteiligten einschließlich Nutzer
E Verträge und Versicherungen	
1 Mitwirken bei der Durchsetzung von Vertragspflichten gegenüber den Beteiligten 2 Unterstützen des Auftraggebers bei der Abwendung von Forderungen Dritter (Nachbarn, Bürgerinitiativen etc.) 3 Überprüfen der Nachtragsprüfungen durch die Objektüberwachung und Mitwirken bei der Beauftragung 4 Mitwirken bei der Abnahmevorbereitung sowie bei der Durchführung der Abnahmen und Inbetriebnahme	1 Koordinieren der versicherungsrelevanten Schadensabwicklung

Grundleistungen | *Besondere Leistungen*

5. Projektabschluss

A Organisation, Information, Koordination und Dokumentation (übrige Handlungsbereiche einbeziehend)

Grundleistungen

1 Mitwirken bei der organisatorischen und administrativen Konzeption und bei der Durchführung der Übergabe/Übernahme bzw. Inbetriebnahme/Nutzung

2 Veranlassen der systematischen Zusammenstellung und Archivierung der Projektdokumentation

3 Überprüfen der Zusammenstellung von Dokumentationsunterlagen durch die Planungsbeteiligten

4 Überprüfen und Umsetzen der Kommunikationsstruktur – regelmäßiges Informieren und Abstimmen mit dem Auftraggeber (Berichtswesen)

5 Abschließen des Entscheidungs-/Änderungs- und Risikomanagements

6 Organisieren des Abschlusses des Projektkommunikationssystems

Besondere Leistungen

1 Organisatorisches und baufachliches Unterstützen bei Gerichtsverfahren

2 Organisieren des Abschlusses des eigenen Projektkommunikationssystems

3 Abschließen des Risikomanagementsystems mit besonderen Anforderungen

4 Prüfen der Projektdokumentation der fachlich Beteiligten

B Qualitäten und Quantitäten

Grundleistungen

1 Analysieren und Bewerten der Auflistung der Verjährungsfristen für Mängelansprüche

Besondere Leistungen

1 Veranlassen, Koordinieren und Steuern der Beseitigung nach der Abnahme aufgetretener Mängel

2 Steuern der Nachhaltigkeits- und Zertifizierungsprozesse

C Kosten und Finanzierung

Grundleistungen

1 Überprüfen der Kostenfeststellung der Objekt- und Fachplaner

2 Prüfen und Freigabevorschläge bzgl. der Rechnungen der Planungsbeteiligten und sonstigen Projektbeteiligten zur Zahlung

3 Überprüfen und Freigabevorschläge bzgl. der Rechnungsprüfung der Objektüberwachung zur Zahlung an ausführende Unternehmen

4 Überprüfen der Leistungen der Planungsbeteiligten bei der Freigabe von Sicherheitsleistungen

5 Abschließen der projektspezifischen Kostenverfolgung

Besondere Leistungen

1 Erstellen des Verwendungsnachweises

Grundleistungen	*Besondere Leistungen*
D Termine, Kapazitäten und Logistik	
1 Steuern der Inbetriebnahme, Abnahme und Übergabe	
E Verträge und Versicherungen	
1 Mitwirken bei der rechtsgeschäftlichen Abnahme der Planungsleistungen	

§ 3 Leistungsbild Projektleitung

(1) Zu Leistungen der Projektleitung gehören – soweit die Vertragsparteien keine anderweitige Festlegung treffen – folgende Grundleistungen:

a) Rechtzeitiges Herbeiführen bzw. Treffen der erforderlichen Entscheidungen sowohl hinsichtlich Funktion, Konstruktion, Standard und Gestaltung als auch hinsichtlich Organisation, Qualität, Kosten, Terminen sowie Verträgen und Versicherungen;

b) Durchsetzen der erforderlichen Maßnahmen und Vollziehen der Verträge unter Wahrung der Rechte und Pflichten des Auftraggebers in dessen Namen;

c) Herbeiführen der erforderlichen Genehmigungen, Einwilligungen und Erlaubnisse im Hinblick auf die Genehmigungsreife;

d) Konfliktmanagement zur Ausrichtung der unterschiedlichen Interessen der Projektbeteiligten auf einheitliche Projektziele hinsichtlich Qualitäten, Kosten und Terminen, u.a. im Hinblick auf
   - die Pflicht der Projektbeteiligten zur fachlich-inhaltlichen Integration der verschiedenen Planungsleistungen und
   - die Pflicht der Projektbeteiligten zur Untersuchung von alternativen Lösungsmöglichkeiten;

e) Leiten von Projektbesprechungen auf Geschäftsführungs- bzw. Vorstandsebene zur Vorbereitung/Einleitung/Durchsetzung von Entscheidungen;

f) Führen von Verhandlungen mit projektbezogener, vertragsrechtlicher oder öffentlich-rechtlicher Bindungswirkung für den Auftraggeber;

g) Wahrnehmen der zentralen Projektanlaufstelle; Sorge für die Abarbeitung des Entscheidungs-/Maßnahmenkatalogs;

h) Wahrnehmen von projektbezogenen Repräsentationspflichten gegenüber dem Nutzer, dem Finanzier, den Trägern öffentlicher Belange und der Öffentlichkeit.

(2) Soweit Interessen unterschiedlicher interner und externer Nutzer in einem Projekt zu koordinieren sind, gehört die Koordination der Nutzer dann zu den beauftragten Projektleitungsaufgaben, wenn der Auftraggeber diese Leistungen (siehe dazu im Einzelnen Heft Nr. 19 der AHO-Fachkommission „Neue Leistungsbilder zum Projektmanagement in der Bau- und Immobilienwirtschaft", 2004) beauftragt hat.

(3) Soweit der Auftraggeber den Projektsteuerer nach Vertragsschluss mit Entscheidungskompetenzen/Vertretungsmacht gegenüber anderen Projektbeteiligten (i.d.R. durch Vollmacht) ausstatten will, ist dies von den Vertragsparteien einvernehmlich abzustimmen.

§ 4 Honorierung von Projektmanagementleistungen

(1) Die Vertragsparteien sind hinsichtlich der Honorierung von Projektmanagementleistungen grundsätzlich frei und können diese eigenverantwortlich regeln. Soweit die Vertragsparteien auf diese Leistungs- und Honorarordnung Bezug nehmen, gelten die nachfolgenden Bestimmungen für die Ermittlung des Projektmanagementhonorars.

(2) Diese Honorarordnung enthält Vorschläge für folgende Honorierungsalternativen:

a) die Honorierung nach anrechenbaren Kosten, entweder als Abrechnungsauftrag oder Pauschalauftrag;

b) die Honorierung nach Zeitaufwand, entweder als Abrechnungsauftrag oder Pauschalauftrag.

Insbesondere bei der Beauftragung von Teilleistungen oder besonderen Aufgabenstellungen, etwa Bauen im Bestand, kann sich ein entsprechender Abrechnungsauftrag nach Zeitaufwand empfehlen.

Treffen die Vertragsparteien keine andere Art der Bestimmung, erfolgt eine Honorierung nach anrechenbaren Kosten, die zum maßgeblichen Zeitpunkt gemäß §§ 6 und 7 ermittelt wird. Die Anwendung der Honorartafel gilt in diesem Falle als vereinbart.

(3) Dieser Leistungs- und Honorarordnung liegt zugrunde, dass der Auftragnehmer die übernommenen Leistungen sorgfältig und zuverlässig erbringt und dadurch den Projekterfolg fördert. Das schließt die Vereinbarung von Bonus-/Malus-Honorarvereinbarungen nicht aus, wenn wichtige Projektziele, die typischerweise einen herausragenden Einsatz des Auftragnehmers voraussetzen, erreicht werden sollen. Solche Regelungen bedürfen einer besonderen Vereinbarung. Der Anteil der Erfolgsvergütung soll 10 % der Gesamtvergütung nicht übersteigen.

(4) Die nachfolgend geregelten Pauschalhonorare nach anrechenbaren Kosten betreffen Projektsteuerungsleistungen (§ 2). Sofern der Auftraggeber dem Auftragnehmer Projektleitungsaufgaben (§ 3) überträgt, sind diese gesondert zu vergüten. Wird dem Auftragnehmer das Leistungsbild Projektleitung des § 3 ergänzend zur Projektsteuerung übertragen, erhält der Auftragnehmer, vorbehaltlich einer anderweitigen Bestimmung der Vertragsparteien, 50 % des Honorars für die Projektsteuerungsleistungen zusätzlich vergütet.

Falls die Projektleitung getrennt von der Projektsteuerung beauftragt wird, wird das Honorar aufwandsbezogen vereinbart.

§ 5 Bemessung des Projektsteuerungshonorars nach anrechenbaren Kosten

(1) Das Honorar nach anrechenbaren Kosten ist für die Grundleistungen des Leistungsbildes gemäß § 7, insbesondere der dortigen Honorartafel, zu ermitteln. Dabei sind folgende Festlegungen zu beachten:

a) Anrechenbare Kosten sind Teile der Kosten für die Herstellung, den Umbau, die Modernisierung, Instandhaltung oder Instandsetzung von Bauvorhaben sowie für die damit zusammenhängenden Aufwendungen. Sie sind nach den allgemein anerkannten Regeln der Technik oder nach Verwaltungsvorschriften (Kostenvorschriften) auf der Grundlage ortsüblicher Preise zu ermitteln. Sofern die Vertragsparteien nicht etwas anderes bestimmen, gilt für die Ermittlung der anrechenbaren Kosten die Kostenermittlung der DIN 276 in der Fassung vom Dezember 2008 (DIN 276-1:2008-12). Maßgeblich sind die Kostengruppen 100 bis 700 ohne 110, 710 und 760. Umsatzsteuer, die auf die Kosten von Bauvorhaben entfällt, ist nicht Bestandteil der anrechenbaren Kosten. Der Umfang der mitzuverarbeitenden Bausubstanz ist bei den anrechenbaren Kosten angemessen zu berücksichtigen.

b) Die anrechenbaren Kosten mehrerer Bauvorhaben des Gesamtauftrags werden addiert (auftragsbezogene Addition). Etwas anderes gilt dann, wenn die einzelnen Bauvorhaben durch gesonderte Projektteams geleitet/gesteuert werden müssen.

c) Die anrechenbaren Kosten bestimmen sich nach der Kostenberechnung, soweit diese nicht vorliegt, nach der Kostenschätzung und, soweit diese nicht vorliegt, nach dem Kostenrahmen.

d) Die Honorarpauschalierung ist vorläufig, solange die Kostenberechnung vom Auftraggeber noch nicht freigegeben ist. Die Parteien können bei Beauftragung vereinbaren, dass sich die anrechenbaren Kosten für die Projektstufen 1 bis 5 nach einer gemeinsam abgestimmten Kostenschätzung oder einem Kostenbudget richten sollen.

e) Die Einstufung in die Honorarzone der Honorartafel richtet sich nach Abs. 2.

f) Beim Bauen im Bestand gilt Abs. 4 dieser Vorschrift.

(2) Die Honorarzone wird bei Leistungen der Projektsteuerung wie folgt ermittelt:

a) Für die Ermittlung der Honorarzone ist auf folgende Bewertungsmerkmale abzustellen:

Honorarzone I:

Projekte mit sehr geringen Projektsteuerungsanforderungen, d.h. mit

- sehr geringer Komplexität der Projektorganisation
- sehr hoher spezifischer Projektroutine des Auftraggebers
- sehr wenigen Besonderheiten in den Projektinhalten
- sehr geringem Risiko bei der Projektrealisierung
- sehr geringen Terminanforderungen oder Anforderungen an die Termineinhaltung
- sehr geringen Kostenanforderungen oder Anforderungen an die Budgeteinhaltung

Honorarzone II:

Projekte mit geringen Projektsteuerungsanforderungen, d.h. mit

- geringer Komplexität der Projektorganisation
- hoher spezifischer Projektroutine des Auftraggebers
- wenigen Besonderheiten in den Projektinhalten
- geringem Risiko bei der Projektrealisierung
- geringen Terminanforderungen oder Anforderungen an die Termineinhaltung
- geringen Kostenanforderungen oder Anforderungen an die Budgeteinhaltung

Honorarzone III:

Projekte mit durchschnittlichen Projektsteuerungsanforderungen, d.h. mit

- durchschnittlicher Komplexität der Projektorganisation
- durchschnittlicher spezifischer Projektroutine des Auftraggebers
- durchschnittlichen Besonderheiten in den Projektinhalten
- durchschnittlichem Risiko bei der Projektrealisierung
- durchschnittlichen Terminanforderungen oder Anforderungen an die Termineinhaltung
- durchschnittlichen Kostenanforderungen oder Anforderungen an die Budgeteinhaltung

Honorarzone IV:

Projekte mit überdurchschnittlichen Projektsteuerungsanforderungen, d.h. mit

- hoher Komplexität der Projektorganisation
- geringer spezifischer Projektroutine des Auftraggebers
- vielen Besonderheiten in den Projektinhalten
- hohem Risiko bei der Projektrealisierung
- hohen Terminanforderungen oder Anforderungen an die Termineinhaltung
- hohen Kostenanforderungen oder Anforderungen an die Budgeteinhaltung

Honorarzone V:

Projekte mit sehr hohen Projektsteuerungsanforderungen, d.h. mit

- sehr hoher Komplexität der Projektorganisation
- sehr geringer spezifischer Projektroutine des Auftraggebers
- sehr vielen Besonderheiten in den Projektinhalten
- sehr hohem Risiko bei der Projektrealisierung
- sehr hohen Terminanforderungen oder Anforderungen an die Termineinhaltung
- sehr hohen geringen Kostenanforderungen oder Anforderungen an die Budgeteinhaltung

b) Bei der Zurechnung eines Projekts zu einer Honorarzone sind entsprechend dem Schwierigkeitsgrad der Projektsteuerungsanforderungen die vorstehenden Bewertungsmerkmale bezüglich Komplexität der Projektorganisation, spezifischer Auftraggeberroutine, Besonderheiten in den Projektinhalten und Risiko der Projektrealisierung mit je bis zu 10 Punkten zu bewerten, bezüglich Termin- und Kostenvorgaben mit je bis zu 5 Punkten. Das Projekt ist dann nach der Summe der Bewertungspunkte folgenden Honorarzonen zuzurechnen:

Honorarzone I:

- Projektsteuerungsleistungen mit bis zu 10 Punkten

Honorarzone II:

- Projektsteuerungsleistungen mit 11 bis 20 Punkten

Honorarzone III:

- Projektsteuerungsleistungen mit 21 bis 30 Punkten

Honorarzone IV:

- Projektsteuerungsleistungen mit 31 bis 40 Punkten

Honorarzone V:

- Projektsteuerungsleistungen mit 41 bis 50 Punkten

(3) Soweit dem Auftragnehmer Besondere Leistungen der Projektsteuerung übertragen werden, sind diese zusätzlich zu vergüten, wobei als Orientierungshilfe der maßgebliche Aufwand (unter Berücksichtigung der Vergütungssätze nach § 9 Abs. 2) herangezogen werden soll. Die Vertragsparteien können Abweichendes vereinbaren.

(4) Werden Projektsteuerungsleistungen für Bauvorhaben im Bestand beauftragt, können die Vertragsparteien das Honorar um bis zu 50 % erhöhen. Treffen sie keine besondere Vereinbarung, gilt eine Honorarerhöhung um 25 % als vereinbart.

(5) Die bloße Änderung von anrechenbaren Kosten nach Freigabe der Kostenberechnung führt nicht dazu, dass eine Anpassung des Honorars verlangt werden kann. Entsprechendes gilt, soweit die Vertragsparteien eine Pauschalierung des Honorars auf Basis anfänglich zugrunde gelegter anrechenbarer Kosten vereinbart haben.

Der Auftraggeber kann jedoch geänderte oder zusätzliche Projektsteuerungsleistungen anordnen, soweit dies für die Projektrealisierung zweckmäßig oder hinsichtlich der Projektdauer zumutbar ist. Sofern und soweit der Auftraggeber die vertraglich festgelegten Projektsteuerungsleistungen – inhaltlich oder zeitlich – ändert, ist die Vergütung entsprechend anzupassen.

§ 6 Teilleistungen der Projektsteuerung als Einzelleistung

(1) Dem Auftraggeber steht es frei, lediglich einzelne Projektstufen oder Handlungsbereiche zu beauftragen.

(2) Die anteilige Vergütung für die Grundleistungen einzelner Projektstufen ist wie folgt zu ermitteln:

Projektstufen	Bewertung der Grundleistungen in v.H. des Grundhonorars nach § 7
1 Projektvorbereitung (inkl. Grundlagenermittlung)	19
2 Planung (Vor-, Entwurfs- und Genehmigungsplanung)	21
3 Ausführungsvorbereitung (Ausführungsplanung, Vorbereiten der Vergabe und Mitwirken bei der Vergabe)	22
4 Ausführung (Objektüberwachung und Dokumentation)	30
5 Projektabschluss (Objektbetreuung)	8
Summe	100

Bild 3: Honoraranteile in v.H. des Grundhonorars für die Grundleistungen der Projektsteuerung

Werden ausnahmsweise einzelne vorangehende Projektstufen nicht beauftragt, so erhöht sich das Honorar für die beauftragten Projektstufen um max. 50 v.H. des Honorars dieser nicht beauftragten Projektstufen.

(3) Werden nicht alle Handlungsbereiche der Projektsteuerung übertragen, sondern ausschließlich die nachfolgenden Kombinationen von einzelnen Handlungsbereichen, so mindert sich das Honorar für die Grundleistungen gemäß Honorartafel nach § 7 Abs. 5 um folgende Prozentsätze:

- nur Handlungsbereiche Organisation und Verträge (A + E) um 25 %
- nur Handlungsbereiche Kosten und Termine (C + D) um 25 %
- nur Handlungsbereiche Qualitäten und Kosten (B + C) um 25 %
- nur Handlungsbereiche Qualitäten und Termine (B + D) um 25 %
- nur Handlungsbereiche Qualitäten und Verträge (B + E) um 25 %
- nur Handlungsbereiche Kosten und Verträge (C + E) um 25 %
- nur Handlungsbereich Qualitäten (B) um 40 %
- nur Handlungsbereich Kosten (C) um 40 %
- nur Handlungsbereich Termine (D) um 40 %
- nur Handlungsbereich Verträge und Versicherungen (E) um 40 %

Den Vertragsparteien steht es frei, die anteilige Vergütung unter Berücksichtigung des Mehraufwands für Bereithaltung des Projektsteuerungssystems und des notwendigen Koordinierungs- und Abstimmungsaufwands in anderer Form festzulegen.

§ 7 Honorartafel für die Grundleistungen der Projektsteuerung

(1) Die Honorarsätze für die in § 2 aufgeführten Grundleistungen der Projektsteuerung ergeben sich für Hochbauten, Ingenieurbauwerke, Verkehrsanlagen und Anlagenbauten aus der Honorartafel in Abs. 5. Das Honorar für die Projektsteuerung bei anderen Aufgabenstellungen, wie beispielsweise der Altlastensanierung inkl. Abbruch, Rückbau, Wiederverwendung und Verwertung, ist unter Berücksichtigung des (zu erwartenden) Aufwands festzulegen.

(2) Die Honorarsätze für Zwischenwerte der in der Honorartafel angegebenen anrechenbaren Kosten sind durch lineare Interpolation zu ermitteln.

(3) Das Honorar für Grundleistungen der Projektsteuerung bei anrechenbaren Kosten unter 0,5 Mio. € und über 500 Mio. € ist unter Berücksichtigung des (zu erwartenden) tatsächlichen Aufwands zu vereinbaren.

(4) Die Honorartabelle berücksichtigt mittlere Projektlaufzeiten für die Projektstufen 1–5 (z.B. für Hochbauprojekt, Investition 30 Mio. € [KGR 200–700 netto]: 30–35 Monate). Lange Projektlaufzeiten, insbesondere Bauzeiten, etwa durch abschnittsweise Realisierung oder Projektverzögerungen, sind bei den Tafelwerten nicht berücksichtigt.

(5) Honorartafel zu § 7 – Teil 1

ANRECHENBARE KOSTEN	HONORARE IN EURO									
	Zone I		Zone II		Zone III		Zone IV		Zone V	
	von	bis	von	bis	von	bis	von	bis	von	bis
Euro	Euro	Euro	Euro	Euro	Euro	Euro	Euro	Euro	Euro	Euro
500.000	18.065	22.164	22.164	28.248	28.248	33.962	33.962	38.121	38.121	44.082
1.000.000	32.442	39.696	39.696	50.578	50.578	60.718	60.718	68.179	68.179	78.814
1.500.000	45.426	55.480	55.480	70.674	70.674	84.755	84.755	95.194	95.194	110.017
2.000.000	57.507	70.128	70.128	89.319	89.319	107.026	107.026	120.232	120.232	138.929
2.500.000	68.915	83.932	83.932	106.886	106.886	127.983	127.983	143.801	143.801	166.136
3.000.000	79.787	97.064	97.064	123.593	123.593	147.894	147.894	166.199	166.199	191.985
3.500.000	90.214	109.636	109.636	139.585	139.585	166.935	166.935	187.623	187.623	216.705
4.000.000	100.259	121.728	121.728	154.964	154.964	185.230	185.230	208.213	208.213	240.459
4.500.000	109.971	133.403	133.403	169.809	169.809	202.875	202.875	228.074	228.074	263.367
5.000.000	119.387	144.705	144.705	184.179	184.179	219.940	219.940	247.287	247.287	285.524
5.500.000	128.537	155.672	155.672	198.121	198.121	236.485	236.485	265.918	265.918	307.005
6.000.000	137.444	166.336	166.336	211.674	211.674	252.557	252.557	284.020	284.020	327.873
6.500.000	146.129	176.720	176.720	224.871	224.871	268.195	268.195	301.636	301.636	348.178
7.000.000	154.609	186.847	186.847	237.739	237.739	283.433	283.433	318.804	318.804	367.963
7.500.000	162.899	196.736	196.736	250.302	250.302	298.299	298.299	335.557	335.557	387.266
8.000.000	171.012	206.401	206.401	262.580	262.580	312.819	312.819	351.921	351.921	406.120
8.500.000	178.958	215.858	215.858	274.591	274.591	327.013	327.013	367.922	367.922	424.551
9.000.000	186.747	225.118	225.118	286.351	286.351	340.902	340.902	383.580	383.580	442.586
9.500.000	194.389	234.192	234.192	297.874	297.874	354.502	354.502	398.915	398.915	460.246
10.000.000	201.890	243.090	243.090	309.171	309.171	367.828	367.828	413.944	413.944	477.551
10.500.000	209.259	251.821	251.821	320.256	320.256	380.894	380.894	428.682	428.682	494.518
11.000.000	216.501	260.393	260.393	331.136	331.136	393.712	393.712	443.143	443.143	511.164
11.500.000	223.621	268.813	268.813	341.823	341.823	406.294	406.294	457.339	457.339	527.503
12.000.000	230.626	277.088	277.088	352.324	352.324	418.650	418.650	471.283	471.283	543.549
12.500.000	237.521	285.223	285.223	362.647	362.647	430.790	430.790	484.984	484.984	559.314
13.000.000	244.308	293.225	293.225	372.799	372.799	442.721	442.721	498.452	498.452	574.809
13.500.000	250.994	301.098	301.098	382.787	382.787	454.453	454.453	511.697	511.697	590.045
14.000.000	257.580	308.847	308.847	392.617	392.617	465.992	465.992	524.726	524.726	605.030
14.500.000	264.072	316.477	316.477	402.294	402.294	477.345	477.345	537.547	537.547	619.775
15.000.000	270.472	323.992	323.992	411.825	411.825	488.519	488.519	550.168	550.168	634.288
15.500.000	276.783	331.396	331.396	421.212	421.212	499.520	499.520	562.595	562.595	648.575
16.000.000	283.009	338.691	338.691	430.462	430.462	510.353	510.353	574.834	574.834	662.645
16.500.000	289.151	345.882	345.882	439.579	439.579	521.024	521.024	586.891	586.891	676.504
17.000.000	295.212	352.972	352.972	448.566	448.566	531.537	531.537	598.772	598.772	690.158
17.500.000	301.196	359.964	359.964	457.427	457.427	541.897	541.897	610.482	610.482	703.614
18.000.000	307.103	366.860	366.860	466.167	466.167	552.109	552.109	622.026	622.026	716.878
18.500.000	312.937	373.664	373.664	474.788	474.788	562.176	562.176	633.408	633.408	729.954
19.000.000	318.698	380.377	380.377	483.294	483.294	572.103	572.103	644.633	644.633	742.848
19.500.000	324.390	387.002	387.002	491.687	491.687	581.893	581.893	655.705	655.705	755.564
20.000.000	330.013	393.541	393.541	499.970	499.970	591.550	591.550	666.628	666.628	768.107
20.500.000	335.569	399.997	399.997	508.147	508.147	601.077	601.077	677.405	677.405	780.482
21.000.000	341.061	406.371	406.371	516.220	516.220	610.477	610.477	688.041	688.041	792.692
21.500.000	346.490	412.666	412.666	524.191	524.191	619.753	619.753	698.538	698.538	804.742
22.000.000	351.856	418.883	418.883	532.063	532.063	628.908	628.908	708.899	708.899	816.634
22.500.000	357.162	425.024	425.024	539.838	539.838	637.946	637.946	719.129	719.129	828.374
23.000.000	362.409	431.091	431.091	547.518	547.518	646.867	646.867	729.229	729.229	839.963
23.500.000	367.598	437.085	437.085	555.105	555.105	655.676	655.676	739.203	739.203	851.406
24.000.000	372.731	443.008	443.008	562.601	562.601	664.374	664.374	749.053	749.053	862.706
24.500.000	377.808	448.862	448.862	570.009	570.009	672.964	672.964	758.782	758.782	873.865
25.000.000	382.831	454.647	454.647	577.329	577.329	681.448	681.448	768.392	768.392	884.886

Honorartafel zu § 7 – Teil 2

ANRECHENBARE KOSTEN	HONORARE IN EURO									
	Zone I		Zone II		Zone III		Zone IV		Zone V	
	von	bis	von	bis	von	bis	von	bis	von	bis
Euro	Euro	Euro	Euro	Euro	Euro	Euro	Euro	Euro	Euro	Euro
25.500.000	387.800	460.366	460.366	584.564	584.564	689.828	689.828	777.886	777.886	895.772
26.000.000	392.718	466.019	466.019	591.715	591.715	698.106	698.106	787.265	787.265	906.526
26.500.000	397.584	471.608	471.608	598.784	598.784	706.284	706.284	796.533	796.533	917.151
27.000.000	402.400	477.133	477.133	605.772	605.772	714.364	714.364	805.692	805.692	927.648
27.500.000	407.167	482.597	482.597	612.681	612.681	722.347	722.347	814.742	814.742	938.020
28.000.000	411.885	488.000	488.000	619.513	619.513	730.236	730.236	823.687	823.687	948.270
28.500.000	416.556	493.343	493.343	626.269	626.269	738.033	738.033	832.527	832.527	958.399
29.000.000	421.180	498.628	498.628	632.949	632.949	745.738	745.738	841.266	841.266	968.410
29.500.000	425.758	503.855	503.855	639.556	639.556	753.353	753.353	849.905	849.905	978.304
30.000.000	430.292	509.026	509.026	646.091	646.091	760.881	760.881	858.445	858.445	988.084
30.500.000	434.781	514.141	514.141	652.554	652.554	768.321	768.321	866.888	866.888	997.752
31.000.000	439.226	519.201	519.201	658.948	658.948	775.677	775.677	875.235	875.235	1.007.309
31.500.000	443.628	524.207	524.207	665.272	665.272	782.949	782.949	883.489	883.489	1.016.758
32.000.000	447.988	529.160	529.160	671.529	671.529	790.138	790.138	891.650	891.650	1.026.099
32.500.000	452.307	534.061	534.061	677.719	677.719	797.246	797.246	899.721	899.721	1.035.335
33.000.000	456.584	538.910	538.910	683.843	683.843	804.274	804.274	907.702	907.702	1.044.468
33.500.000	460.822	543.709	543.709	689.903	689.903	811.223	811.223	915.595	915.595	1.053.498
34.000.000	465.019	548.458	548.458	695.899	695.899	818.095	818.095	923.401	923.401	1.062.427
34.500.000	469.177	553.158	553.158	701.832	701.832	824.890	824.890	931.122	931.122	1.071.257
35.000.000	473.297	557.810	557.810	707.704	707.704	831.610	831.610	938.758	938.758	1.079.990
35.500.000	477.379	562.413	562.413	713.514	713.514	838.256	838.256	946.311	946.311	1.088.626
36.000.000	481.424	566.970	566.970	719.264	719.264	844.828	844.828	953.783	953.783	1.097.167
36.500.000	485.431	571.480	571.480	724.955	724.955	851.329	851.329	961.173	961.173	1.105.614
37.000.000	489.402	575.945	575.945	730.587	730.587	857.758	857.758	968.484	968.484	1.113.969
37.500.000	493.337	580.364	580.364	736.162	736.162	864.117	864.117	975.716	975.716	1.122.233
38.000.000	497.237	584.739	584.739	741.680	741.680	870.406	870.406	982.871	982.871	1.130.407
38.500.000	501.101	589.070	589.070	747.142	747.142	876.627	876.627	989.949	989.949	1.138.492
39.000.000	504.931	593.357	593.357	752.548	752.548	882.781	882.781	996.952	996.952	1.146.490
39.500.000	508.727	597.601	597.601	757.899	757.899	888.868	888.868	1.003.880	1.003.880	1.154.401
40.000.000	512.489	601.804	601.804	763.196	763.196	894.889	894.889	1.010.734	1.010.734	1.162.227
40.500.000	516.218	605.964	605.964	768.440	768.440	900.845	900.845	1.017.516	1.017.516	1.169.969
41.000.000	519.914	610.084	610.084	773.632	773.632	906.738	906.738	1.024.226	1.024.226	1.177.627
41.500.000	523.578	614.162	614.162	778.771	778.771	912.566	912.566	1.030.865	1.030.865	1.185.203
42.000.000	527.209	618.200	618.200	783.859	783.859	918.332	918.332	1.037.434	1.037.434	1.192.697
42.500.000	530.809	622.199	622.199	788.896	788.896	924.037	924.037	1.043.934	1.043.934	1.200.112
43.000.000	534.378	626.158	626.158	793.883	793.883	929.680	929.680	1.050.365	1.050.365	1.207.447
43.500.000	537.915	630.078	630.078	798.820	798.820	935.262	935.262	1.056.728	1.056.728	1.214.704
44.000.000	541.423	633.960	633.960	803.708	803.708	940.785	940.785	1.063.025	1.063.025	1.221.883
44.500.000	544.899	637.804	637.804	808.547	808.547	946.249	946.249	1.069.256	1.069.256	1.228.985
45.000.000	548.346	641.610	641.610	813.339	813.339	951.654	951.654	1.075.421	1.075.421	1.236.012
45.500.000	551.764	645.380	645.380	818.083	818.083	957.002	957.002	1.081.522	1.081.522	1.242.964
46.000.000	555.152	649.112	649.112	822.780	822.780	962.293	962.293	1.087.559	1.087.559	1.249.841
46.500.000	558.511	652.808	652.808	827.431	827.431	967.527	967.527	1.093.532	1.093.532	1.256.646
47.000.000	561.842	656.469	656.469	832.036	832.036	972.705	972.705	1.099.443	1.099.443	1.263.377
47.500.000	565.144	660.093	660.093	836.595	836.595	977.828	977.828	1.105.292	1.105.292	1.270.037
48.000.000	568.418	663.683	663.683	841.109	841.109	982.896	982.896	1.111.080	1.111.080	1.276.627
48.500.000	571.665	667.238	667.238	845.579	845.579	987.910	987.910	1.116.807	1.116.807	1.283.145
49.000.000	574.884	670.758	670.758	850.005	850.005	992.870	992.870	1.122.475	1.122.475	1.289.595
49.500.000	578.076	674.244	674.244	854.388	854.388	997.778	997.778	1.128.083	1.128.083	1.295.975
50.000.000	581.241	677.697	677.697	858.727	858.727	1.002.632	1.002.632	1.133.632	1.133.632	1.302.287

Honorartafel zu § 7 – Teil 3

ANRECHENBARE KOSTEN	HONORARE IN EURO									
	Zone I		Zone II		Zone III		Zone IV		Zone V	
	von	bis	von	bis	von	bis	von	bis	von	bis
Euro	Euro	Euro	Euro	Euro	Euro	Euro	Euro	Euro	Euro	Euro
51.000.000	586.306	683.602	683.602	866.210	866.210	1.012.581	1.012.581	1.144.881	1.144.881	1.315.210
75.000.000	814.970	950.213	950.213	1.204.039	1.204.039	1.408.552	1.408.552	1.592.588	1.592.588	1.829.524
100.000.000	1.039.639	1.212.164	1.212.164	1.535.964	1.535.964	1.797.968	1.797.968	2.032.884	2.032.884	2.335.324
125.000.000	1.253.988	1.462.085	1.462.085	1.852.646	1.852.646	2.169.796	2.169.796	2.453.293	2.453.293	2.818.279
150.000.000	1.460.117	1.702.421	1.702.421	2.157.180	2.157.180	2.527.607	2.527.607	2.857.854	2.857.854	3.283.029
175.000.000	1.659.407	1.935.882	1.935.882	2.451.613	2.451.613	2.873.762	2.873.762	3.249.237	3.249.237	3.732.640
200.000.000	1.852.844	2.160.320	2.160.320	2.737.398	2.737.398	3.209.940	3.209.940	3.629.338	3.629.338	4.169.290
225.000.000	2.041.164	2.379.891	2.379.891	3.015.622	3.015.622	3.537.393	3.537.393	3.999.576	3.999.576	4.594.609
250.000.000	2.224.938	2.594.162	2.594.162	3.287.129	3.287.129	3.857.096	3.857.096	4.361.049	4.361.049	5.009.861
275.000.000	2.404.621	2.803.662	2.803.662	3.552.593	3.552.593	4.169.826	4.169.826	4.714.640	4.714.640	5.416.057
300.000.000	2.580.587	3.008.829	3.008.829	3.812.565	3.812.565	4.476.219	4.476.219	5.061.065	5.061.065	5.814.020
325.000.000	2.753.145	3.210.024	3.210.024	4.067.504	4.067.504	4.776.805	4.776.805	5.400.924	5.400.924	6.204.442
350.000.000	2.922.560	3.407.553	3.407.553	4.317.798	4.317.798	5.072.031	5.072.031	5.734.722	5.734.722	6.587.902
375.000.000	3.089.056	3.601.678	3.601.678	4.563.779	4.563.779	5.362.281	5.362.281	6.062.896	6.062.896	6.964.899
400.000.000	3.252.827	3.792.626	3.792.626	4.805.735	4.805.735	5.647.887	5.647.887	6.385.817	6.385.817	7.335.863
425.000.000	3.414.045	3.980.598	3.980.598	5.043.918	5.043.918	5.929.139	5.929.139	6.703.817	6.703.817	7.701.173
450.000.000	3.572.858	4.165.766	4.165.766	5.278.551	5.278.551	6.206.294	6.206.294	7.017.184	7.017.184	8.061.160
475.000.000	3.729.403	4.348.289	4.348.289	5.509.830	5.509.830	6.479.580	6.479.580	7.326.177	7.326.177	8.416.123
500.000.000	3.883.798	4.528.305	4.528.305	5.737.932	5.737.932	6.749.201	6.749.201	7.631.026	7.631.026	8.766.326

§ 8 Das Projektsteuerungshonorar bei Einsatz von Kumulativleistungsträgern (Generalplanern, Generalunternehmern etc.)

(1) Bei Einsatz von Kumulativleistungsträgern wirken sich folgende Einflussfaktoren auf die Leistungserbringung und damit auf die Honorarhöhe aus:

- Art des Kumulativleistungsträgers (Generalplaner, Generalunternehmer, Totalunternehmer, Generalübernehmer, Totalübernehmer),
- Aufteilung des Gesamtprojekts in Teilprojekte,
- Schnittstelle zwischen Planung und Ausführung gemäß Vertrag zwischen Bauherr und Kumulativleistungsträger (z.B. bei Generalunternehmer: „Ausführungsplanung wird vom Auftraggeber beigestellt" oder „Ausführungsplanung wird vom Generalunternehmer erstellt") sowie
- Anzahl der Pakete bei Beauftragung mehrerer Generalunternehmer.

(2) Die nachfolgende Tabelle enthält die Bewertungsvorschläge für mögliche Honorarsätze in v.H. des Grundhonorars nach § 7 Abs. 5 für verschiedene Einsatzformen von Kumulativleistungsträgern).

Nr.	AHO Projektstufe	HOAI Phase	AHO Honorar-aufteilung	Einzelplaner/GU		General-planer (1–9)/ Einzel-firmen	Generalplaner/GU		Totalüber-nehmer nach PE
				GU (ohne Lph. 5)	GU (mit Lph. 5)		Lph. 5 bei GP	Lph. 5 bei GU	
1	Projekt-vorbereitung	PE + 1	19	19	19	16	16	16	19
2	Planung	2, 3, 4	21	21	21	16	16	16	13
3	Ausführungs-vorbereitung	5, 6, 7	22	20	18	20	18	16	9
4	Ausführung	8	30	23	23	28	23	23	20
5	Projekt-abschluss	9	8	6	6	7	6	6	5
			100	89	87	87	79	77	66

Quelle: Preuß (2003, S. 48), fortgeschrieben (2014)

Bild 4: Honoraranteile bei Einsatz von Kumulativleistungsträgern

Unter Berücksichtigung der Veränderungen in § 6 „Teilleistungen der Projektsteuerung als Einzelleistung" wurden die mit der Zeit gewonnenen Erfahrungen bei der Projektbearbeitung mit Kumulativleistungsträgern in der Tabelle berücksichtigt. Die Herleitung der grundsätzlichen Unterschiede in den Honoraransätzen erfolgte in der 3. Auflage des Heftes Nr. 9 (Stand 2004) der AHO-Schriftenreihe.

§ 9 Honorierung nach Zeitaufwand

(1) Die Vertragsparteien können die Honorierung für Projektsteuerungsleistungen von den anrechenbaren Kosten dadurch entkoppeln, dass sie eine Honorierung nach Zeitaufwand vereinbaren. Dabei kann eine Abrechnung auf Basis des tatsächlich anfallenden Personalaufwands (Abrechnungsauftrag) oder eine Pauschalierung auf der Grundlage eines vorab geschätzten Personalaufwands vorgenommen werden (Pauschalauftrag).

(2) Eine Pauschalierung wird empfohlen, wenn die Projektrahmenbedingungen hinreichend klar sind, so dass eine verlässliche Kapazitätsplanung im Vorfeld ermöglicht ist.

Bei besonderen Projektanforderungen, insbesondere beim Bauen im Bestand, bei Sonderbauwerken, bei Infrastruktur- und Ingenieur- sowie Anlagenbauprojekten sowie bei besonderen nutzerspezifischen Leistungsanforderungen kann dagegen eine Honorarermittlung nach tatsächlichem Zeitaufwand (Abrechnungsauftrag) – insbesondere in der Anfangsphase der Tätigkeit – zweckmäßig sein.

(3) Im Falle einer Honorierung nach Zeitaufwand (als Abrechnungsauftrag oder als Pauschalauftrag) sollen die Vertragsparteien markt- und leistungsgerechte Mitarbeiterverrechnungssätze zugrunde legen. Sofern die Vertragsparteien keine anderweitige Bestimmung getroffen haben, gelten die nachfolgend aufgelisteten Monatsverrechnungssätze als vereinbart.

Die Verrechnungssätze enthalten sowohl die direkten Personalkosten aus Gehalt, Soziallöhnen und Sozialkosten als auch die indirekten Personalkosten der Geschäftsführung und des Sekretariats, die Allgemeinen Geschäftskosten sowie Wagnis und Gewinn. Die projektbezogenen Nebenkosten sind projektspezifisch als Prozentsatz der Verrechnungssätze zu berücksichtigen. Bei Projektlaufzeiten von mehr als 30 Monaten sind die Verrechnungssätze mit den voraussichtlichen Gehaltssteigerungssätzen zu versehen. Die Verrechnungssätze unterscheiden nach drei unterschiedlichen Qualifikationen. Die genannten Monatsverrechnungssätze enthalten keine Umsatzsteuer und keine projektspezifischen Nebenkosten.

Falls der Inhaber eigenständig Projektsteuerungsleistungen erbringt, werden im Einzelfall gesonderte Verrechnungssätze vereinbart.

Funktion	Monatsverrechnungssatz
Projektleiter/in	16.500–18.800 €/Mon.
Projektbearbeiter/in	12.500–14.500 €/Mon.
Technisch-wirtschaftliche/r MA	8.400–10.500 €/Mon.

Bild 5: Mitarbeitermonatsverrechnungssätze für projektbezogene Einsatzzeiten

(4) Soll der Personalaufwand pauschaliert werden, so ist er anhand eines Terminrahmens und einer konkreten Personaleinsatzplanung für das jeweilige Projekt zu ermitteln.

Soweit die Vertragsparteien auf dieser Basis eine Honorarpauschale vereinbaren, ist das an den Auftragnehmer zu zahlende Honorar unabhängig von dem später tatsächlich notwendig werdenden Zeitaufwand. Sofern der Auftraggeber die vertragliche Projektsteuerungsleistung ändert, ist das Honorar entsprechend anzupassen.

§ 10 Nebenkosten

(1) Der Auftragnehmer erhält als pauschale Abgeltung für die Nebenkosten, die ihm bei der Projektsteuerungsleistung entstehen, eine pauschale Entschädigung in Höhe von 5 % des maßgeblichen Grundhonorars, sofern die Vertragsparteien nicht etwas anderes vereinbaren.

(2) In der Nebenkostenpauschale sind enthalten:

- das Bereithalten des vorhandenen eigenen Büros, einschließlich der eigenen EDV-Infrastruktur,
- Kosten für die Datenübertragung oder Kosten für die Versandkosten für eigene Arbeitsergebnisse in sonstigen Medien (z.B. per Post),
- Vervielfältigungskosten für die selbst erstellten Arbeitsergebnisse,
- Fahrtkosten für projektbedingte Reisetätigkeit, soweit diese nicht über einen 50-km-Umkreis um das Projekt hinausgehen, in Höhe der steuerlich zulässigen Pauschalsätze, sofern nicht höhere Aufwendungen nachgewiesen werden.

(3) Die Vertragsparteien können auch eine konkrete Nebenkostenabrechnung auf Nachweis vereinbaren.

§ 11 Zahlungen

(1) Das Honorar wird fällig, wenn die Leistung vertragsgemäß erbracht und eine prüffähige Honorarschlussrechnung überreicht worden ist, wenn nicht etwas anderes vertraglich vereinbart ist.

(2) Abschlagszahlungen können zum vereinbarten Zeitpunkt oder in angemessenen zeitlichen Abständen für nachgewiesene Leistungen gefordert werden.

Haben die Vertragsparteien einen Abschlagszahlungsplan vereinbart, ist dieser maßgeblich, es sei denn, eine Änderung der Projektabläufe macht eine Anpassung/Fortschreibung notwendig.

(3) Nebenkosten sind auf Nachweis fällig, sofern bei der Auftragserteilung nicht eine pauschale Vergütung (als zusätzlicher Honorarprozentsatz) vereinbart worden ist.

(4) Andere Zahlungsweisen können schriftlich vereinbart werden.

§ 12 Umsatzsteuer

(1) Der Unternehmer hat Anspruch auf Ersatz der gesetzlich geschuldeten Umsatzsteuer für nach dieser Leistungs- und Honorarordnung abrechenbare Leistungen, soweit nicht die Kleinunternehmerregelung nach § 19 des Umsatzsteuergesetzes angemeldet wird.

Satz 1 gilt auch hinsichtlich der um die nach § 15 des Umsatzsteuergesetzes abziehbare Vorsteuer gekürzten Nebenkosten, soweit diese weiter berechenbar sind.

(2) Auslagen gehören nicht zum Entgelt für die Leistungen des Auftragnehmers. Sie sind als durchlaufende Posten im umsatzsteuerlichen Sinn, einschließlich einer ggf. enthaltenen Umsatzsteuer, weiterzuberechnen.

3 Kommentar zu den Grundleistungen sowie den Besonderen Leistungen der Projektsteuerung

3.1 Projektstufe 1: Projektvorbereitung

3.1.1 Handlungsbereich A: Organisation, Information, Koordination und Dokumentation (übrige Handlungsbereiche einbeziehend)

3.1.1.1 Entwickeln, Abstimmen und Dokumentieren der projektspezifischen Organisationsvorgaben mit Projektstrukturplanung

Unmittelbar nach seiner Einschaltung hat der Projektsteuerer auf Basis der vorgefundenen Grundlagen und Randbedingungen in Abstimmung mit dem Auftraggeber die organisatorischen Rahmenbedingungen für die Projektdurchführung aufzustellen, abzustimmen und anschließend den Projektbeteiligten vorzugeben.

Diese Leistung ist vom Projektsteuerer zu Beginn seiner Tätigkeit zu erbringen. Die zu regelnden Sachverhalte sind im Grundsatz bei vielen Projekten ähnlich. Sie unterscheiden sich in Abhängigkeit von der Aufbauorganisation, der Größe und Komplexität sowie der erforderlichen Tiefe, in Zusammenhang mit der Vielzahl von Projektbeteiligten, die zu integrieren sind. Die Erfassung der zu regelnden Einzelheiten ist deshalb auf die spezifischen Randbedingungen des Projekts abzustimmen und eine der ersten Aufgaben des Projektsteuerers.

Das dokumentierte Ergebnis des Projektsteuerers in dieser Phase soll vom Umfang her möglichst kompakt sein, damit die Inhalte kontinuierlich vermittelbar sind.

Eine wesentliche Aufgabe des Projektsteuerers liegt neben der Erstellung in der Kommunikation der Organisationsvorgaben zwischen Auftraggeber und Planungsbeteiligten. Hier gilt es auch, sinnvolle Vorschläge von Planungsbeteiligten zur Vereinfachung der Organisationsprozesse aufzunehmen und mit dem Auftraggeber abzustimmen. Die Ergebnisse der Organisationsvorgaben sind rechtzeitig und in abgestimmter Form vom Projektsteuerer in den Projektablauf zu integrieren und im Projektverlauf ggf. fortzuschreiben.

Zu Beginn der Leistung sollte der Projektsteuerer einen Ablauf zur Erstellung der Organisationsvorgaben mit dem Auftraggeber vereinbaren.

Organisationsvorgaben

Die aufbau- und ablauforganisatorischen Regelungen eines Projekts sind als Leistung des Projektsteuerers in Form von organisatorischen Vorgaben zusammenzufassen. Diese Vorgaben sind projektspezifisch zu ermitteln, mit dem Auftraggeber abzustimmen und den Projektbeteiligten rechtzeitig als verbindliche Vorgehensweise zu vermitteln.

Diese Vorgaben sind je nach Projekterfordernissen zu aktualisieren.

Klären der Aufbauorganisation

Alle Projektbeteiligten sind in einem Organigramm mit eindeutiger Aufgaben-, Bereichs- und Kompetenzzuordnung zu erfassen. Diese Festlegungen sind auch für das Entscheidungsmanagement relevant. Ebenfalls bedeutsam sind Definitionen zum internen Entscheidungsablauf und zu bestehenden Kompetenzen einzelner Projektbeteiligter innerhalb der Auftraggeberorganisation.

Entwickeln der Projektstruktur (Projektstrukturplanung)

Zur Identifikation der einzelnen Elemente bzw. Komponenten eines Projekts ist eine Projektstrukturplanung zu entwickeln, die auch die Objektstruktur einbindet. Das Projekt ist dazu rechtzeitig in seine Komponenten zu gliedern, damit vorab einheitliche Bezeichnungen festgelegt werden. Eine nicht rechtzeitig erstellte Definition führt häufig zu Änderungen von bereits erstellten Plandokumenten bei späteren Festlegungen. Zu beachten sind auch die Bezeichnungsnotwendigkeiten aus der Sichtweise des Nutzers.

Aufgabenaufteilung zwischen Projektbeteiligten und Koordination des Projektablaufs

Die Aufgaben und Leistungen von Projektbeteiligten stellen sich im konkreten Ablauf der Projekte, insbesondere auch im Bereich der Auftraggeberstrukturen und den Schnittstellen zum Projektmanagement, immer projektspezifisch unterschiedlich dar.

Aus diesem Grunde sollten die Aufgaben der Projektbeteiligten im Verhältnis zueinander differenziert und phasenweise dargestellt werden. Dies betrifft auch die Schnittstellen der verschiedenen Planungsbeteiligten im Verhältnis zueinander und den Ablauf des Änderungsmanagements.

Zur Abgrenzung der Planungsbeteiligten sind die Schnittstellen präzise zu definieren und sukzessive in den einzelnen Planungsphasen zu verfeinern.

Ablaufplanung und Terminkontrolle

Es sind die Ebenen der Ablaufplanung zu definieren und den jeweiligen Projektbeteiligten zuzuordnen. Die Aufgaben der Terminkontrolle und die erforderliche Dokumentation der Ergebnisse sind mit dem Auftraggeber und weiteren Projektbeteiligten zu Beginn des Projekts abzustimmen und zu präzisieren.

Anforderungen Planerstellung/Bestandsdokumentation

Der Projektsteuerer hat darauf hinzuwirken, dass rechtzeitig auftraggeberseitig bestehende Vorgaben zur Planerstellung (z.B. Layerstrukturen) abgestimmt werden, so dass nicht in späteren Planungsphasen Schwierigkeiten durch zu spät formulierte Vorgaben entstehen. Gleiches gilt für Anforderungen an die von Ausführungsfirmen zu liefernden Revisionspläne und -unterlagen. Des Weiteren hat er dafür zu sorgen, dass alle planungsorganisatorischen Belange geklärt und definiert werden.

Kostenplanung und -struktur

Die Ablaufprozesse der Kostenplanung, die Aufgaben der verschiedenen Projektbeteiligten und die Definition der Detaillierungsstruktur sind festzulegen. Dies betrifft ebenso den Aufbau und die Struktur zur Ermittlung der Nutzungskosten. Des Weiteren sind die Anforderungen an das Kostenberichtswesen unter Einbeziehung der Planungs- und Ausführungsbeteiligten zu definieren.

Vergabestrategie/Vergabeverfahren

Die Vertragsunterlagen gliedern sich in eine Vielzahl von einzelnen Komponenten und sind projekt- und auftraggeberspezifisch rechtzeitig abzustimmen. Dazu sollte eine geeignete Rechtsberatung hinzugezogen werden.

Der Projektsteuerer hat frühzeitig die stufenweisen Abläufe für die LV-Erstellung und das Prüfverfahren festzulegen.

In den Ablauf der Vergabevorbereitung und Vergabe ist eine Reihe von Projektbeteiligten zu integrieren. Die einzelnen Ansprechpartner, insbesondere auch die Stellen innerhalb der Auftraggeberorganisation, sind deshalb an dieser Stelle zu definieren, damit nicht durch unabgestimmte Zuständigkeiten bzw. Kompetenzen der Gesamtablauf verzögert wird.

Der Vergabeablauf und die einzubeziehenden Projektbeteiligten sind von Projekt zu Projekt unterschiedlich. Die Einzelprozesse des Vergabeablaufs und die Einbindung der verschiedenen Beteiligten, insbesondere auftraggeberseitige Zuständigkeiten, sind eindeutig zu regeln.

Abrechnungsverfahren

Es ist im Einzelnen zu definieren, wie die Rechnungen die verschiedenen Zuständigkeiten der Projektorganisation durchlaufen. Dies betrifft Honorarrechnungen, Rechnungen über Bau- und Lieferaufträge und sonstige Rechnungen. Zur organisatorischen Regelung werden Rechnungsdatenblätter sowie Flussdiagramme für die unterschiedlichen Rechnungstypen erstellt und zur verbindlichen Bearbeitung vorgegeben.

Projektkommunikationssystem (vgl. Ziff. 3.1.1.B3)

Bei komplexen Projekten werden zunehmend internetgestützte Projektkommunikationssysteme als Kommunikationsplattform in das Projektgeschehen eingeführt. Die damit einhergehenden Aufgaben, Pflichten und Regelungen sind mit dem Projektsteuerer und den Beteiligten abzustimmen und zu dokumentieren. Dies betrifft auch verschiedene Detailprozesse, z.B. Planungsläufe etc. an der Schnittstelle zum Projektkommunikationssystem.

3.1.1.2 Entwickeln und Abstimmen der Grundlagen für die Planung der Planung

Zu Beginn der Planung sind die relevanten Grundlagen sowie Planumläufe für die einzelnen Leistungsphasen der Planung abzustimmen. Dieser Abstimmungsprozess zwischen den Projektbeteiligten ist in den Organisationsvorgaben zu dokumentieren. Diese sind gesondert zu dokumentieren. Ergänzend dazu erstellt der Projektsteuerer einen geeignet strukturierten Steuerungsterminplan für die einzelnen Planungsphasen unter Berücksichtigung des Terminplans des Objektplaners für Planung und Bau.

Darunter fallen im Wesentlichen folgende Sachverhalte:

- Prüfung der fachlichen Abdeckung der Zielerrechnung durch Planungsbeteiligte und Gutachter mit Schnittstellenabstimmung zwischen den Beteiligten,
- Abstimmung von Prüfschemata sowie Planungsumläufen für Vorplanung, Entwurfsplanung, Ausführungsplanung, M+W-Planung,
- CAD-Anforderungen,
- Formale Anforderungen an Pläne (z.B. Formate, Plankopf, Planänderungsleiste),

- Steuerung der Planverteilung,
- Dokumentation von Plänen (Stand der erstellten Pläne, Verteilung von Planlisten, Anforderung von Planreproduktionen, Abkürzungsverzeichnis etc.).

Der Abstimmungsprozess zwischen Objektplaner und Bauherr wird in den Organisationsvorgaben dokumentiert.

3.1.1.3 Mitwirken bei der Festlegung der Projektziele und der Dokumentation der Projektvorgaben

Zielsetzung ist die Schaffung von belastbaren Grundlagen für die Planung, Ausschreibung und Bauausführung zur Umsetzung der Bedarfsanforderungen des Nutzers. Grundlage des Raum-, Flächen- oder Anlagenbedarfs ist stets das Nutzungs- oder Betriebsprogramm des Nutzers.

Die konkrete Leistung des Projektsteuerers liegt in dem rechtzeitigen Erkennen von Zielkonflikten zwischen Investor, Nutzer, Planer und sonstigen Beteiligten sowie dem Hinweis auf bestehende Problempunkte, um einen ungestörten und optimalen Projektablauf sowie die Zielerreichung sicherzustellen.

Deshalb ist ggf. die weitere Präzisierung der Bedarfsplanung vom Projektsteuerer in Abstimmung mit dem Bauherrn zu veranlassen.

Dem verantwortlichen Projektleiter bzw. Projektsteuerer müssen alle relevanten Plandaten bzw. Projektvorgaben in der jeweils aktuellen Fassung vorliegen. Diese projektzielrelevanten Informationen gliedern sich in Dokumente sowie Daten und sind in geeigneter Form fortschreibungsfähig aufzubereiten.

Dazu gehören u.a. regelmäßig:

- Organisationsvorgaben,
- Bedarfsplanung,
- Liste der (vorhandenen und noch zu erstellenden) Planungsunterlagen, Planeingangs-/-ausgangsliste gemäß Organisationsvorgaben,
- Überblick über den Stand sowie die weitere Entwicklung sämtlicher Genehmigungsverfahren,
- Zusammenstellung der Flächen und Kubaturen nach DIN 277 bzw. gif,
- vorliegende Erläuterungsberichte zur Planung, Projekt-/Baubeschreibung und ggf. Gebäude- und Raumbuch,
- jeweils aktuelle Kostenermittlung mit zugehörigem Erläuterungsbericht,
- jeweils aktuelle Terminpläne mit Erläuterungsberichten,
- aktueller Maßnahmen- und Entscheidungskatalog,
- Änderungs- und Entscheidungslisten.

Das Bau- oder Raumprogramm enthält eine Zusammenstellung der erforderlichen Betriebsflächen und -räume sowie der unterzubringenden Betriebsbereiche. Planungsziele sind die Optimierung der Flächen, Räume und baulichen Anlagen. Durch das Ausstattungsprogramm wird die Ausrüstung mit Betriebs- und Gebäudetechnik sowie die Einrichtung mit Maschinen, Gerät und Inventar im Einzelnen festgelegt. Unter Berücksichtigung der Normen und sonstiger Regelwerke sollen durch das Ausstattungsprogramm Optimierungen erzielt werden.

Im Leistungsbild der Projektsteuerung für Planung und Bau sind die Leistungen für das Nutzermanagement nicht enthalten. Der Nutzer benötigt zu seiner Organisation ein internes Projektmanagement für die Aufbau- und Ablauforganisation der Unternehmensprozesse. Diese Zusammenhänge sind im Leistungsbild für das Nutzer-Projektmanagement in Heft Nr. 19, Kapitel 5 der AHO-Schriftenreihe enthalten.

3.1.1.4 Vorschlagen und Abstimmen der Kommunikationsstruktur des Informations-, Berichts- und Protokollwesens

Durch laufende Information und Abstimmung mit dem Auftraggeber soll einerseits sichergestellt werden, dass der Auftraggeber stets über den aktuellen Stand des Projekts und die voraussichtliche Entwicklung informiert ist. Andererseits soll auch gewährleistet werden, dass dem Projektsteuerer selbst vom Auftraggeber laufend und rechtzeitig projektrelevante Informationen umfassend zugeleitet werden.

Der Auftraggeber ist vom Projektsteuerer regelmäßig durch Quartalsberichte, ggf. auch Monatsberichte, mit Hilfe des institutionalisierten Berichtswesens mit Soll/Ist-Vergleich über erforderliche Anpassungsmaßnahmen und Entscheidungen zu informieren. In Fällen besonderer Dringlichkeit hat dies auch durch sofortige Berichte oder persönliche Gespräche zu erfolgen.

Das Berichtswesen ist Teil der Kommunikationsstruktur, die im Rahmen der Festlegung der Aufbau- und Ablauforganisation vom Projektsteuerer vorzuschlagen und festzulegen ist. Die Berichtsform, Inhalt und Detaillierungstiefe richten sich in erster Linie an den Informationsbedürfnissen der Aufbauorganisation des Auftraggebers aus, die rechtzeitig abzustimmen sind. Daraus ergeben sich häufig folgende Anforderungen:

- Status der Planung,
- Stand der Ausschreibungen,
- Vergaben im nächsten Berichtszeitraum,
- erforderliche Entscheidungen in allen Projektbereichen,
- Kostenstand mit Prognose und Risiken,
- Terminstatus mit Prognose,
- Projektrisiken und Kompensationsmaßnahmen,
- Stand der Baustelle,
- Leistungsstände etc.

Die Berichte des Projektsteuerers sollen den Sachstand des Projekts und die Risikosituation objektiv darstellen.

3.1.1.5 Vorschlagen und Abstimmen des Entscheidungsmanagements

In allen Phasen des Planens und Realisierens eines Projekts finden Entscheidungsprozesse statt. Die effektive und sichere Herbeiführung notwendiger Entscheidungen erfordert bestimmte Voraussetzungen in der Projektaufbau- und -ablauforganisation.[2] Dem Projektsteuerer obliegt es daher im Rahmen der übernommenen Aufgaben, rechtzeitig Entscheidungsbedarf zu erkennen und Entscheidungsvorbereitungen zu veranlassen. Entschei-

2 Diederichs/Preuß (2003), S. 28–34.

dungsmanagement beinhaltet die Aufgabe, zwischen den Projektbeteiligten folgende Fragestellungen zielorientiert zu koordinieren:

- Welche Entscheidung muss im Sinne des weiteren ungestörten Projektablaufs getroffen werden?
- Wann muss diese Entscheidung getroffen werden?
- Welche Priorität hat die Entscheidung?
- Wer ist im Falle der verzögerten Entscheidung dadurch behindert?
- Wer ist verantwortlich für die Vorbereitung der Entscheidung?
- Wer ist zur Entscheidungsvorbereitung einzubinden?
- Von wem (in welcher Ebene) wird die Entscheidung getroffen?
- Welche Alternativen gibt es zu den erforderlichen Entscheidungssachverhalten?
- Welche Entscheidungskriterien gibt es?
- Welche Entscheidungskriterien sind für die relevanten Entscheidungsträger maßgebend und wie sind diese im Verhältnis zueinander zu gewichten?

Die Komplexität der Fragestellungen erhöht sich zusätzlich dadurch, dass die Zusammenhänge zwischen Entscheidungssachverhalt, Terminsituation und auftraggeberseitig bestehenden Entscheidungskompetenzen projektindividuell stark unterschiedlich ausgeprägt sind.

Der Projektsteuerer hat im Rahmen der Klärung der Aufbau- und Ablauforganisation ein auf die Bedürfnisse der Projektorganisation zugeschnittenes Entscheidungsmanagement vorzuschlagen, abzustimmen und im anschließenden Projektrealisierungsprozess mit dem Projektleiter des Auftraggebers zu koordinieren.

Der Entscheidungsablauf, die Entscheidungsvorlagen und auch die Dokumentation der Entscheidungen in einer Liste sind projektindividuell anzupassen. Folgende Vorgaben sind projektspezifisch festzulegen:

Entscheidungsstandardablauf

Der Standardablauf für das Entscheidungsmanagement ist unter Berücksichtigung der abgestimmten Aufbauorganisation zu Anfang eines Projekts verbindlich zu klären. Bei einvernehmlicher Festlegung können Abweichungen von der festgelegten Prozedur leichter geahndet werden; d.h., Spielregeln erleichtern den Umgang miteinander.

Entscheidungsvorlagen

Die von den Projektbeteiligten zu erstellenden Entscheidungsvorlagen werden durchnummeriert und bestehen i.d.R. aus:

- Grundlagen, Beschreibung der Alternative,
- Beurteilung im Hinblick auf Qualität,
- Auswirkungen auf Termine und Kosten,
- Empfehlung der Projektsteuerung,
- Datum, bis wann die Entscheidung spätestens zu treffen ist, und
- Freigaben der entscheidenden Stellen durch Unterschriften.

Liste der Entscheidungen

Anhand der Liste der Entscheidungen lässt sich jederzeit der Entwicklungsverlauf des Projekts nachvollziehen.

Die wesentlichen Grundsatzentscheidungen sollten in aller Regel bis einschl. Entwurfsphase, spätestens jedoch mit Abschluss der Genehmigungsplanung , getroffen sein. In den Phasen der Ausführungsplanung, Ausschreibungs- und Vergabephase erfolgt dann noch eine Vielzahl von Einzelentscheidungen, z.B. in Bemusterungen, die den Einsatz des Entscheidungsmanagements erfordern.

Das Entscheidungs- und Änderungsmanagement überschneidet sich i.d.R. in großen Teilen des Projektablaufs, wobei das Änderungsmanagement hauptsächlich mit Freigabe der Entwurfsplanung beginnt.

3.1.1.6 Vorschlagen und Abstimmen des Änderungsmanagements

Das Änderungsmanagement in der Ausführungsphase unterscheidet sich deutlich von demjenigen in der Planungsphase, da dann ausführende Firmen mit Vertragsbeziehungen zum Bauherrn in das Projektgeschehen eingebunden sind. Der Projektsteuerer hat die Aufgaben der am Änderungsprozess beteiligten Stellen projektindividuell festzulegen, abzustimmen und durchzusetzen. Dies erfolgt bei der Definition der Organisationsvorgaben.

Zunächst gilt es, rechtzeitig zu erkennen, ob eine beabsichtigte Änderung mit den bestehenden Projektzielen vereinbar ist. Diese Plausibilitätsbetrachtung durch den Projektsteuerer steht am Beginn aller Aktivitäten. Die Projektbeteiligten werden in die detaillierte Betrachtung mit einbezogen. Diese Vorgehensweise ist deshalb erforderlich, damit unrealistische Änderungsabsichten erst nach nochmaliger Klärung mit dem Auftraggeber an die Planer herangetragen werden.

In diesem Zusammenhang gewinnt die Dokumentation von Planungsänderungen durch die Planer/Projektsteuerer eine besondere Bedeutung. Häufig stellt sich später die Frage nach der Verursachung von Änderungsfolgen. Die jeweils von den Projektbeteiligten erstellten Änderungsanträge sind hinsichtlich erwarteter Termin- und Kostenfolgen abzustimmen. Die Ergebnisse dieser Abstimmung mit einer Empfehlung des Projektsteuerers sind anschließend vom Auftraggeber zu entscheiden. Im Falle einer Entscheidung für die Änderung ist die Fortschreibung der bestehenden Termin- und Kostenplanung vorzunehmen sowie die Umsetzung der Änderung in Planung und Ausführung zu veranlassen.

Im Änderungsantrag sind die Parameter der Entscheidungsgrundlagen (Kosten, terminliche Auswirkungen etc.) zu dokumentieren.

Die Vorteile dieses Verfahrens liegen in einer nachvollziehbaren Dokumentation, die Nachteile in den partiell gegebenen Widerständen von einzelnen Projektbeteiligten gegen diesen zusätzlichen Verwaltungsaufwand. Die Änderungsvorgänge werden in einer Liste dokumentiert und bis zur Genehmigung bzw. Ablehnung vom Projektsteuerer verfolgt.

Es ist allerdings nicht zweckmäßig, jede kleine Änderung in einem Formblatt zu erfassen. Es sind daher geeignete Abwicklungsmechanismen zu vereinbaren, damit das Verfahren praktikabel gestaltet werden kann.

Zum Änderungsmanagement gehören im Wesentlichen folgende Bestandteile:

Änderungsstandardablauf: Der Standardablauf muss zu Anfang eines Projekts einmal verbindlich geklärt werden. Bei einvernehmlicher Festlegung können Abweichungen von der festgelegten Prozedur leichter geahndet werden; d.h., Spielregeln erleichtern den Umgang miteinander.

Änderungs- und Entscheidungsantrag: Der Standardantrag (formale Vorgabe) ist projektindividuell abzuleiten und abzustimmen.

Liste der Änderungen: In der Auflistung der Änderungen wird der Status der Änderungen dokumentiert. Die Informationen über den Veranlasser der Änderung, die Ursache, die Kosten- und Terminauswirkung etc. geben Aufschluss über die Merkmale der jeweiligen Änderung. Gerade bei Projekten mit verschiedenen Beteiligten auf Nutzerseite sind diese Informationen – häufig erst nach Projektabschluss – sehr wichtig und wertvoll.

3.1.1.7 Mitwirken beim Risikomanagement

Mitwirken beim Risikomanagement beinhaltet die Beratung des Auftraggebers bei der Identifikation von Risiken unter Berücksichtigung der Beiträge der weiteren Projektbeteiligten und Sonderfachleute/Gutachter.

Es beinhaltet ferner die laufende Bewertung der Risiken und das Vorschlagen von Maßnahmen zur Eingrenzung der Risiken unter Berücksichtigung der Beiträge der weiteren Projektbeteiligten.

Risikoerfassung und Risikomanagement sind eine gesamtheitliche Aufgabenstellung der Auftraggeberorganisation. Der Projektsteuerer wirkt, bezogen auf die von ihm übernommenen Aufgaben, bei der Risikoerfassung und dem Risikomanagement mit. Er wird tätig, soweit der Auftraggeber seine Mitwirkung beim Einsatz eines entsprechenden Risikomanagementsystems einfordert. Die Entscheidung über die Bewertung von Risiken und das Auslösen von etwaigen Kompensationsmaßnahmen trägt allein der Auftraggeber.

3.1.1.8 Mitwirken bei der Auswahl eines Projektkommunikationssystems

Kernaufgabe des Projektsteuerers ist es, in Abstimmung mit dem Auftraggeber die Prozesse zur Steuerung der Kommunikationsvorgänge für einen erfolgreichen, den terminlichen Anforderungen entsprechenden Projektablauf zu entwickeln und umzusetzen. Insbesondere bei komplexen Projekten entstehen unzählige einzelne Kommunikationsvorgänge. Bei hierzu eingesetzten Projektkommunikationssystemen handelt es sich i.d.R. um internetbasierte und datenbankgestützte Anwendungen für definierte, dem Projektablauf angepasste erweiterbare Benutzergruppen. Durch diese können Informationen orts- und zeitunabhängig ausgetauscht werden.

Der Aufwand für die Verteilung und Archivierung von Informationen wird reduziert, da z.B. ein Protokoll zentral abgelegt und dort allen autorisierten Empfängern jederzeit zugänglich gemacht wird.

Lassen Kriterien wie Projektgröße, -restlaufzeit, -komplexität, -organisation, voraussichtliche Unterstützung seitens der Projektleitung, des Auftraggebers sowie die technische Ausstattung und Vorerfahrung der Projektbeteiligten den Einsatz eines Systems sinnvoll erscheinen, sind die Ziele des Systemeinsatzes vom Projektsteuerer zu ermitteln und als Vorgabe an das System hinsichtlich der Zielerreichung zu formulieren. Darauf basierend hat eine Empfehlung zum Einsatz eines Projektkommunikationssystems an den Auftraggeber zu erfolgen. Bei den Organisationsvorgaben sind alle erforderlichen Angaben für die Projektbearbeitung der Beteiligten zu dokumentieren.

Des Weiteren hat der Projektsteuerer die Anforderungen für den Systemeinsatz vorzuschlagen, damit eine Grundlage für die Auswahl des geeigneten Systemanbieters besteht. Der Projektsteuerer wird in eigenem Interesse an den Auswahlgesprächen und Vertragsgesprächen mit den Systemanbietern in Abstimmung mit dem Auftraggeber teilnehmen. In diesem Zusammenhang hat er die Schnittstellen zwischen den Leistungen des Betreibers des eingesetzten Projektkommunikationssystems und seinen eigenen Aufgaben sorgfältig zu definieren, abzugrenzen und bei der Vertragsgestaltung zu berücksichtigen. Dazu gehören allerdings nicht die IT-spezifischen Schnittstellendefinitionen zu den verschiedenen auftraggeberseitig bestehenden IT-Anforderungen der Hard-/Softwarevoraussetzungen, Datenhaltung, Servicebedarf, Sicherheitskonzept und Schnittstellenanforderungen. Diese Leistungen fallen in den Bereich der Besonderen Leistungen, die gesondert zu vergüten sind.

Kommentar zu den Besonderen Leistungen der Projektvorbereitung (Handlungsbereich A)

3.1.1.B1 Koordination von speziellen Organisationseinheiten des Auftraggebers

Hierzu zählen insbesondere Projektmanagementleistungen für den Nutzer, wie sie in Heft Nr. 19 der AHO-Schriftenreihe dargestellt sind. Die Leistungsbilder sind diesem zu entnehmen und auf das Projekt individuell anzupassen. Diese Leistungen sind spezifisch in Abhängigkeit von den Auftraggeber- und Nutzerstrukturen zu kalkulieren, anzubieten und zu erbringen.

3.1.1.B2 Erstellen von Vorlagen und besondere Berichterstattung in Auftraggeber- und sonstigen Gremien

Bedarfsplanung, Machbarkeitsstudien, Planungsüberlegungen etc. werden häufig in übergeordneten Workshops oder Lenkungskreisen vorbereitet, vertreten und anschließend dokumentiert. Hierzu können mehrere Erläuterungs- und Erörterungstermine nötig sein. Der Projektsteuerer erstellt i.d.R. die Präsentationsunterlagen für die Veranstaltung. Die Präsentation erfolgt durch den Projektsteuerer in Abstimmung mit dem Projektleiter. Grundvoraussetzung zur Vereinbarung einer Besonderen Leistung ist allerdings, dass der daraus ableitbare Aufwand erheblich von einer „normalen Projektbearbeitung" abweicht. Im Grundleistungsumfang enthalten ist die Vorbereitung, Präsentation und Dokumentation von Erörterungen bzw. kontinuierlichen Besprechungen zum Projektstatus oder auch zu besonderen Entscheidungen in unterschiedlichen Ebenen der Projektaufbauorganisation, wenn diese in direktem Zusammenhang mit dem definierten Projektziel stehen.

3.1.1.B3 Einrichten eines eigenen Projektkommunikationssystems

Der Betrieb eines Projektkommunikationssystems über alle Projektphasen mit einem eigenen System des Projektsteuerers oder der Integration eines externen Betreibers fällt in den Bereich von Besonderen Leistungen, die gesondert zu vergüten sind.

3.1.1.B4 Erstellen der aufbau- und ablauforganisatorischen Grundlagen zur Planung, übergreifenden Überwachung und Steuern von mehreren verknüpften Projekten (Programme, Projektportfolios)

Nach DIN ISO 21500:2013-06E besteht ein Projektportfolio aus einer Anzahl von Projekten oder Programmen, die zusammengefasst werden, um eine wirkungsvolle Steuerung zur Erreichung strategischer Ziele zu erleichtern. Das Projektportfoliomanagement sorgt für eine zentralisierte Verwaltung und umfasst Auswahl, Priorisierung, Genehmigung, Koordination und Controlling dieser Projekte und Programme. Das Programmmanagement ist üblicherweise die strategische Steuerung einer Gruppe zusammenhängender Projekte. Es umfasst zentralisierte und koordinierende Vorgänge zur Erreichung dieser Ziele.

Die Abwicklung von Projektportfolios bedarf der Definition übergreifender Leistungen in allen Handlungsbereichen, die Abhängigkeiten zwischen den Einzelprojekten sowie bereichsübergreifender Systeme aufzeigen, um rechtzeitig Steuerungsmaßnahmen auslösen zu können.

Die Steuerung von Projekten im Rahmen eines Programmmanagements bzw. die Steuerung eines Projektportfolios fällt in den Bereich von Besonderen Leistungen, die gesondert zu vergüten sind.

3.1.1.B5 Konzipieren, Vorbereiten und Abstimmen von Risikomanagementsystemen mit besonderen Anforderungen

Über den Rahmen einer Beratung des Auftraggebers bei der Identifikation von Risiken hinaus beinhaltet die Besondere Leistung die Konzeption eines ganzheitlichen Risiko-Managementsystems. Unabhängig von den ggf. einzusetzenden Softwarelösungen und damit verbundenen Spezifikationen soll folgende Leistung durch den Projektsteuerer erfolgen:

Zu Projektbeginn soll eine bewertbare Struktur der Risiken erstellt werden. Diese muss neben den Risikoarten (z.B. Boden/Baugrund, Entwicklungsrisiken, Genehmigungsrisiken, Zeitrisiken, Kostenrisiken) eine Risikoausprägung auf das entsprechende Projekt aufzeigen.

Bezogen auf diese Ausprägung erfolgt in kontinuierlichen Intervallen (jeweils zum Zeitpunkt von Statusberichten, z.B. vierteljährlich) eine Risikobewertung je Einzelrisiko im Hinblick auf potentielle Schadenshöhe, Eintrittswahrscheinlichkeit, ggf. auch Aufdeckungsschwierigkeit. Die gesamthafte Betrachtung ermöglicht eine Risikoklassifizierung mit Darstellung möglicher Folgen. Bezogen auf diese Folgeszenarien sind vom Projektsteuerer Gegensteuerungsmaßnahmen zu formulieren.

Die Risikobewertungen verändern sich wegen der zunehmenden Informationen von Projektphase zu Projektphase. Die jeweils vom Projektsteuerer aktualisierte Risikomatrix ist von diesem gemäß seinem Kenntnisstand aufzubereiten und mit dem Bauherrn durchzusprechen.

Die Einleitung von Gegensteuerungsmaßnahmen kann nur vom Bauherrn selbst entschieden werden.

3.1.1.B6 Mitwirken bei den Vorbereitungen besonderer behördlicher Genehmigungsverfahren (z.B. Planfeststellungsverfahren)

Die Grundleistungen der Projektsteuerung bei klassischen Hochbaumaßnahmen, die i.d.R. auf einem rechtskräftigen Bebauungsplan aufbauen, umfassen Vorgespräche mit den betroffenen Behörden und Institutionen in Hinsicht auf Bebaubarkeit des Grundstücks, Baulasten, Abstandsflächen, Grundwasser/Wasserhaltung, Leitungsanbindungen, Stellplätze, Energieversorgung, Denkmalschutz, Immissionsschutz usw.. Die Grundleistungen schließen notwendige Änderungen eines bestehenden Bebauungsplans im üblichen Umfang ein. Hierzu gehört auch das öffentlich-rechtliche Baugenehmigungsverfahren in Zusammenarbeit mit den beteiligten Planern.

Bei der Durchführung von reinen Infrastrukturmaßnahmen und Sonderprojekten (z.B. Projekte im Bereich der Landesverteidigung), werden umfangreiche Genehmigungsverfahren (Raumordnungsverfahren ROV, Planfeststellungsverfahren PFV, Verfahren nach BImSchG, gesonderte Umweltverträglichkeitsprüfungen UVP usw.) erforderlich. Projektsteuerungsleistungen für Maßnahmen dieser Art erfordern spezielle Fachkompetenz und einen erhöhten Personaleinsatz und sind daher als Besondere Leistungen zu vergüten. Der hiermit beauftragte Projektsteuerer sorgt für die Erfassung der Genehmigungsbelange, die Veranlassung der Zuordnung und Bearbeitung der anfallenden Aufgaben. Er hat die anfallenden Aufgaben zu verfolgen und die laufenden Ergebnisse zu dokumentieren. Der Auftraggeber ist über auftretende Genehmigungsrisiken und zu erwartende Genehmigungsauflagen rechtzeitig zu informieren.

3.1.1.B7 Erstellen eines Konzepts zur Erfassung aller betroffenen Dritten und der relevanten Öffentlichkeit sowie deren Beteiligung im weiteren Projektablauf

Neben den Einflüssen und Funktionen im Projekt selbst müssen auch noch die äußeren Einflüsse berücksichtigt werden. Einflüsse können von unterschiedlicher Bedeutung und Bewertung sein. In der Literatur hat sich für Einflussnehmende der Begriff „Stakeholder" durchgesetzt.

Stakeholder sind alle innerhalb oder außerhalb eines Projekts Stehenden, welche an einem Projekterfolg oder dessen Verhinderung (auch Scheitern) besonders interessiert sind, wie z.B.: Mitglieder der Projektteams, Anteilseigner, Auftraggeber, Arbeitnehmergruppen, Verbraucherverbände, Gewerkschaften, Kommunen, Banken, Konkurrenten, Lieferanten, Bürgerinitiativen, Umweltschutzgruppen, Behörden. Wer schon in frühen Phasen alle Interessenten (Stakeholder) ins Projekt einbezieht, kann Kosten- und Terminabläufe wesentlich qualifizierter steuern. Das wesentliche Element des Stakeholder-Managements ist daher die Informationspolitik.

Stakeholder können sowohl innerhalb der Organisation des Projekts wirken als auch außerhalb und sind ein wesentlicher Bestandteil des Projektumfelds. Sie müssen deshalb als vollwertige Beteiligte des Projekts – als Partner – behandelt werden. Sie sind besonders in der Startphase von großer Bedeutung (rechtzeitige Einschaltung). Es empfiehlt sich, sie in unterschiedlicher Intensität, je nach Phase und Interessen, zielgerichtet in das Projekt einzubinden.

Die Aufgaben des Projektsteuerers liegen hierbei in der

- Identifikation von Stakeholdern,
- Identifikation der Ziele und Interessen der Stakeholder,
- Identifikation der Eigenschaften der Stakeholder,
- Analyse der Stakeholder und Priorisierung,
- Analyse von möglichen Koalitionen,
- Analyse der Strategien der Stakeholder,
- Festlegung von Strategien und Auswertung,
- laufenden Verfolgung,
- Überprüfung der Zielerreichung.

Diese Leistungen sind als Besondere Leistungen gesondert nach Aufwand zu vergüten.

3.1.2 Handlungsbereich B: Qualitäten und Quantitäten

3.1.2.1 Überprüfen der bestehenden Grundlagen zur Bedarfsplanung auf Vollständigkeit und Plausibilität

Die Bedarfsplanung ist eine Teilmenge der Projektentwicklung im engeren Sinne, deren Ergebnisse in einem Entscheidungsmodell zur Fortführung der Projektentwicklung oder zum Abbruch zusammengefasst werden. Die Bedarfsplanung ist auf Vollständigkeit und Plausibilität zu überprüfen.

Findet ein Projektsteuerer bei Arbeitsaufnahme keine Bedarfsplanung vor, hat er den Auftraggeber hierauf hinzuweisen und diesem ggf. eine ergänzende Beauftragung zu empfehlen. Die Erbringung ist eine Besondere Leistung, die in Heft Nr. 19 der AHO-Schriftenreihe beschrieben ist.

Die große Chance bei der Entwicklung der Bedarfsplanung besteht darin, die vor Beginn des eigentlichen Planungsprozesses bestehenden Freiheitsgrade zu nutzen, um auf diesen Grundlagen Planungsentscheidungen zu treffen.

Grundleistungen sind die Analyse der vorgefundenen Projektgrundlagen, das Aufzeigen von Lücken, Unplausibilitäten und eventuellen Fehlern. Der Projektsteuerer hat die weitere Vorgehensweise bis zum Beginn der Planung zu klären.

Die nachfolgenden Erläuterungen orientieren sich vorrangig an den Bedürfnissen von Hochbauten. Sie gelten in analoger Weise jedoch auch für die Projektarten Ingenieurbauwerke, Verkehrsanlagen, Industriebauten oder Projekte des Industrie- und Anlagenbaus.

Die endgültig beschlossene Bedarfsplanung bildet nach DIN 18205 den Übergang von der Projektentwicklung zum Projektmanagement der Planung und Ausführung. Zielsetzung und Aufgabe des Nutzerbedarfsprogramms ist es, den (voraussichtlichen) Nutzerwillen in eindeutiger und erschöpfender Weise zu definieren und zu beschreiben. Mit der Bedarfsplanung wird die „Messlatte der Projektziele" geschaffen, die projektbegleitend über alle Projektstufen hinweg verbindliche Auskunft darüber gibt, ob und inwieweit mit den Planungs- und Ausführungsergebnissen die Projekt- sowie Nutzerziele erfüllt werden.

Dies schließt die Bedarfsanforderungen im Hinblick auf Funktionen, Flächen und Raumbedarf, Ausstattungsprogramm sowie Kosten- und Terminrahmen ein. Mit der Verabschiedung der Bedarfsplanung werden Grundsatzentscheidungen getroffen und damit neben den Investitionskosten sowohl die Bewirtschaftungskosten der Immobilie als auch die gleichermaßen bedeutsame Funktionalität im Sinne der Wertschöpfung als z.B. attraktive, funktionale Arbeitsplätze in einem Verwaltungsgebäude ausschlaggebend bestimmt.

Wichtiger Bestandteil ist die Abschätzung des Investitionsrahmens und der Folgekosten für das durch die Bedarfsplanung ermittelte Raum-, Funktions- und Ausstattungsprogramm (vgl. Ziff. 3.1.3.1).

Zur Bedarfsplanung kann i.d.R. ein Terminrahmen erwartet werden (vgl. Ziff. 3.1.4.1).

Aus der Kombination von Investitions- und Terminrahmen ist dann ein erster Mittelabflussplan ableitbar.

3.1.2.2 Mitwirken bei der Klärung der Standortfragen, bei der Beschaffung der standortrelevanten Unterlagen, bei der Grundstücksbeurteilung hinsichtlich Nutzung in privatrechtlicher und öffentlich-rechtlicher Hinsicht

Die originäre Erbringung der Standortanalyse ist Leistung der Projektentwicklung, die in Heft Nr. 19 der AHO-Schriftenreihe umfassend beschrieben ist. Im Rahmen der Projektvorbereitung sind diese Ergebnisse vom Projektsteuerer auf Plausibilität bezüglich der aktuellen Projektgrundlagen zu überprüfen und daraus resultierende Maßnahmen rechtzeitig aufzuzeigen.

Die Entscheidung für den Standort und letztlich für das zu bebauende Grundstück ist wichtige Voraussetzung für die Fortsetzung einer geordneten Projektentwicklung. Ziel dieser Teilleistung ist die Beurteilung von Grundstücksoptionen im Hinblick auf die Möglichkeit der optimalen Bebaubarkeit nach den in der Bedarfsplanung festgelegten Anforderungen und Bedingungen. Zu den standortrelevanten Unterlagen zählen die Bedarfsplanung, das Raumordnungsprogramm (ROP), Landes-, Gebiets- und Verkehrsentwicklungspläne (LEP, GEP, VEP), der Flächennutzungsplan (FNP), der Bebauungsplan (B-Plan) sowie grundstücksbezogene Unterlagen der Katasterämter und Erschließungsträger; bei einem nicht vorhandenen Bebauungsplan die „Prüfung der Zulässigkeit von Vorhaben innerhalb der im Zusammenhang bebauten Ortsteile" gemäß § 34 BauGB.

Für weitere Untersuchungen ist zwischen Makro- und Mikro-Standort zu unterscheiden. Der Makro-Standort ist die Region, der Kreis bzw. die Gemeinde, für welche die Immobilie Bedeutung hat. Zu den zentralen Orten in Deutschland gehören z.B. die Landeshauptstädte. Darüber hinaus existieren zahlreiche Ober-, Mittel- und Unterzentren. Innerhalb jedes Zentrums ist zu unterscheiden nach Ia-Lagen, Ib-Lagen und Ic- oder auch nur sonstigen (Rand-)Lagen. Der jeweilige Mikro-Standort stellt das direkte Umfeld, maximal in fußläufiger Entfernung, sowie das Baugrundstück selbst dar.

Zur Grundstücksbeurteilung kann eine Nutzwertanalyse oder Kostenwirksamkeitsanalyse auf der Basis des verwendeten Kriterien-/Zielkatalogs unter Gewichtung der Teilziele und Messung der Erfüllung der einzelnen Teilziele durch die vorhandenen Grundstücksalternativen hilfreich sein.

3.1.2.3 Überprüfen der Ergebnisse der Grundlagenermittlung der Planungsbeteiligten

Die Ergebnisse der Grundlagenermittlung sind vom Projektsteuerer zu analysieren. Sinnvoll ist die Abklärung von Unklarheiten oder das Treffen von notwendigen Grundsatzentscheidungen, um die anschließende Vorplanung ungestört erbringen zu können.

Die Grundlagenermittlung ist die erste Tätigkeit der Planungsbeteiligten in einem Projekt. Versäumnisse bei dieser Leistung führen zu Planungsfehlern und können in späteren Projektphasen zu Störungen führen.

Bauvorhabenspezifisch können das z.B. sein:

- Katasterplan mit eingetragenem Grundstückseigentümer sowie der Nachbarn,
- Klären evtl. Rechte und Lasten auf dem Grundstück
  - Bebaubarkeitseinschränkungen seitens Dritter
  - Grundbucheintragungen einsehen
  - Einträge im Baulastenverzeichnis bei der Baubehörde einsehen

- Wegerechte/Begehungsrechte klären
- Leitungen/Kabel öffentlicher und privater Versorgungsträger
- Feststellen von Altlasten
- Freizuhaltende Grenzabstände
- Bebauungsplan mit textlichen Ergänzungen
- Klären von Nachbarschaftsinteressen

Die Ziele müssen auf diesen Grundlagen fortgeschrieben sowie dokumentiert werden.

Kommentar zu den Besonderen Leistungen der Projektvorbereitung (Handlungsbereich B)

3.1.2.B1 Erstellen und Abstimmen einer Bedarfsplanung

Die wichtigsten 14 Felder der Projektentwicklung im engeren Sinne sind in Heft Nr. 19, Kapitel 3 der AHO-Schriftenreihe umfassend beschrieben. Nicht jedes Projekt bedarf jedoch einer so umfangreichen Projektentwicklung. Immer und in jedem Projekt jedoch sind mindestens die Leistungen der Ziff. 4 Nutzungskonzeption (Bedarfsplan (DIN 18205), Funktions-, Raum- und Ausstattungsprogramm), Ziff. 5 Vorplanungskonzept, Ziff. 7 Projektfinanzierung, Ziff. 9 Kostenrahmen und Ziff. 10 Terminrahmen zu erbringen.

Die konkrete Aufgabenstellung wird in einem differenzierten Leistungsbild inhaltlich und vom zeitlichen Ablauf und Aufwand her auf das konkrete Projekt abzustimmen sein.

3.1.2.B2 Durchführen einer differenzierten Anfrage bezüglich der Infrastruktur (Ver- und Entsorgungsmedien, Verkehr etc.) und Beschaffen der relevanten Informationen und Unterlagen

Gesicherte Informationen über die Infrastruktur sowie die damit zusammenhängenden Angaben und Unterlagen sind für den Projektstart außerordentlich wichtig. Oft wird die Grundstückswahl von der vorhandenen bzw. geplanten Infrastruktur abhängig gemacht.

Der verlässlichen Durchführung der Spartenanfrage kommt ein hoher Stellenwert in frühen Projektphasen zu. Die Aufgabe gliedert sich projektindividuell stark unterschiedlich, wobei folgende Vorgehensweise allgemein abzuleiten ist:

- Die relevanten Sparten für das Grundstück sind zu definieren und zu identifizieren sowie anschließend zu analysieren, welche Fragen mit den einzelnen Spartenträgern abgeklärt werden müssen.
- Die zuständigen Ansprechpartner nach Gebiet und Hierarchie bei den einzelnen Spartenträgern sind zu ermitteln; Gesprächsergebnisse mit den zuständigen Stellen sind zu dokumentieren.

Zu klären sind Randbedingungen der Abwasserentsorgung, der Regenwasserableitung, des Schmutzwassernetzes, Einleitungsmöglichkeit von Kühlwasser in das Kanalnetz, Daten der elektrischen Stromversorgung, Leistungsreserven und Versorgungssicherheit, z.B. Fernwärme-, Telefon-/Datenanschluss, etc.

Spartenanfragen mit Auswirkungen auf die Planungen der Objekt- und Fachplaner sind in den Planungsstufen der Grundlagenermittlung, Vor- und Entwurfsplanung jeweils neu vorzunehmen bzw. zu prüfen und zu dokumentieren.

3.1.2.B3 Vorbereiten und Durchführen von Ideen-, Programm- und Realisierungswettbewerben

Die Vorbereitung von Objekt-/Fachplanerwettbewerben ist eine Besondere Leistung, die durch den Projektsteuerer oder ein qualifiziertes Wettbewerbsbetreuungsbüro erbracht werden kann. Diese Wettbewerbe finden häufig nach den Grundsätzen der RPW statt. In diesem Zusammenhang sind je nach Projektsituation folgende Leistungen zu erbringen:

- Beratung zu Verfahren/Durchführungswegen und den zu Beteiligenden,
- Erstellung der Auslobungsunterlage mit Zusammenstellung/Überarbeitung von Textbausteinen, Erarbeitung der Ausschreibung, Layout der Auslobung und Versand der Unterlagen, Vorbereitung der Vorprüfung mit Koordination und Management der Vorprüfung, Abstimmung der Vorprüfkriterien, Vorbereitung der Kostenprüfung, Annahme der Pläne und Modelle, Anlegen der Eingangsliste, Aufbringung von Tarnzahlen und Ermittlung der notwendigen Stellwandflächen,
- Durchführung der Vorprüfung mit allgemeiner Vorprüfung, Kontrolle der Verfasserberechnungen, Bildung der Flächenverhältniszahlen, Zeichnen von Plänen zur Grundrissorganisation, Kostenbewertung, Koordination unter Einbeziehungen der weiteren an der Vorprüfung fachlich Beteiligten und Erstellen eines Vorprüfungsberichts für die Preisgerichtssitzung,
- Preisgerichtssitzung mit Organisation der Sitzung, Vorstellung der Wettbewerbsarbeiten, Protokollführung, Vorbereitung der Presseinformationen und Beschilderung der Ausstellungsarbeiten,
- Erstellung der Wettbewerbsdokumentation mit Layout-Erstellung, Konzepterstellung und Abstimmung der Broschüre, Erstellung einer Druckvorlage und Einholung von Angeboten für den Druck und Abstimmung der Druckvorlage mit der Druckerei sowie Drucküberwachung.

Diese Leistungen sind aufwandsbezogen zu kalkulieren und zu vergüten.

3.1.2.B4 Strukturieren der Prozesse zur Formulierung und Umsetzen der Nachhaltigkeitsstrategie in der Aufbau- und Ablauforganisation

Die Besonderen Leistungen zur Nachhaltigkeitssteuerung beinhalten eine tief in die Zusammenhänge des Projekts hineinreichende Steuerungstätigkeit des Projektsteuerers. Dieser muss die Projektbeteiligten in die Aufgabenerbringung so einbinden, dass die definierten Ziele der Nachhaltigkeitsstrategie erreicht werden. Die nachfolgenden Ausführungen unterstellen den Einsatz eines Nachhaltigkeitsberaters und eines Auditors für das gewählte Zertifizierungssystem.

Die dabei angesprochenen Aufgaben wurden in einem Arbeitskreis des DVP (Nachhaltigkeitsrelevante Prozesse in der Projektsteuerung[3]) 2011 dokumentiert.

Im Folgenden wird dabei auf die einzelnen Projektstufen Bezug genommen.

Projektentwicklungsphase

Meistens sind noch keine Planer aktiv, sondern der Investor lässt sich vom Projektmanager im Aufbau der Projektstrukturen beraten. Im Hinblick auf die nachhaltigkeitsrelevanten Aspekte muss Kompetenz zur Nachhaltigkeit in den Prozess integriert werden. Der Projekt-

3 DVP (2011), Nachhaltigkeitsrelevante Prozesse in der Projektsteuerung.

steuerer wird ein Leistungsbild für den Nachhaltigkeitsberater strukturieren und gemeinsam mit dem Investor den Auswahlprozess begleiten. Die Dienstleistung der Nachhaltigkeitsberatung ist nicht in Leistungsbildern analog zur HOAI geregelt. Es kommt darauf an, die Rolle des Nachhaltigkeitsberaters in einem präzisen Leistungsbild mit konkreten Leistungspunkten zu strukturieren. Nach der Beauftragung wird der Nachhaltigkeitsberater die bestehende Bedarfsplanung analysieren und Nachhaltigkeitsziele ableiten. Häufig benötigt der Investor eine Beratung über den Nutzwert der Nachhaltigkeitsansätze. Falls das Zertifizierungssystem bereits festgelegt ist, entfällt die Gegenüberstellung der verschiedenen Zertifizierungsmodelle und die Entscheidungsvorbereitung diesbezüglich. Falls auf Basis einer Projektentwicklung ein Wettbewerb durchgeführt werden soll, müssen die relevanten Nachhaltigkeitsziele für die Auslobung definiert werden. In dem Pre-Assessment werden die Nachhaltigkeitsziele im Einzelnen durchgesprochen und können dann anschließend vom Projektmanagement auf ihre Kostenrelevanz und den bestehenden Investitionsrahmen hin bewertet werden. Dieser muss vom Bauherrn entschieden werden und ist Grundlage für einen Antrag auf Vorzertifizierung.

Projektvorbereitungsphase

In der Projektvorbereitungsphase wird vom Projektmanagement die Entwicklung der Projektaufbau- und -ablauforganisation unter Berücksichtigung der Nachhaltigkeitsziele durchgeführt. Um die terminlichen Rahmenbedingungen einzuschätzen, erfolgt die Erstellung des Rahmenterminplans zur Nachhaltigkeit, in dem wesentliche Meilensteine enthalten sind. Der gegebenenfalls ausgewertete Wettbewerb wird anschließend im Hinblick auf die Nachhaltigkeitsziele bewertet. Es wird ein geeigneter Auditor für das Zertifizierungsverfahren ausgewählt. Des Weiteren erfolgt die Definition des integralen Planungsteams als Voraussetzung zur Durchführung der Planung. Die in der Projektentwicklung definierten Nachhaltigkeitsziele müssen im Hinblick auf die konkrete Planungsaufgabe und die Wettbewerbsergebnisse entsprechend verfeinert werden. Ebenfalls als Ausgangspunkt wird ein Lebenszykluskostenrahmen erstellt und die Bedarfsplanung als Zielkatalog für die Planung auf aktuellen Stand gebracht.

Als Voraussetzung für die Umsetzung der Planung müssen Grundsatzentscheidungen zur Nachhaltigkeit getroffen werden und Vorgaben für die Planer formuliert werden, die der Investor im Hinblick auf die Durchführung der Planung verabschieden sollte. Ebenfalls präzisiert werden müssen erforderliche Vorgaben zur Dokumentation der Planungs- und Ausführungsergebnisse.

Die Systemvorgaben verändern auch die Leistungspflichten der Planung. Bei einem Teil der Planungsaufgaben kann die Realisierung im Rahmen der Grundleistung berücksichtigt werden und ergibt keinen Zusatzaufwand (z.B. Lageplan mit Kennzeichnung von Stellplätzen).

In einigen Bereichen wird jedoch die Grundleistung erweitert und erzeugt in Abhängigkeit vom Zertifizierungssystem einen Zusatzaufwand durch weitere Detaillierungen, Ermittlung besonderer Kennwerte oder andere Strukturvorgaben. Die relevanten Unterschiede sind in der angesprochenen Dokumentation enthalten. Des Weiteren müssen Planer und Gutachter mit Nachweisen beauftragt werden, z.B. energetische Simulationen oder die Erstellung der Ökobilanz.

3.1.3 Handlungsbereich C: Kosten und Finanzierung

3.1.3.1 Mitwirken bei der Erstellung des Kostenrahmens für Investitionskosten und Nutzungskosten

Der Investitionsrahmen hat in der Projektstufe Projektvorbereitung zentrale Bedeutung, wobei es zwei unterschiedliche Betrachtungsweisen gibt:

Der Investor gibt ein Budget als Kostenobergrenze vor oder es steht die Erfüllung eines definierten Nutzerbedarfsprogramms im Vordergrund.

Der Projektsteuerer prüft das auftraggeberseitige Budget in Abhängigkeit der vorgesehenen Bedarfsplanung und des beabsichtigten Qualitätsstandards.

Falls kein Investitionsrahmen des Bauherrn vorliegt und relevante Grundlagen für das Projekt vorliegen (z.B. Ergebnis eines Architektenwettbewerbs, klare geometrische Form des Baukörpers mit Höhenentwicklung, Ergebnisse einer Bedarfsplanung in Form eines Raum- und Funktionsprogramms, Ausstattungsvorgaben), erfolgt ein eigenständiges Erstellen des Kostenrahmens durch den Projektsteuerer in Abstimmung mit den bisher eingeschalteten Beteiligten.

Die Ermittlung wird auf Basis von Grobelementen mit konkreter Mengenermittlung durch den Projektsteuerer erstellt. Dabei erfolgt in Abhängigkeit bestehender bzw. zu definierender Randbedingungen der Aufbau eines Qualitätskatalogs. Ebenso werden die relevanten Kostenpositionen mit Schwankungsbreiten definiert, um Abweichungsrisiken einzugrenzen.

Die Ergebnisse werden über eine andere Ermittlungsmethode überprüft, z.B. die Kostenflächenartenmethode, die Flächen unterschiedlicher Nutzungsart mit spezifischen Kosten versieht. Ein weiterer Abgleich der Ergebnisse erfolgt idealerweise mit eigenen Kostenkennwerten über BGF oder BRI-Kennwerten für einzelne Kostenansätze.

Über diese unterschiedlichen Betrachtungen ist die Eingrenzung der Investitionskosten zu einem frühen Zeitpunkt möglich. Die relevanten Annahmen zur Kostenrahmenermittlung müssen in einem Qualitätskatalog definiert werden.

Wichtig ist die Angabe des Vertrauensintervalls, innerhalb dessen sich die „erstgenannte Zahl" bis zur Kostenfeststellung sämtlicher Schlussabrechnungen bewegen wird. Von daher sind von Anfang an Kostenrisiken zu erfassen und zu bewerten. Der Projektmanager wirkt im Rahmen seiner Aufgabenstellung an der Zielerreichung „Einhaltung der Kostenvorgaben" mit. Kostenabweichungen sind von Projektstufe zu Projektstufe dem Grunde und der Höhe nach zu differenzieren nach Änderungen, Indexentwicklungen und Schätzungsberichtigungen zu vorher getroffenen Annahmen und damit plausibel zu machen. Kostenabweichungen nach oben sind dabei unverzüglich durch geeignete aktive Steuerungsmaßnahmen zu kompensieren.

Es hat sich sehr bewährt, wenn vom Investor für die Erstinvestition ein Budget vorgegeben wird, das bis zur Kostenfeststellung inklusive aller Projektänderungen, Indexentwicklungen, Schätzungsberichtigungen und Umsatzsteueränderungen nicht überschritten werden darf. Dieses Budget ist in der Bedarfsplanung unmissverständlich als eines der wichtigsten Projektziele darzustellen. Zu berücksichtigen sind neben der Dokumentation der Grundlagen und der Baubeschreibung (Besonderheiten in der Materialität, der Bauverfahren/Logistik der geometrischen Struktur, den architektonischen Anforderungen, dem Baugrund, der Erschließung), die Kostengruppen nach DIN 276, die im Budget enthalten sein sollen, der Preisstand des Budgets sowie die Angabe, ob es sich um Netto- oder Bruttowerte handelt.

Zusätzlich zur Ermittlung des Kostenrahmens für die Erstinvestitionen ist ein Nutzungskostenrahmen nach DIN 18960:2008-02 zu erstellen. Die Grenzen zwischen der Projektentwicklung und der Projektvorbereitung sind zum Teil fließend. Häufig wird auf Basis des bestehenden Entwicklungsstands ein Architektenwettbewerb ausgelobt, der die bestehende Projekt- bzw. Nutzungsidee durch konkrete Vorschläge unterschiedlicher Planungen hinterlegen soll.

3.1.3.2 Mitwirken bei der Ermittlung und Beantragung von Investitions- und Fördermitteln

Der Auftraggeber hat die Finanzierung des Projekts sicherzustellen und wird in diesem Zusammenhang gegebene Möglichkeiten der öffentlichen Förderung prüfen. Die Federführung bei dieser Aufgabe liegt beim Auftraggeber. Der Projektsteuerer unterstützt den Auftraggeber bei der Analyse der gegebenen Möglichkeiten und der Auswahl der geeigneten Förderprogramme. In diesem Analyseprozess ist eine ganze Reihe an Projektbeteiligten neben dem Bauherrn (z.B. Rechtsberatung, Planungsbeteiligte) einzubinden. Der Projektsteuerer wird diesen Prozess zielorientiert und an der Seite des Bauherrn koordinieren. Die inhaltliche Fördermittelberatung ist nicht Bestandteil der Grundleistungen des Projektsteuerers.

Ein weiteres Aufgabenfeld des Projektsteuerers liegt in der Mitwirkung bei der Anpassung der Projektziele und des Nutzungskonzepts, falls förderspezifische Randbedingungen vorliegen, die dies erforderlich machen.

Der Auftraggeber wird die erforderlichen Vertragsunterlagen für Fördermittel und Fremdkapitalfinanzierung ausfüllen bzw. erstellen. Falls der Projektsteuerer dies als Aufgabe übernimmt, kann dies als Besondere Leistung vereinbart werden.

Des Weiteren obliegt es dem Projektsteuerer, die aus dem Antragsverfahren resultierenden Fristen bei der Rahmen- und Steuerungsterminplanung so differenziert zu berücksichtigen, dass alle weiteren Projektbeteiligten in diese terminlichen Vorgaben verantwortlich eingebunden werden.

3.1.3.3 Prüfen und Freigabevorschläge bzgl. der Rechnungen der Planungsbeteiligten und sonstigen Projektbeteiligten (außer bauausführenden Unternehmen) zur Zahlung

Ziel der Prüfung und Freigabevorschläge von Rechnungen durch den Projektsteuerer ist es, darauf zu achten, dass seitens des Auftraggebers Zahlungen nur für vertraglich, fachlich/sachlich und rechnerisch gerechtfertigte Ansprüche der Projektbeteiligten unter Berücksichtigung von zahlungshemmenden oder zur Aufrechnung berechtigenden Ereignissen geleistet werden.

Grundsätzlich ist jeweils zwischen Rechnungen von Planern, Beratern und Gutachtern einerseits sowie von Bau- und Lieferfirmen andererseits zu unterscheiden. Honorarrechnungen von Planern, Beratern und Gutachtern sind vom Projektsteuerer vollständig in vertraglicher, fachlich/sachlicher und rechnerischer Hinsicht zu überprüfen.

Im Rahmen der Projektvorbereitung handelt es sich um Honorarrechnungen von Planern, Beratern und Gutachtern. Eingehende Rechnungen sind zunächst nach Adressat, Priorität und Auszahlungsfristen, Vollständigkeit und Prüffähigkeit sowie erforderliche Anlagen zu überprüfen. Nicht prüfbare Rechnungen sind unverzüglich schriftlich im Original mit der Bitte um Stornierung zurückzusenden. Fehlende Unterlagen sind nachzufordern.

Bei Planerrechnungen ist im nächsten Schritt auf der Basis von Vertrag, Honorarrechnung und Leistungsmeldung ein Vergleich zwischen vertraglich vereinbarter und tatsächlich mängelfrei erbrachter Leistung sowie der mit der Honorarrechnung geltend gemachten Vergütung anzustellen. Differenzen sind aufzuklären und zu dokumentieren. Bei gravierenden Abweichungen ist die Forderung als unbegründet zurückzuweisen und die Honorarrechnung im Original mit der Bitte um Stornierung zurückzusenden.

3.1.3.4 Abstimmen und Einrichten der projektspezifischen Kostenverfolgung

Ziel des projektspezifischen Rechnungswesens zur Kostenverfolgung ist die aktuelle Auskunftsbereitschaft über die Entwicklung des Budgets, die Auftrags- und Abrechnungssummen, Kostenüber- bzw. -unterschreitungen sowie die Einhaltung der Kostenziele.

Die Erbringung der Leistung erfolgt für die Bauleistungen erst zu einem späteren Zeitpunkt. Trotzdem ist es erforderlich, die grundsätzliche Abstimmung darüber zu einem frühen Zeitpunkt durchzuführen, zumal auch die Planerrechnungen rechtzeitig erfasst werden müssen und der Budgetanteil für die KGR 700 zu berücksichtigen ist.

Für die Durchführung der Kostenverfolgung sind als Unterlagen bzw. Informationen das festgelegte Budget, Ergebnisse der Kostenermittlungen (Kostenschätzung, -berechnung, -anschlag), alle abgeschlossenen Planer-, Bauwerk- und Lieferverträge inklusive sämtlicher Bürgschaften und Nachträge, die Auftrags-Leistungsverzeichnisse mit Mengen, Einheitspreisen und Gesamtpreisen sowie sämtlichen Nachträgen und die Rechnungsfreigaben einschließlich der Rechnungsunterlagen erforderlich. Diese Unterlagen sind auf Vollständigkeit zu überprüfen. Ferner sind die Art (Tabellenkalkulation oder Kostenermittlungs- und -steuerungsprogramm) sowie der Umfang (Gliederungstiefe, Kontenzuordnungen, Codierungen etc.) der Projektbuchhaltung in Absprache mit dem Auftraggeber festzulegen.

Zunächst sind die voraussichtlichen bzw. tatsächlichen Vergabesummen für jede Planungs- und Bauleistung zu erfassen und die Summen hierüber dem Ausgangsbudget gegenüberzustellen. Bereits bekannte Veränderungen der Auftragssummen sind als Nachträge (Mengenmehrungen, geänderte Leistungen, Zusatzleistungen etc.) gesondert zu erfassen.

Freigegebene Rechnungen sind den einzelnen Leistungen zuzuordnen und dort zu verbuchen. Bei den Leistungen müssen jederzeit die Summe der freigegebenen Zahlungen und das Restbudget erkennbar sein. Aus den erfassten Nachbeauftragungen bzw. sonstigen Veränderungen der Auftragsstände hat jederzeit die aktuell erwartete Schlussabrechnungssumme ersichtlich zu sein. Durch geeignete Zusammenfassungen müssen jederzeit die aktuellen Stände des Budgets, der Auftrags- und Abrechnungssummen sowie der Kostenüber- und -unterschreitungen abrufbar sein. Im Fall von Überschreitungen ist unverzüglich der jeweilige Projektleiter des Auftraggebers zu informieren, sind die Ursachen zu analysieren und Maßnahmen zur Rückführung der Überschreitung aufzuzeigen. Diese Informationen und Empfehlungen sind dann dem Auftraggeber zur Entscheidung vorzulegen.

Bei vereinbarten Vorauszahlungsbürgschaften ist zu beachten, dass der Abbau der Bürgschaften mit den vertraglichen Vorgaben korrespondiert.

Zur Vermeidung von Erfassungs- und Schreibfehlern bzw. deren Eliminierung sind Plausibilitätskontrollen durch Vergleiche mit den Buchhaltungsdaten des Auftraggebers anzustellen. Durch regelmäßige Datensicherung und Datenschutz ist darauf zu achten, dass keine Informationen verloren gehen. Durch konsequente Kostentrendbetrachtungen ist zu vermeiden, dass zu spät erkannte Kostensteigerungen über Budgetansätze hinaus nicht mehr zurückgeführt werden können.

Kommentar zu den Besonderen Leistungen der Projektvorbereitung (Handlungsbereich C)

3.1.3.B1 Erstellen von Wirtschaftlichkeitsuntersuchungen

Wirtschaftlichkeitsuntersuchungen bilden die Entscheidungsgrundlage für die Umsetzung des Projekts (z.B. neues Investitionsvorhaben oder Ersatzbeschaffung) und den grundsätzlichen Finanzierungsweg (z.B. Kauf, Leasing, Ausgliederung). Sie orientieren sich an den Zielen der finanzwirksamen Maßnahmen und berücksichtigen daher i.d.R. auch personelle, infrastrukturelle, terminliche und organisatorische Fragestellungen.

Wesentlich bei den Wirtschaftlichkeitsuntersuchungen ist die Festlegung des Betrachtungszeitraums (z.B. Immobilienlebenszyklus) und des Berechnungsverfahrens. In der Regel kommen die Kapitalwertmethode und Nutzen-Kosten-Analysen zur Anwendung.

In der Projektvorbereitung steht nach der Bedarfsfeststellung und -planung insbesondere der allgemeine Eignungstest der Beschaffungsvarianten an. Hierbei stehen z.B. folgende Fragestellungen im Vordergrund:

- Sind die bauplanungsrechtlichen Voraussetzungen gegeben?
- Sind die politischen Voraussetzungen gegeben?
- Reichen die zeitlichen Rahmenbedingungen aus?
- Ist die Verfügbarkeit des Grundstücks bzw. des Objekts gesichert?
- Hat das Projekt eine geeignete Bau- und Nutzungszeit?
- Hat das Projekt geeignete Randbedingungen, so dass ein Marktinteresse (Planer, Baufirmen, Betreiber, Finanzierer) erwartet werden kann?
- Ist eine grundsätzliche Fördermöglichkeit (z.B. EU-Fördermittel) gegeben?

Mit diesem ersten Schritt werden anhand von Ausschluss- und Kann-Kriterien die in Betracht kommenden Beschaffungsvarianten bestimmt. Für diese Varianten sind die kostenspezifischen Werte über den Betrachtungszeitraum (Ein- und Ausgabereihen) zu erfassen. Ferner ist eine Risikoanalyse durchzuführen. Mit diesen Eingangsdaten wird das gewählte Verfahren mathematisch bedient und führt zu entsprechenden Erwartungswerten. Im Nachgang erfolgen Sensitivitätsanalysen durch Veränderung einzelner Basisparameter sowie eine Szenario-Analyse (Best Case, Worst Case), die das Ergebnis der Wirtschaftlichkeitsuntersuchung kritisch hinterfragen.

Für den Fall, dass wesentliche Merkmale der Handlungs- und Beschaffungsvarianten nicht monetär bewertet werden können (z.B. Lage, Repräsentanz), kann eine Bewertung anhand von nutzenspezifischen Werten (Nutzenpunkte und Gewichtungen) mittels einer Nutzen-Kosten-Analyse durchgeführt werden.

Die Ergebnisse werden dem Auftraggeber vorgestellt und abschließend für den weiteren Projektablauf dokumentiert.

3.1.3.B2 Verwenden von auftraggeberseitig vorgegebenen EDV-Programmen mit besonderen Anforderungen in Bezug auf die Informationsverarbeitung und Dokumentation

Falls vom Auftraggeber Programmsysteme zur Bearbeitung vorgegeben werden, ist im Einzelnen zu prüfen, inwieweit die Programmfunktionalität zu Bearbeitungsmehraufwand führt.

Falls z.B. für die Einführung dieses Programmsystems intensive Schulungen erforderlich sind, um die Bearbeiter für den Einsatz des Programms vorzubereiten, erwächst ein Zusatzaufwand, der entsprechend zu berücksichtigen ist.

Dies gilt auch im Falle des Erfordernisses von Umformatierungen von Informationen zur Weiterbearbeitung in Buchhaltungssystemen des Auftraggebers.

Des Weiteren ist zu prüfen, inwiefern das bestehende Qualitätsmanagement des Projektmanagementunternehmens im Hinblick auf die Prozesse (Verfahrens- und Arbeitsanweisung) in allen Handlungsbereichen (z.B. Organisation, Vertragswesen etc.) durch die Vorgabe des Programmsystems beeinträchtigt wird bzw. modifiziert werden muss.

3.1.4 Handlungsbereich D: Termine, Kapazitäten und Logistik

3.1.4.1 Aufstellen und Abstimmen des Terminrahmens

Der Terminrahmen stellt die erste bzw. oberste Ebene der Terminplanung dar. Der Terminrahmen ist über den gesamten Projekt- und Bauablauf zu aktualisieren, um einen aktuellen Übersichtsterminplan zur Verfügung zu haben.

Durch den Terminrahmen werden einzelne Planungsphasen, so z.B. bei einem Hochbauprojekt, die Meilensteine Planungsauftrag, Baueingabe, Baugenehmigung, Baubeginn, Fertigstellung des Rohbaus und wetterfeste Gebäudehülle sowie die damit verbundene Möglichkeit zur Aufnahme der Bauheizung, Technische Ausrüstung, Innenausbau, Baufertigstellung, Abnahme-/Übergabephase und der Einzugsbeginn fixiert.

Zur Erstellung des Terminrahmens sind zunächst die zu beachtenden Randbedingungen im Hinblick auf Beginn-, Zwischen- und Endtermine, zu beachtende Betriebszustände und Umgebungsbedingungen zu ermitteln, mit den Projektbeteiligten abzustimmen und festzulegen. Die jeweilige Dauer ist für den Rohbau auf Basis baubetrieblicher Kennwerte auf Objektebene (z.B. Bauarbeiterstunden/Krananzahl in Abhängigkeit der Logistik) sowie unter Berücksichtigung des Anteils der unterirdischen Bauwerksanteile zu ermitteln.

Ebenso betrifft das die Abläufe zur Erreichung der Gebäudedichtigkeit. Abzuwägen ist der Baubeginn in Abhängigkeit der Vergabeabläufe einerseits und der Genehmigungsdauer andererseits. Bereits zu diesem Zeitpunkt sind die unterschiedlichen Abläufe bei Kumulativleistungsträgern zu beachten.

Weiterhin zu berücksichtigen sind Freigabezeiten des Bauherrn nach den Planungsphasen sowie die erforderlichen Genehmigungszeiten. Es sollten frühzeitig die Randbedingungen des Genehmigungsverfahrens abgestimmt werden, insbesondere bei Projekten mit Abhängigkeiten des Bebauungsplans, des Denkmalschutzes oder der Ausnutzung des Baurechts.

Ergebnis ist ein übersichtlich gestalteter Balkenplan mit 20 bis 30 Vorgängen, der auf einen Blick die Meilensteine und die dazwischenliegenden Vorgänge erkennen lässt. Dieser Terminrahmenplan sollte durch einen Erläuterungsbericht zu den Randbedingungen, den getroffenen Annahmen und den gewählten Kennwerten sowie durch eine Risikoanalyse zu den ausgewiesenen Abwicklungszeiträumen ergänzt werden.

3.1.4.2 Aufstellen und Abstimmen des Steuerungsterminplans für das Gesamtprojekt und Ableiten des Kapazitätsrahmens

Ziel des Steuerungsterminplans für das Gesamtprojekt (auch: Gesamt-Steuerungsterminplan) ist es, aus dem Terminrahmen in übersichtlicher Form den zeitlichen Gesamtablauf der Projektrealisierung so zu entwickeln, zu bewerten, festzulegen und darzustellen, dass darauf aufbauend die Entscheidungen über den weiteren Projektfortschritt getroffen werden können. Er ist phasenweise tiefer zu differenzieren.

Zur Bearbeitung des Gesamt-Steuerungsterminplans sind im Rahmen der Arbeitsvorbereitung die erforderlichen Unterlagen zu beschaffen. Dazu gehören die vorliegende Bedarfsplanung, der Rahmen für Investitionen und Nutzungskosten inklusive Erläuterungsbericht, der Termin- und Kapazitätsrahmen sowie weitere Randbedingungen, die sich aus dem Grundstück, dem zu erwartenden Genehmigungsverfahren, den internen Genehmigungsprozeduren beim Auftraggeber, der Art der Projektabwicklung durch Einzelplaner oder einen Generalplaner, Einzelvergaben oder GU-Vergabe ergeben. Ferner gehören dazu Zeitkennwerte für die Vorbereitungs-, Planungs- und Ausführungszeiten in Abhängigkeit von der Projektgröße und -art, die nach Möglichkeit aus vom Projektsteuerer selbst abgewickelten Projekten abzuleiten sind.

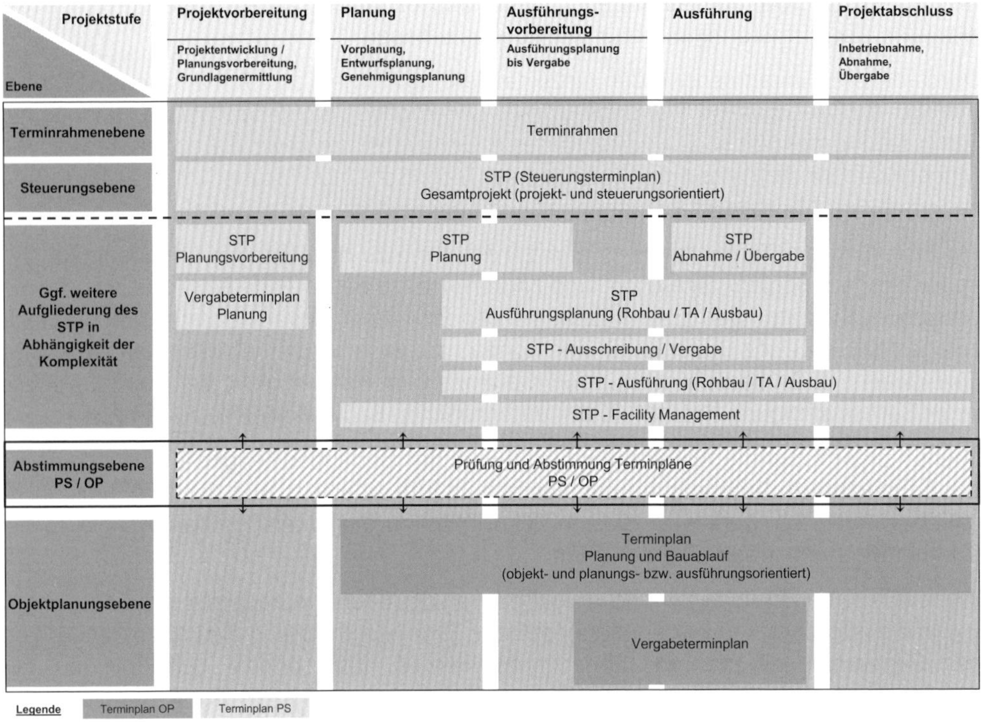

Bild 6: Ebenen und Stufen der Terminplanung nach HOAI und AHO

Nach Anpassung der ausgewählten projektspezifischen Zeitkennwerte an die projektspezifischen Termineinflüsse ist die Vorgangsliste anhand des Projektstrukturkatalogs und der durch die Organisationsvorgaben festgelegten Aufbau- und Ablauforganisation zu entwickeln. Es sind die Abhängigkeiten zwischen den einzelnen Vorgängen durch eine Ablaufstruktur mit Ausweis des kritischen Wegs (Balkenterminplan mit Netzplantechnik) sowie die Vorgangsdauern durch Einpassung innerhalb der durch den Terminrahmen gesetzten Grenzen einerseits und Berechnung von Ausführungsfristen unter Verwendung von Produktionsfunktionen andererseits zu ermitteln. Überlappungszeiten zwischen einzelnen Vorgängen sind kritisch zu prüfen.

Je nach Komplexität und Umfang des Projekts sollte der Gesamt-Steuerungsterminplan nach Bauwerken innerhalb eines Gesamtprojekts differenziert werden. Er umfasst je nach Bauwerk ca. 70–90 Vorgänge. Hierbei sind die einzelnen Vorgänge des Terminrahmens weiter nach Planungs-, Genehmigungs- und Vergabeschritten, die Bauausführung nach Bauteilen oder Losen sowie die Inbetriebnahme-/Übergabephase aufzugliedern und wesentliche Ecktermine als Meilensteine auszuweisen.

Der Gesamt-Steuerungsterminplan ist am sinnvollsten als Balkenplan unter Kennzeichnung der wichtigsten Abhängigkeiten darzustellen und in grafisch ansprechender Form allen Projektbeteiligten und insbesondere den Entscheidungsgremien zur Ermöglichung eines raschen Überblicks über den Ablauf des Gesamtprojekts zur Verfügung zu stellen.

Zur Ermittlung der voraussichtlich erforderlichen Kapazitäten/Ressourcen in der Planung und Ausführung sind Überschlagsrechnungen für den erforderlichen Personaleinsatz, ggf. auch für den Geräteeinsatz in der Ausführung anzustellen.

Die grafische Darstellung ist zu ergänzen durch einen Erläuterungsbericht unter Aufnahme der getroffenen Annahmen, der Bezugsdaten und der ggf. als Anlage beigefügten Ermittlungen (Flächen- und Kubaturberechnungen, Kennwertableitungen etc.), der wesentlichen Ergebnisse sowie eine Risikoanalyse über die Einhaltung der im Rahmenterminplan ausgewiesenen Terminziele.

Der Gesamt-Steuerungsterminplan des Projektsteuerers ist phasenweise tiefer zu strukturieren. In der Projektvorbereitungsphase beinhaltet er die zur Vorbereitung des Projekts erforderlichen Vorgänge (z.B. Auswahlverfahren der Planer, planungsvorbereitende Aktivitäten).

In den folgenden Phasen beinhaltet er die Steuerungsvorgänge innerhalb der einzelnen Planungsphasen der Vorplanung, Entwurfsplanung etc. Die Zusammenhänge sind in Bild 6 dargestellt. Da die Anzahl der Steuerungsvorgänge für die einzelnen Planungsphasen ca. 40–50 Vorgänge umfassen kann, können diese aus Übersichtlichkeitsgründen in Einzelterminplänen dargestellt werden. Der Projektsteuerer muss dabei den Terminplan des Objektplaners auf Verträglichkeit mit dem Rahmenterminplan prüfen und relevante Vorgänge bei der Erstellung seiner Steuerungsterminplanung berücksichtigen. Auf der in Bild 6 dargestellten Abstimmungsebene findet die Rückkopplung/Koordination der Terminplanung statt. Falls die Terminplanung des Objektplaners zu Planung und Bauablauf nicht vorliegt, muss dies dem Bauherrn angezeigt werden, da daraus eine Anspruchsgrundlage für eine Besondere Leistung des Projektsteuerers entsteht.

3.1.4.3 Erfassen logistischer Einflussgrößen unter Berücksichtigung relevanter Standort- und Rahmenbedingungen

Gegenstand der Logistik sind mögliche Lagerflächen für Material und Baustelleneinrichtungen, Transportwege zur und von der Baustelle sowie Baustraßen und verfahrbare oder feste Standorte für Kräne, Betonpumpen und Aufzüge in den verschiedenen Baustadien.

Zielsetzung der Logistik ist es, in allen Bauphasen für einen reibungs- und gefahrlosen Material-, Transport- und Verkehrsfluss bis zur Einbaustelle zu sorgen sowie Lieferungen, Abfuhr und Personalzugang zu kontrollieren und zu dokumentieren.

In Abhängigkeit von den spezifischen Standort- und Rahmenbedingungen sind die Logistikziele zu entwickeln und mit den Projektbeteiligten und den Genehmigungsbehörden abzustimmen. Aufbauend darauf ist zu einem späteren Zeitpunkt das Logistikkonzept durch die Objektüberwachung bzw. Sonderfachleute zu entwickeln, das in den jeweiligen Bauphasen die Material-, Transport- und Verkehrsflüsse sowie Vorgaben für Leistungsverzeichnisse und Verträge vorschlägt.

3.1.5 Handlungsbereich E: Verträge und Versicherungen

3.1.5.1 Mitwirken bei der Erstellung einer Vergabe- und Vertragsstruktur für das Gesamtprojekt

Eine Grundsatzentscheidung im Rahmen der Projektvorbereitung ist die Frage, in welcher Vergabe- und Vertragsstruktur das Projekt abgewickelt werden soll.

Für die Planung ist zu entscheiden, ob das Projekt von einem Generalplaner oder von Einzelplanern durchgeführt werden soll. In diesem Zusammenhang ist auch bereits jetzt hierüber nachzudenken, inwiefern das Projekt in der Ausführung von einem Generalunternehmer bzw. Generalübernehmer durchgeführt werden soll. Je nach gewählter Unternehmenseinsatzform ist die Schnittstelle der Ausführung im Verhältnis zur Planung unterschiedlich und hat auch Einfluss auf die Struktur der Planerverträge.

Der Projektsteuerer hat den Bauherrn über die unterschiedlichen Möglichkeiten der Planereinsatzmodelle zu beraten. Er hat die Vor- und Nachteile der alternativ denkbaren Ablaufmodelle aufzuzeigen und in geeigneter Form auf die bestehenden Entscheidungskriterien des Bauherrn abzustimmen.

Falls das Projekt in Einzelplanungsbereichen abgewickelt wird, gliedert sich die Planungsaufgabe in eine Vielzahl von einzelnen Leistungsbildern und Planungsbeteiligten analog zur HOAI. Der Projektsteuerer sollte vor Erstellung der Planerverträge eine klare Struktur der Einzelplanungsbereiche erstellen, damit diese eindeutig vom Auftraggeber entschieden werden kann. In diesem Zusammenhang ergibt sich bei Projekten mit besonderer Komplexität häufig das Erfordernis von über die HOAI hinausgehenden Beratungsfeldern (z.B. brandschutztechnische Beratung, abfallwirtschaftliche Beratung, Gebäudeleitsysteme, lichtplanerische Beratung, messtechnische Untersuchungen, Computervisualisierung, Facility-Management-Leistungen), welches konkret zu prüfen ist.

Ebenfalls vom Projektsteuerer aufzubereiten ist die Frage der geeigneten Unternehmenseinsatzform für die Ausführung. In der Regel bestehen gewisse Präferenzen des Auftraggebers für die eine oder andere Unternehmenseinsatzform wie Einzelvergabe, Generalunternehmer- oder Generalübernehmereinsatz.

Die Vor- und Nachteile dieser Unternehmenseinsatzformen sind vom Projektsteuerer konkret auf die individuellen Randbedingungen des vorliegenden Projekts darzulegen und rechtzeitig durch den Bauherrn zu entscheiden, obwohl die Ausführung erst in einer späteren Projektstufe relevant wird.

Das Ziel des Projektmanagements ist auch die Streitvermeidung. Der Projektsteuerer unterstützt den Auftraggeber daher beim Implementieren sachgerechter Formen der außergerichtlichen Konfliktschlichtung.

3.1.5.2 Vorbereiten und Abstimmen der Inhalte der Planerverträge

Zur Vorbereitung der Beauftragung der zu beteiligenden Objekt- und Fachplaner hat der Projektsteuerer die Verträge mit Leistungsbildern und Honoraren auf der Basis der vorangegangenen Auswahlverfahren und unter Einbindung eines sachkundigen Juristen vorzubereiten. Zielsetzung ist es,

- die Vertragsgrundlagen, -bestandteile und -bedingungen im Hinblick auf die Projektziele so weit wie möglich eindeutig und erschöpfend zu beschreiben,

- in den Vertragsbedingungen auf vertragsrechtlich eindeutige Regelungen zwischen dem Auftraggeber und den Planungsbeteiligten hinsichtlich Leistungsinhalt, vertraglichem Umfang und Honorar hinzuwirken sowie Widersprüchlichkeit zu vermeiden,
- die einzelnen Beauftragungen so zu koordinieren, dass weder Überschneidungen noch Lücken in der Leistungszuordnung entstehen und damit
- Unklarheiten oder Ungenauigkeiten in den Verträgen von Anfang an entgegenzuwirken.

Zur Bearbeitung sind die aktuellen Vorschriften, Normen, Gesetzestexte und Regelwerke wie HOAI, Vertragsmuster (z.B. der RBBau inkl. der Allgemeinen Vertragsbedingungen oder von Juristen geprüfte Vertragsmuster) und Vergabevorschriften des Auftraggebers zu berücksichtigen.

Bei der Vorbereitung der einzelnen Vertragsentwürfe sind ggf. vorhandene Vertragsmuster für den konkreten Anwendungsfall zu modifizieren. Dabei ist darauf zu achten, dass unklare Formulierungen und Vereinbarungen, die im Rahmen der Vertragserfüllung zu Auslegungsschwierigkeiten führen können, vermieden werden.

Besondere Aufmerksamkeit verdienen auch die Fragen der phasenweisen Trennung von Planerleistungen, z.B. Beauftragung der Leistungsphasen 1 bis 5 an den Planer 1 und der Leistungsphasen 6 bis 9 an den Planer 2. Die hieraus resultierenden technischen und wirtschaftlichen Schnittstellenprobleme müssen im Einzelfall vom Auftraggeber abgewogen und entschieden werden.

Eine weitere Aufgabe des Projektsteuerers liegt in der Klärung der Frage, welche Leistungen die fachlich Beteiligten bei der Nutzungskostenplanung in den weiteren Planungsphasen zu erbringen haben.

3.1.5.3 Mitwirken bei der Auswahl der zu Beteiligenden, bei Verhandlungen und Vorbereitungen der Beauftragungen

Die Auswahl der zu Beteiligenden erstreckt sich in der Phase der Projektvorbereitung vorrangig auf die künftigen Planer, Berater und Gutachter.

Für die Bearbeitung sind zunächst die Eignungs-/Bewerbungs- und Zuschlagskriterien mit dem Auftraggeber abzustimmen, ggf. Teilnahmewettbewerbe zu veranstalten und Unterlagen zur Überprüfung der Fachkunde, Erfahrung, Leistungsfähigkeit und Zuverlässigkeit anzufordern.

Nach Erhalt und Auswertung der erforderlichen Unterlagen und Informationen sind mit denjenigen Planern, die für die jeweilige Aufgabenstellung geeignet erscheinen, Verhandlungsgespräche zu organisieren. Es ist zu empfehlen, die Ergebnisse hieraus einer Nutzwertanalyse zu unterziehen, unter Verwendung von projektspezifisch gewichteten Kriterienkatalogen, um das wirtschaftlichste Angebot zu ermitteln. Dabei sind Erwartungswerte an die Erfüllung der Teilziele festzulegen und die Erfüllung ist von dem jeweiligen Bewerber abzufragen.

Sofern bei öffentlichen Auftraggebern VOF-Verfahren durchgeführt werden müssen, entsteht ein erheblicher zusätzlicher Aufwand für die formale Betreuung der Verfahren. Hierzu zählen z.B.:

- Erstellung der Bekanntmachung und Veröffentlichung im EU-Amtsblatt,
- formale Eignungsprüfung,

- Leitung der Vergabeverhandlung,
- Erstellung und Abstimmung von Einzelmitschriften,
- Beantwortung von Bieterfragen, Rügen, Einsprüchen,
- Führen des Vergabevermerks,
- Information gemäß § 101a GWB,
- Bekanntmachung der Vergabe.

Diese Leistungen werden i.d.R. durch Sonderfachleute erbracht. Der Projektsteuerer koordiniert und kontrolliert dann diese Sonderfachleute. Sofern diese Leistungen beim Projektsteuerer abgerufen werden, sind sie als Besondere Leistungen zusätzlich zu vergüten.

3.1.5.4 Vorschlagen der Vertragstermine und -fristen für die Planerverträge

Den Planerverträgen ist ein geeigneter Terminplan beizufügen, der die für die Planungsleistungen relevanten Vertragstermine und -fristen beinhaltet. Da zum Zeitpunkt der Planerauswahl die Terminstrukturierung i.d.R. noch nicht im Detail vorliegen kann, sind diese Vereinbarungen in der Formulierung geeignet abzufassen (z.B. Nennung des voraussichtlichen Planungszeitraums und verbindlicher Bearbeitungsfristen innerhalb dieses Zeitraums).

3.1.5.5 Mitwirken bei der Erstellung eines Versicherungskonzepts für das Gesamtprojekt

Für jedes Projekt ist rechtzeitig ein Versicherungskonzept von einem Versicherungsexperten zu erstellen, welches die bestehenden Risiken auf ein bewusst erkennbares Potential für alle Beteiligten reduziert. Das Konzept sollte idealerweise zum Abschluss der Verträge für die Planungs- und Ausführungsbeteiligten vorliegen, da es kalkulatorisch bei den Angeboten für Planung und Ausführung berücksichtigt werden sollte. Das Konzept ist auf die Aufbauorganisation des Gesamtprojekts und die haftungsrelevanten Größenordnungen je Organisationseinheit auszurichten.

In diesem Zusammenhang hat der Bauherr/Auftraggeber hinsichtlich der vom Grundstück oder Bauwerk ausgehenden Gefahren für Versicherungsschutz zu sorgen.

Die Objekt- und Fachplaner sollten alle Tätigkeiten versichern, die sie zu erbringen haben. Die Unternehmer und Handwerker haben die aus ihrer Tätigkeit resultierenden Risiken entsprechend abzudecken.

Die möglichen Versicherungskonzeptionen können unterschiedlich aufgebaut sein. In diesem Zusammenhang gibt es allerdings noch weitere Kombinationsmöglichkeiten, auch mit anderen Versicherungskonzepten.

Die Aufgaben des Projektsteuerers liegen in folgenden Einzelschritten:

- Veranlassung zum Aufbau des Versicherungskonzepts durch Einbinden aller beim Auftraggeber zuständigen Stellen sowie Veranlassung zur Einschaltung eines geeigneten Versicherungsmaklers. Der Aufbau des Konzepts selbst liegt nicht im Leistungsumfang des Projektsteuerers.
- Zusammenstellen der Daten für das Versicherungskonzept (Anzahl und Art der Planungsbeteiligten, Kostengrößen für Planungsaufträge/Größenordnung der Ausführungspakete, Einschätzung des Risikopotentials der jeweiligen Projektbereiche in Zusammenarbeit mit dem Auftraggeber und Versicherungsfachmann).

- Integration des verabschiedeten Konzepts im Rahmen der Vorbereitung und Verhandlung der Planungsverträge sowie dem Aufbau der Verdingungsunterlagen in Abstimmung mit Auftraggeber und Rechtsberatung.
- Berücksichtigung des Versicherungskonzepts bei der projektspezifischen Kostenverfolgung, falls erforderlich.
- Veranlassung der Vorgabe von organisatorischen Hinweisen beim Schadenseintritt (Meldepflichten, Veranlassung der Dokumentation etc.); die organisatorische Abwicklung und Koordination der Schadensabwicklung ist eine Besondere Leistung.

3.2 Projektstufe 2: Planung

3.2.1 Handlungsbereich A: Organisation, Information, Koordination und Dokumentation (übrige Handlungsbereiche einbeziehend)

3.2.1.1 Fortschreiben der projektspezifischen Organisationsvorgaben mit Projektstrukturplanung

Die in Ziff. 3.1.1.1 abgestimmten und definierten Organisationsvorgaben sind im Projektverlauf fortzuschreiben.

Die Erfassung und Festlegung aller Einzelheiten der Ablauforganisation bedarf insbesondere bei großen, komplexen Projekten eines erheblichen Abstimmungsbedarfs und -umfangs mit verschiedensten Stellen der Aufbauorganisation des Auftraggebers (z.B. Nutzervertreter, Vertragsabteilung, internes Controlling, steuerlicher und kaufmännischer Bereich). Deshalb ist es in diesen Fällen nahezu ausgeschlossen, die erforderlichen Organisationsvorgaben bis zum Ende der Stufe 1 vollkommen abgestimmt zu haben. Der Projektsteuerer sollte nach Auftragserteilung alle für den Planungsstart erforderlichen Sachverhalte abstimmen und einen terminlichen Ablauf über die restlichen Teile der Organisationsvorgaben erstellen, damit keine Verzögerungen und Nachteile wegen fehlender Organisationsvorgaben entstehen. Das Ergebnis sollte spätestens im Laufe der Vorplanungsphase vorliegen.

3.2.1.2 Analysieren und Bewerten der Planungsprozesse auf Konformität mit den vorgegebenen Projektzielen

Die in der Projektvorbereitungsphase entwickelten und abgestimmten Grundlagen für die „Planung der Planung" sind vom Objektplaner im Zusammenwirken mit den Fachplanern weiterzuentwickeln. Der Projektsteuerer muss kontinuierlich die ablaufenden Planungsprozesse auf Konformität mit den vorgegebenen Projektzielen überprüfen. Das bedeutet, dass er nicht nur am Abschluss der jeweiligen Planungsphasen die Ergebnisse analysiert, sondern kontinuierlich den Prozess begleitet und bei Bedarf steuernd eingreift. Deshalb empfiehlt sich, auch nach eigenem Ermessen an den vom Objektplaner geführten Planungsgesprächen teilzunehmen, um sich vom Fortgang der Planung persönlich zu überzeugen. Er muss zu diesem Zweck auch eigene Ablaufbesprechungen (i.d.R. Projektbesprechungen) durchführen und protokollieren und weiterhin dafür sorgen, dass der Auftraggeber rechtzeitig Entscheidungen trifft, um den Planungsfortschritt nicht zu gefährden.

Im Steuerungsterminplan des Projektsteuerers für die jeweilige Planungsphase müssen wesentliche Meilensteine der Planungsentwicklung enthalten sein, deren Einhaltung der Projektsteuerer vom Objektplaner und von den Fachplanern einzufordern hat.

Des Weiteren hat der Projektsteuerer dafür zu sorgen, dass die Einzelheiten des Farb- und Materialkonzepts und die relevanten Bemusterungen in Synchronisation mit den Planungsabläufen organisiert werden. Diesbezüglich wird auf die Leistung der Projektsteuerung im Handlungsbereich Qualitäten und Quantitäten verwiesen.

Die Leistungen der Objektplaner/Fachplaner im Hinblick auf die Koordination in den einzelnen Projektphasen bleiben von den Leistungen der Projektsteuerung unberührt.

3.2.1.3 Fortschreiben der Dokumentation der Projektvorgaben

Siehe Ziff. 3.1.1.3

3.2.1.4 Überprüfen und Umsetzen der Kommunikationsstruktur – regelmäßiges Informieren und Abstimmen mit dem Auftraggeber (Berichtswesen)

Siehe Ziff. 3.1.1.4

3.2.1.5 Umsetzen des Entscheidungsmanagements

Siehe Ziff. 3.1.1.5

3.2.1.6 Umsetzen des Änderungsmanagements

Siehe Ziff. 3.1.1.6

3.2.1.7 Analysieren und Bewerten der Koordinationsleistungen des Objektplaners

Alle Schnittstellen im Planungs- und Bauprozess eines Bauwerks sind potentielle Fehlerquellen. Schnittstellen in der Aufbauorganisation eines Projekts sind Ansatzpunkte für Defizite im Bereich der Zuständigkeit und Information. Die Schnittstellen zwischen Bauherr, Projektsteuerer, Planer und Objektüberwachung werden vom Projektsteuerer in den Organisationsvorgaben definiert. Die Schnittstellen innerhalb der Objektplanung ergeben sich aus den Beauftragungen der einzelnen Planungsbereiche. Diese Schnittstellen bestehen aus physischen Verbindungen im Sinne von Berührungspunkten (z.B. Raumlufttechnik/Abgehängte Decke), an denen technische Sachverhalte zweier oder mehrerer Planungsbereiche technisch abgestimmt und gelöst werden müssen. Ebenfalls muss an diesen Schnittstellen ein Austausch von Informationen in Form von technischen Daten stattfinden. Die Grobzuordnung der einzelnen Planungspakete erfolgt zunächst über den AG/Projektsteuerer mit dem Planungsvertrag. Im Rahmen der Vorplanungsphase erfolgt dann eine Koordination unter der technischen Federführung des Architekten. Diese Leistung obliegt dem Objektplaner und betrifft das gesamte Leistungsbild.

Der Projektsteuerer hat in seiner Funktion darauf zu achten, dass die Koordination der Planungsbeteiligten untereinander in erforderlichem Umfang entsteht und muss des Weiteren dafür sorgen, dass eine dokumentierte Schnittstellendokumentation zwischen den fachlich Beteiligten unter der Federführung des Objektplaners entsteht.

Die reine Feststellung nach Fertigstellung der jeweiligen Planungsphasen reicht diesbezüglich nicht aus.

3.2.1.8 Mitwirken beim Risikomanagement

Siehe Ziff. 3.1.1.7

3.2.1.9 Analysieren und Bewerten der ordnungsgemäßen Nutzung des Projektkommunikationssystems durch die Projektbeteiligten

Diese Leistung knüpft unmittelbar an die Leistung gemäß Ziff. 3.1.1.8 in der Projektstufe 1 an und beinhaltet eine Analyse und Bewertung nach den dort genannten Auswahlkriterien im Sinne einer Nutzungs- und Funktionsprüfung im laufenden Betrieb.

3.2.1.10 Mitwirken bei der Herbeiführung der behördlichen Genehmigung

Der Projektsteuerer hat frühzeitig mit dem Objektplaner das behördliche Genehmigungsverfahren zu organisieren. Hierzu gehören Abstimmungen zu erforderlichen Gutachten (z.B. Brandschutz), zu Beteiligten (z.B. Prüfstatiker) und Verfahrensabstimmungen (z.B. Bestandsgebäude). Über die Abstimmungen ist jeweils Protokoll zu führen und dieses, soweit möglich, mit den Baugenehmigungsbehörden abzustimmen.

Die notwendigen Verfahrensschritte sind mit dem Auftraggeber, den beauftragten Planern und allen sonstigen beteiligten Institutionen festzulegen und in ihrer zeitlichen Abfolge zu dokumentieren, um die oft komplizierten Zusammenhänge offen und transparent zu machen.

Darüber hinaus ist der Fortschritt der Verfahren vom Zeitablauf her zu verfolgen, nach Möglichkeit zu fördern und zu dokumentieren.

Kommentar zu den Besonderen Leistungen der Planung (Handlungsbereich A)

3.2.1.B1 Vertreten der Planungskonzeption gegenüber der Öffentlichkeit unter besonderen Anforderungen und Zielsetzungen sowie bei mehr als fünf Erläuterungs- oder Erörterungsterminen

Planungskonzeptionen sind häufig für private oder öffentliche Leitungs- oder Anhörungsgremien – oft auch in öffentlichen Veranstaltungen – vorzubereiten, dann zu vertreten und anschließend zu dokumentieren. Bei Vorhaben, welche die Öffentlichkeit betreffen, können mehrere dieser Erläuterungs- und Erörterungstermine erforderlich sein. In den Grundleistungen sind bis zu fünf dieser Erläuterungs- und Erörterungstermine enthalten. Eine darüber hinausgehende Anzahl an Erörterungsterminen stellt eine Besondere Leistung dar und ist deshalb gesondert zu honorieren.[4]

Zielsetzung ist es, dass der Projektsteuerer den Auftraggeber bei der Vorbereitung und Durchführung von Erörterungsterminen unterstützt, um die Öffentlichkeit und die Träger öffentlicher Belange von dem Projekt zu überzeugen und bestehende Bedenken auszuräumen sowie ggf. Kritik aufzunehmen und in der weiteren Planung zu berücksichtigen.

Zur Vorbereitung von Erörterungsterminen hat der Projektsteuerer zunächst alle verfügbaren Unterlagen zum Nutzungs- und Planungskonzept zu beschaffen und zusammenzustellen. Anschließend ist das Konzept mit dem Auftraggeber, dem Objektplaner und den Nutzern sowie ggf. Genehmigungsinstanzen abzustimmen und zu konkretisieren. Nach Genehmigung des Nutzungs- und Planungskonzepts durch den Auftraggeber ist mit diesem abzustimmen, ob und inwieweit Informationen und Mitteilungen über das Projekt an die Öffentlichkeit weitergegeben werden können. Für den Erörterungstermin ist eine Präsentationsmappe „Nutzungs- und Plankonzept" in Zusammenarbeit mit den Objektplanern und den Nutzern (soweit vorhanden) zu erstellen und mit dem Auftraggeber abzustimmen.

An den Erörterungsterminen mit Leitungsgremien und der Öffentlichkeit hat der Projektsteuerer teilzunehmen und in Abstimmung mit dem Auftraggeber zu den Themen Projektziele, Organisation, Qualitäten, Kosten und Termine vorzutragen.

4 Diederichs (2006), S. 282–283.

3.2.1.B2 Betreiben eines eigenen Projektkommunikationssystems

Siehe Ziff. 3.1.1.B3

3.2.1.B3 Umsetzen von Risikomanagementsystemen mit besonderen Anforderungen

Siehe Ziff. 3.1.1.B5

3.2.1.B4 Mitwirken bei der Einbeziehung zu beteiligender Dritter und der Öffentlichkeit bei der weiteren Projektrealisierung

Siehe Ziff. 3.1.1.B7

3.2.2 Handlungsbereich B: Qualitäten und Quantitäten

3.2.2.1 Laufendes Analysieren und Bewerten der Leistungen der Planungsbeteiligten

Auf Basis der vom Projektsteuerer erstellten Steuerungsterminplanung für das Gesamtprojekt und des vom Objektplaner erstellten Terminplans für Planung und Bau ergeben sich für jede Planungsphase Ecktermine für die Entwicklung der Planungslösungen.

Der Projektsteuerer hat diesen Prozess laufend zu analysieren und im Hinblick auf die Leistung der einzelnen Planungsbeteiligten zu bewerten.

Falls einzelne Planungsbeteiligte ihre Leistungen nicht angemessen erbringen, hat der Projektsteuerer aktiv Anpassungsmaßnahmen vorzuschlagen, die dann in Abstimmung mit dem Auftraggeber umgesetzt werden.

3.2.2.2 Steuern der Planung der Bemusterungen

Bemusterungen haben im Rahmen der Projektabwicklung einen ausschlaggebenden Anteil an effizienten Entscheidungsprozessen eines Projekts. Dies liegt einerseits daran, dass die Planung eines Bauwerks zunächst eine rein geistige Leistung ist, bevor das Gebäude körperlich entsteht. Damit sind Bemusterungen vor diesem Entstehungsprozess die einzige Gelegenheit, Materialien selbst und Zusammenhänge zwischen Material und Gestaltung in verschiedenen Kombinationen räumlich zu beurteilen.

Die Planung und Organisation der Bemusterungen ist ein eigenständiger Vorgang, der sorgfältig vorzubereiten ist. Die Zeitpunkte der Durchführung der Bemusterungen sind projektindividuell sehr unterschiedlich, wobei ein Schwerpunkt etwa in Mitte der Entwurfsplanung liegt, damit gewisse Alternativen/Optionen für die Ausschreibung und Weiterentwicklung in der Ausführungsplanung Eingang finden können.

Für einige Konstruktionselemente (z.B. Fassade) wird die Bemusterung für eine Grundsatzentscheidung ggf. vorzuziehen sein. Je nach Größenordnung des Projekts werden für Bürogebäude z.B. Musterräume, für Einkaufszentren Mall-Bereiche im Maßstab 1:1 und für Großprojekte ggf. sogar Musterhäuser (Mock Up) erstellt, in denen man die Materialzusammenhänge besser und raumtypenweise beurteilen kann und somit auch Alternativen mit deren Kombinationen darstellen kann. Je nach Projekttyp ergibt sich auch die Notwendigkeit, Materialentscheidungen unter Berücksichtigung verschiedener Lichteinflüsse (Tageslicht, Kunstlicht) gesondert zu untersuchen. Zum Vergleich mit falsch getroffenen Entscheidungen relativieren sich diese Kosten für Bemusterungen sehr schnell und sind deshalb sinnvoll.

Der Projektsteuerer hat die konkrete Aufgabe, rechtzeitig die Konzeption der Bemusterung zwischen den Beteiligten (Bauherr, Objektplaner, Fachplaner) abzustimmen. Dazu wird er i.d.R. einen Entscheidungsterminplan entwerfen, der in Abstimmung mit den Planern entsteht und im Ergebnis erforderliche Entscheidungen identifiziert, die für die Bemusterungen erforderlich sind. Je nach Unternehmenseinsatzform (z.B. Generalübernehmer, Generalunternehmer) sind die Aufgaben der Beteiligten in diesem Zusammenhang sehr unterschiedlich.

Wichtig ist es, dass der Projektsteuerer dafür sorgt, dass eine klare Struktur der zu bemusternden Objekte/Gegenstände entsteht und dass im Einzelnen festgelegt wird, auf welcher Basis die Entscheidungen zu treffen sind (Bemusterung vor Ort, Materialmuster, Handmuster, technische Dateninformationen etc.). Zu diesem Zweck wird der Projektsteuerer im Zusammenwirken mit den anderen Projektbeteiligten Hilfsmittel zur Abwicklung der Bemusterungsvorgänge vorschlagen und in die Projektabwicklung einbringen.

Die Organisation der Bemusterung und Disposition im Verhältnis zu den ausführenden Firmen sowie die Vorstellung der zu bemusternden Objekte einschließlich der Dokumentation ist i.d.R. Aufgabe der Planer.

3.2.2.3 Überprüfen der Ergebnisdokumentation der Planungsbeteiligten zu den einzelnen Leistungsphasen der Planung

Planungsergebnisse der Objekt- und Fachplaner sind im Wesentlichen Zeichnungen, Berechnungen und Beschreibungen.

Eine wesentliche Aufgabe des Projektsteuerers ist der Vergleich der Planungsergebnisse mit den vorgegebenen Projektzielen. Abweichungen und Widersprüche müssen mit dem Auftraggeber geklärt und die notwendigen Anpassungen vorgeschlagen werden. Durch diese planungsbegleitende Konformitätsprüfung werden Änderungsprozesse in der weiteren Planung und auch in der Ausführung deutlich reduziert und damit Nachtragsrisiken gemindert.

Der Prüfbericht des Projektsteuerers erfolgt i.d.R. schriftlich und enthält neben den Prüfergebnissen zu Soll-Ist-Vergleich der Flächenentwicklung eine Kostenanalyse, Hinweise zur Qualität in Abhängigkeit von den Kosten, nachzuholende Planungsaufgaben und eine Empfehlung an den Auftraggeber zur weiteren Vorgehensweise.

Prüfen der Konformität der Vorplanungsunterlagen (Leistungsphase 2 HOAI) mit den Projektzielen

Im Rahmen der Konformitätsprüfung ergeben sich möglicherweise folgende Fragestellungen, die ggf. noch zu erweitern sind:

1. Werden die Vorgaben des Nutzerbedarfsprogramms sowie des Funktions-, Raum- und Ausstattungsprogramms erfüllt?
2. Ist die Kostenschätzung nach DIN 276 vollständig? Sind die Mengen- und Wertansätze plausibel?
3. Besteht Konformität zwischen den Planunterlagen, der Baubeschreibung und der Kostenschätzung?

4. Hat der Planer alle beauftragten Leistungen bis zum Abschluss der Leistungsphase 2 HOAI vertragsgemäß erbracht?
5. Ist die Grundkonzeption des Tragwerks durch den Planer geklärt?
6. Ist die Grundkonzeption der TGA durch den Planer geklärt?
7. Wurden Möglichkeiten zur Optimierung der Planung genutzt?

Der Projektsteuerer hat dafür zu sorgen, dass die Ergebnisse der Vorplanung systematisch und vollständig von den jeweiligen Planern zusammengestellt und nach Klärung der sich aus der Konformitätsprüfung des Projektsteuerers ergebenden Fragen vom Auftraggeber genehmigt werden. Das Ergebnis ist das Bau-Soll mit dem Reifegrad der Vorplanung.

Prüfen der Konformität der Entwurfsplanungsunterlagen (Leistungsphase 3 HOAI) mit den Projektzielen

Die Entwurfsplanungsergebnisse, der Erläuterungsbericht sowie die Kostenberechnungen des Objektplaners und der Fachplaner sind hinsichtlich der Abgrenzung von Schnittstellen, der Einbindung in die Umgebung, der Verhältnisse auf dem Baugrundstück sowie der erforderlichen Logistik- und Interimsmaßnahmen zu überprüfen. Folgende Fragestellungen sind möglicherweise im Rahmen des konkreten Projekts zu prüfen und ggf. noch zu erweitern:

1. Werden durch die Ergebnisse der Entwurfsplanung die Vorgaben der genehmigten Vorplanung, des Nutzerbedarfsprogramms sowie des Funktions-, Raum- und Ausstattungsprogramms erfüllt?
2. Ist die Kostenberechnung nach DIN 276 vollständig? Sind die Mengen- und Kostenansätze plausibel?
3. Hat der Objektplaner die Leistungen anderer an der Planung fachlich Beteiligter in seine Entwurfsplanung integriert (z.B. TGA-Schächte, TGA-Zentralen, Konzeption der vertikalen und horizontalen Installationsführung, Wärme-, Brand-, Schall- und Feuchtigkeitsschutz)? Liegen die Protokolle von Koordinationsbesprechungen vor?
4. Sind alle Ergebnisse sonstiger Gutachter in den Ergebnissen der Entwurfsplaner berücksichtigt worden (Gutachter für Denkmalschutz, Schadstoffe, Baugrund, Akustik, Lichttechnik, Fassadentechnik, Bühnentechnik, IT-Ausstattung/-verkabelung etc.)?
5. Hat der Planer alle beauftragten Leistungen der Entwurfsplanung (System- und Integrationsplanung) vertragsgemäß erbracht?
6. Wurden Möglichkeiten zur Optimierung der Planung im Sinne des Value Engineering genutzt?

Die Ergebnisse der Entwurfsplanung sind zusammen mit der Objektbeschreibung und dem Erläuterungsbericht systematisch und vollständig zusammenzufassen und nach Bearbeitung und Abstimmung der Hinweise des Projektsteuerers zur Konformität zwischen Planungsergebnissen und Projektzielen vom Auftraggeber genehmigen zu lassen. Das Ergebnis ist das Bau-Soll mit dem Reifegrad der Entwurfsplanung.

Des Weiteren wird die Konformität der Genehmigungsplanung (Leistungsphase 4 HOAI) mit den Projektzielen vom Projektsteuerer zu überprüfen sein.

Kommentar zu den Besonderen Leistungen der Planung (Handlungsbereich B)

3.2.2.B1 Steuern der Nachhaltigkeits- und Zertifizierungsprozesse

Im Planungsprozess wird eine ganze Reihe an Planer-Workshops durchgeführt, in denen die relevanten Kriterien erörtert und präzisiert werden.

Der Projektsteuerer wird für die Abarbeitung der Einzelkriterien einen Steuerungsterminplan Nachhaltigkeit entwerfen, der auch die notwendigen Freigaben und Entscheidungserfordernisse seitens des Bauherrn beinhaltet. Am Ende der jeweiligen Planungsphasen erfolgt die Erstellung der Lebenszykluskostenschätzung bzw. -berechnung. Ebenfalls erstellt werden müssen Grundlagen für die Fördermittelanträge. Die zu erarbeitenden Nachweise liegen zu verschiedenen HOAI-Leistungsphasen vor.

In der Vorplanungsphase werden die Inhalte der Bedarfsplanung erörtert, die Koordination des integralen Planungsteams und die generelle Vorgehensweise in der Ablauforganisation zu klären sein. Die Abarbeitung der Inhalte, bezogen auf die Kriterien richtet sich auch nach dem vorgegebenen Terminplan. Alle vorgegebenen Kriterien bedürfen planerischer Grundlagen, die zu erarbeiten sind. Dies gilt insbesondere für die Konzeptentscheidungen zur technischen Ausrüstung, für die thermische Simulationen erforderlich sind.

3.2.2.B2 Steuern der Planung bei 3- bis n-dimensionaler Gebäudemodellbearbeitung sowie BIM-Administration

BIM steht für „Building Information Modeling". Es handelt sich hier um eine Methode zur Abbildung von Bauprojekten anhand von 3D-Modellen und hierin verzahnten Informationen, die auch Elemente von Kosten und Terminen enthalten können.

Man spricht deshalb von „nD-Modellen". Die 4. und 5. Dimension stellen i.d.R. die Handlungsbereiche Kosten und Termine dar.

Aus Sicht des Bauherrn soll mit Gebäudemodellbearbeitung effizienter geplant und gebaut werden. Hierzu ist das BIM auch in die konventionellen Prozesse des Bauprojektmanagements einzubetten. Dabei sind spezielle Prozessabläufe und weitreichende Planungskoordinationen zu beachten. Es erfolgen durchgängig Kollisionsprüfungen von Beginn an.

Der Planungssteuerung kommt somit eine besondere Bedeutung zu. Dies setzt ein grundsätzliches Verständnis auch in der Leitungsfunktion von Projekten voraus, da die Aufgaben in Verbindung mit dem System neue Projektrollen erfordern. Ein Beispiel hierfür ist der BIM-Administrator, der alle Komponenten, Technologien, Menschen, Prozesse und Regelwerke in Einklang bringen soll und Kenntnisse über alle Projektphasen haben sollte.

Sofern diese Leistungen beim Projektsteuerer beauftragt werden, ist dies eine Besondere Leistung, die gesondert zu vergüten ist.

3.2.3 Handlungsbereich C: Kosten und Finanzierung

3.2.3.1 Überprüfen der Kostenschätzung und -berechnung der Objekt- und Fachplaner sowie Veranlassen erforderlicher Anpassungsmaßnahmen

Die Kostenschätzung bzw. -berechnung ist eine Leistung der Objekt- und Fachplaner (wie z.B. Technischer Ausbau für Heizung, Sanitär, Lüftung, Elektro, Aufzugsplanung, Freiflächenplanung, Tragwerksplaner, Künstler u.a.), welche zu den Phasen 2 bzw. 3 der Grundleistungen nach HOAI (bzw. den entsprechenden der Fachplaner) zu leisten ist. Die Fachplaner erbringen diese Leistung selbständig, entweder im Rahmen des Budgets des Investors (design to cost) oder als Ergebnis der Berechnungen aus der Planung des Vorentwurfs oder des Entwurfs (cost to design).

Der Projektsteuerer hat nach dem Wortlaut des Leistungsbildes eine Überprüfung der Kostenschätzung und -berechnung vorzunehmen. Dazu hat er eine Plausibilisierung der Mengen- und Kostenansätze durchzuführen. Je nach Detaillierungstiefe der Kostenermittlungen gestaltet sich die Durchführung der Aufgabe unterschiedlich aufwendig. Besonders wichtig ist es zu erkennen, inwieweit die Kostenermittlung vollständig ist und wo noch Kostenrisiken verborgen sind. Bei besonderer Projektkomplexität ist ggf. eine Vergleichsermittlung erforderlich, die dann eine Besondere Leistung darstellt.

Die Optimierung muss im frühen Vorplanungsstadium erfolgen. Der für die Planer aufwendige und schmerzliche Prozess einer späteren Überarbeitung einer gefestigten Vorplanung oder Entwurfsplanung kann in diesem Stadium noch relativ leicht vermieden werden. Nach den Leistungsbildern der HOAI sind die Objekt- und Fachplaner verpflichtet, alternative Lösungsmöglichkeiten nach gleichen Anforderungen zu untersuchen.

Der Durcharbeitung der Vorplanung und den in diesem Zusammenhang erstellten Kostenschätzungen kann nicht genug Bedeutung beigemessen werden. Wegen der bekannten Tatsache, dass der Entscheidungsspielraum über die Kosten, Termine, Qualitäten und Quantitäten am Anfang des Projekts um ein Vielfaches größer ist als etwa in der Phase der Vergabe von Bauleistungen, muss der Zeitraum der Vorplanung intensiv genutzt werden. Es ist die Aufgabe des Projektsteuerers, einerseits dem Bauherrn die Wichtigkeit dieser Entwicklungsphase zu erklären und auf deren qualifizierte Durchführung zu drängen und andererseits die Objekt- und Fachplaner angemessen zu fordern.

Erst eine ausgereifte Vorplanung ermöglicht anschließend eine klare und schnelle Durcharbeitung von Entwurf, Bauantrag und Ausführungsplanung. Es werden von vornherein Änderungen vermieden, die sonst zu einem späteren Zeitpunkt sehr viel größeren Aufwand und höhere Kosten verursachen können.

Die Projektstufe 2 der Projektmanagementleistungen beinhaltet auch die Phase der Entwurfs- und Genehmigungsplanung der Objekt- und Fachplaner. Während bei der Vorplanung die „Untersuchung der alternativen Lösungsmöglichkeiten nach gleichen Anforderungen" im Vordergrund steht, wird bei der Entwurfsplanung „das Planungskonzept durchgearbeitet".

Die Kostenberechnung wird i.d.R. nach den Kostengruppen in der zweiten Stelle der Kostengliederung nach DIN 276 durchgeführt bzw. das Bauwerk in Kostenelemente gegliedert. Dann jedoch lässt sich nur das Endergebnis der Kostenberechnung mit der Kostenschätzung vergleichen.

3.2.3.2 Kostensteuerung zur Einhaltung der Kostenziele

Die Leistungen zur Kostensteuerung beziehen sich auf den gesamten Leistungszeitraum der Projektsteuerung, wobei in den ersten Projektstufen die ausschlaggebenden Einflüsse umsetzbar sind.

Nach DIN 276 ist die Kostensteuerung das gezielte Eingreifen in die Entwicklung der Kosten, insbesondere bei Abweichungen, die durch die Kostenkontrolle festgestellt worden sind.

Kostensteuerung setzt zunächst eine Kostenkontrolle durch den Vergleich einer aktuellen mit einer früheren oder parallelen Kostenermittlung (der Objekt- und Fachplaner) voraus. Kostenabweichungen sind vor allem begründet durch:

- gewollte Projektänderungen hinsichtlich Standard oder Menge,
- Schätzungsberichtigungen, die auf Ungenauigkeiten in der Mengenermittlung oder auf Abweichungen von den Kostenkennwerten in den Kostenermittlungen früherer Projektphasen beruhen, oder
- Indexänderungen aufgrund der Baupreisentwicklung.

Ziel der Kostensteuerung ist es daher, durch geeignete, rechtzeitige Anpassungsmaßnahmen die Einhaltung des durch den Auftraggeber vorgegebenen und abgestimmten Kostenziels zu sichern.

Die Kostensteuerung ist keine isolierte Handlung. Sie erstreckt sich auf alle relevanten Projektsteuerungsleistungen vom Kostenrahmen bis zur Kostenfeststellung.

Kostenabweichungen zwischen dem Kostenrahmen und den Kostenermittlungen in den nachfolgenden Projektstufen (Kostenschätzung in der Vorplanung, Kostenberechnung in der Entwurfsplanung, Bepreisung der Leistungsverzeichnisse, Kostenfeststellung nach Vorlage sämtlicher geprüfter Schlussrechnungen) sind jeweils dem Grunde und der Höhe nach zu differenzieren, nach Leistungsänderungen oder Zusatzleistungen, Indexentwicklungen und Schätzungsberichtigungen zu vorher getroffenen Annahmen oder Leistungsstörungen und damit plausibel zu machen. Kostenabweichungen nach oben ist dabei unverzüglich durch Vorschlagen von geeigneten aktiven Steuerungsmaßnahmen entgegenzuwirken.

Die Kosten steuernden Leistungen können in vier Projektstufen differenziert werden:

Projektstufe 1 – Projektvorbereitung

Kostensteuerung in dieser Stufe bedeutet die Schaffung einer soliden Kostenbasis durch den Kostenrahmen (siehe Ziff. 3.1.3.1 „Mitwirken bei der Erstellung des Rahmens für Investitionskosten und Nutzungskosten").

Projektstufe 2 – Planung

Planungsbegleitende Kostenplausibilisierungen auf Elementebene (Fassade, Rohbau etc.) des Projektsteuerers sollen die Planungsinhalte beeinflussen.

Als vorausschauende Kostensteuerung ist zu empfehlen:

- Veranlassen der Bauvoranfrage zur Minimierung der Kostenunsicherheit aus rechtlichen Gründen und aus Sicherheitsauflagen,

- Sorge für die Konkretisierung der Nutzervorgaben durch das Nutzerbedarfsprogramm, zielorientiertes Entscheidungsmanagement mit Variantenbetrachtungen,
- Mitwirken bei frühzeitiger Klärung der Sonderbereiche wie Vorstandsetagen, Besprechungsräume, Kantinen, Ausstattungen, Außenanlagen etc.,
- Freigabe der Bearbeitung weiterer Planungsphasen nur mit verbindlichen Kostenvorgaben,
- Fordern, Untersuchen und Auswerten von Planungsalternativen mit ihren Kostenauswirkungen,
- Schnittstellenkoordination verschiedener Planungsbereiche (z.B. Tragwerk, TGA, Außenhülle, Innenausbau),
- Sorge für die inhaltliche Koordination durch die Planungsbeteiligten,
- bei Bestandsbauten rechtzeitige Klärung von Bestandsrisiken.

Projektstufe 3 – Ausführungsvorbereitung

Eine wesentliche Voraussetzung für eine wirtschaftliche Vergabe der Bauleistungen ist die Wahl der richtigen Vergabestrategie in Abhängigkeit von Projektgröße, Schnittstellen, Planungsvoraussetzungen, Gewerkestruktur etc. im Hinblick auf den bestehenden Baumarkt (Region, Firmenstruktur, Bonität des Investors etc.). Ein weiterer Gesichtspunkt liegt in dem bestehenden Vertragswerk, den Strategien zum Risikotransfer etc.

Eine wesentliche Beeinflussungsmöglichkeit ist die Prüfung der Leistungsbeschreibung auf Eindeutigkeit und Vollständigkeit in Zusammenhang mit einer klaren Planungsgrundlage (Ausführungsplanung) sowie die Anpassung der Kostenvorgaben auf Basis des Leistungsverzeichnisses.

Projektstufe 4 – Ausführung

Während in den Stufen 2 und 3 Alternativen bzw. Änderungen zur Kostenoptimierung gesucht werden, ist es Leitgedanke der Stufe 4, Änderungswünsche und damit Nachträge zu vermeiden. Im Interesse des Auftraggebers besteht die Aufgabe des Projektsteuerers daher in der Beschränkung des Nachtragsvolumens, wozu die Voraussetzungen aber in der Planung sowie in der Vorbereitung und Durchführung der Vergabe geschaffen sein müssen.

3.2.3.3 Planen von Mittelbedarf und Mittelabfluss

Gegenstand der Mittelbedarfs- und -abflussplanung ist die Zuordnung voraussichtlicher Zahlungen erteilter und künftiger Aufträge zum Projektablauf. Der Auftraggeber muss daraus erkennen können, welche Zahlungsmittelbeträge er quartalsweise bereitzustellen hat, um den Fortgang der Planungs- und Bauarbeiten durch ausreichende Liquidität sicherzustellen.[5]

Anhand der Steuerungsablaufpläne für die Planung und Ausführung kann der voraussichtliche Planungs- und Baufortschritt ermittelt werden. Ihm sind ferner der Beginn, der Abschluss von Teilleistungen und die Beendigung der Arbeiten einzelner Planungsphasen und Gewerke zu entnehmen. Mit Abschluss der Planer- und Bauverträge ergeben sich

5 Diederichs (2006), S. 321–322.

zusätzlich die voraussichtliche Höhe der jeweiligen Rechnungsbeträge und die zu erwartenden Zeitpunkte der Zahlungen.

Zu Beginn von Projekten ist es zunächst erforderlich, eine erste zeitliche Verteilung des Budgets vorzunehmen. Dazu ist auf eigene Erfahrungen über den Mittelabfluss für Planung und Ausführung aus bereits abgewickelten Projekten zurückzugreifen. Es ergibt sich i.d.R. eine über die Projektdauer gestreckte rasch oder langsamer ansteigende S-Kurve.

3.2.3.4 Prüfen und Freigabevorschläge bezüglich der Rechnungen der Planungsbeteiligten und sonstigen Projektbeteiligten (außer bauausführenden Unternehmen) zur Zahlung

Siehe Ziff. 3.1.3.3

3.2.3.5 Fortschreiben der projektspezifischen Kostenverfolgung (kontinuierlich)

Siehe Ziff. 3.1.3.4

Kommentar zu den Besonderen Leistungen der Planung (Handlungsbereich C)

3.2.3.B1 Erstellen einer Kostenschätzung/Kostenberechnung nach DIN 276

Aus unterschiedlichen Motiven heraus entsteht häufig die Aufgabe für den Projektsteuerer, eine eigenständige Kostenschätzung/Kostenberechnung nach DIN 276 zu erstellen.

Ein Grund liegt häufig im Wunsch des Auftraggebers, eine unabhängige Kostenermittlung gewissermaßen als Vergleichsmaßstab für die Kostenermittlungsergebnisse des Planers verfügbar zu haben. Die Erstellung der Kostenermittlung stellt eine Besondere Leistung dar, die in Abhängigkeit von den Anforderungen an Gliederung und Tiefe gesondert zu honorieren ist.

3.2.3.B2 Erstellen der Nutzungskostenschätzung, -berechnung sowie Nutzungskostensteuerung

In den HOAI-Leistungsphasen 2–4 gewinnt die Planung eine konkrete und differenzierte Struktur und wird somit auch geeignete Grundlage für die Nutzungskostenschätzung und -berechnung. Falls die Planer diese Kostenermittlung nicht erstellen, kann der Projektsteuerer diese Aufgabe im Rahmen einer Besonderen Leistung übernehmen.

In der Projektstufe 2 ist korrespondierend zur Vorplanung bzw. mit der Kostenschätzung die Nutzungskostenschätzung und mit der Entwurfsplanung bzw. Kostenberechnung die Nutzungskostenberechnung zu erstellen. Die Nutzungskostenschätzung bzw. -berechnung dient in Verbindung mit den Kostenermittlungen nach DIN 276 einer Verfeinerung des Nutzungskostenrahmens in der Gliederungsstruktur der DIN 18960.

Die Aufgaben des Projektsteuerers im Zusammenhang mit dem hier dargestellten Leistungsbild liegen allerdings nicht nur in der reinen Ermittlung der Nutzungskosten, sondern vielmehr in der Steuerung des Projekts zur Erreichung von wirtschaftlichen Kennwerten im Verhältnis zu Vergleichsprojekten.

Ein weiteres Feld von Beeinflussungsfaktoren liegt in der gesamten Baukonstruktion und der Technik, die vom Projektsteuerer zielorientiert und im Hinblick auf die Nutzungskostenrelevanz zu analysieren ist.

Der Projektsteuerer hat im Rahmen dieses Leistungsbildes bei allen wesentlichen Entscheidungen die Nutzungskostenrelevanz mit konkreten Hinweisen und Fakten einzubringen. Die Nutzungskostenermittlung ist mit einem Erläuterungsbericht zu versehen, in dem Aussagen zu realisiertem bzw. noch zu hebendem Optimierungspotential enthalten sind. Des Weiteren sind Hinweise zu erforderlichen Entscheidungen des Bauherrn, zu Funktion und Nutzungskosten aufzuführen. Jeweils nach Abschluss der Leistungsphase, also mit Abgabe der Nutzungskostenschätzung bzw. Nutzungskostenberechnung, erfolgt ein Soll-/Ist-Vergleich der Kostenermittlungsergebnisse mit zusammenfassender Analyse der Abweichungen.

Der DVP hat in einer Arbeitsgruppe „Nutzungskosten" die Erbringung dieser Leistung im Gesamtzusammenhang dargestellt, ein Leistungsbild abgeleitet und an praktischen Beispielen konkretisiert.[6]

3.2.3.B3 Erstellen von Wirtschaftlichkeitsberechnungen

Während in der Projektvorbereitungsphase grundsätzliche Entscheidungen über das „Ob" und „Wie" des Projekts getroffen werden, stehen in der Planungsphase Überlegungen über einzelne Basisparameter für die wirtschaftlichste Variante im Vordergrund (wie z.B. GU- oder gewerkeweise Vergaben, Einsatz erneuerbarer Energien) sowie die Minimierung der in der Wirtschaftlichkeitsuntersuchung identifizierten Risiken (wie z.B. Planungsrisiken, Baugrundrisiken, Bausubstanzrisiken, Genehmigungsrisiken). Diese werden i.d.R. mit den gleichen Verfahren und Mitteln bewertet wie unter Ziff. 3.1.3.B2.

Im Übrigen soll die Wirtschaftlichkeitsuntersuchung gemäß Ziff. 3.1.3.B2 anhand der Planungsergebnisse und sonstiger neuer Erkenntnisse bzw. Rahmenbedingungen fortgeschrieben werden.

3.2.3.B4 Durchführen eines Value Engineering mit Überprüfen der Planung auf Wirtschaftlichkeit, Vergabefähigkeit, Nachhaltigkeit, Energieverbrauch, Materialeignung, Logistik, Workflow

Unter dem Begriff „Value Engineering" werden Prozesse in Verbindung mit einer technischen Optimierung verstanden. Mit dieser Prozessoptimierung ergibt sich die Möglichkeit der Nutzen- und Wertsteigerung für ein Projekt, insbesondere wenn dies schon in der Projektvorbereitungsphase beginnt.

Die größte Kostenbeeinflussbarkeit liegt in den frühen Phasen eines Projekts, in denen der Leistungsumfang des Projekts definiert wird und Änderungskosten relativ niedrig sind, da noch kaum vertragliche Bindungen bestehen. Um wirtschaftliche, qualitativ gute und funktionsgerechte Bauwerke erstellen zu können, empfiehlt es sich, in einer möglichst frühen Projektphase ein Projektteam mit allen Projektbeteiligten einzurichten, d.h. Auftraggeber, Architekten, Fachplaner, Construction Manager sowie Fachleute aus dem Immobilienmanagement (baubegleitendes Facility Management – FM, Corporate Real Estate Management – CREM).

6 DVP (2009).

Ziel ist die Optimierung der wirtschaftlichen und ökologischen Ergebnisse im Rahmen des gesamten Lebenszyklus´ (life-cycle-costs) der ganzheitlichen Immobilie, während die Einzelinteressen der verschiedenen Projektbeteiligten in den Hintergrund treten.

3.2.4 Handlungsbereich D: Termine, Kapazitäten und Logistik

3.2.4.1 Fortschreiben des Terminrahmens

Die Fortschreibung des Terminrahmens aus der Projektvorbereitung erfolgt, wenn das Überprüfen des Terminplans der Planungsbeteiligten für den Planungs- und Bauablauf durchgeführt wurde und eine entsprechende Anpassung erforderlich ist. Er ist damit, unter Berücksichtigung der aktuellen Randbedingungen, auf den neuesten Stand zu bringen.

3.2.4.2 Überprüfen des Terminplans der Planungsbeteiligten für den Planungs- und Bauablauf, insbesondere auf Einhaltung des Terminrahmens

Der Objektplaner erstellt in der Leistungsphase 2 gemäß HOAI 2013 einen Terminplan mit den wesentlichen Vorgängen des Planungs- und Bauablaufs. Dieser Terminplan dient der kurz- und mittelfristigen detaillierten Planung von Projektabläufen in den verschiedenen Projektstufen. Der Projektsteuerer prüft diesen vom Objektplaner in der Leistungsphase 2 erstellten Terminplan, stimmt etwa notwendige Änderungen mit dem Planer ab und integriert die Terminanforderungen in die Rahmenterminplanung und Steuerungsterminplanung. Damit wird sichergestellt, dass die planerseitigen Vertragstermine aus diesen Vorgaben in die „Planung der Planung" einfließen.

Diese Terminplanung (zunächst der Planung und später auch des Bauablaufs) ist ferner Grundlage der Kapazitätseinsatzplanung sowie der Ablaufkontrolle und Ablaufsteuerung.

3.2.4.3 Fortschreiben des Steuerungsterminplans unter Berücksichtigung des Terminplans der Planungsbeteiligten für den Planungs- und Bauablauf

In dieser Projektstufe müssen in Abhängigkeit der nachfolgenden Phasen der Ausführungsplanung für Rohbau/Technik/Ausbau sowie der Ausschreibung und Vergabe einige Phasen des Projektablaufs weiter differenziert bzw. vertieft werden. Da zwischen den Phasen häufig Abhängigkeiten bestehen, die in Form von Anordnungsbeziehungen zwischen den Vorgängen berücksichtigt werden sollten, ist es meist sinnvoll, die unterschiedlichen Phasen in einen Steuerungsterminplan einzupflegen. In Einzelfällen oder bei sehr komplexen Bauvorhaben können hier auch eigenständige Steuerungsterminpläne sinnvoll sein. Umso mehr sind dann die Abhängigkeiten zwischen den einzelnen Vorgängen zu beachten.

Steuerungsterminplan Ausführungsplanung Rohbau

Eine wesentliche Phase der Steuerungsterminplanung betrifft die Ausführungsplanung für den Rohbau. Die Entwicklung der Ausführungspläne für den Rohbau muss so konzipiert werden, dass die Grundlagen für den Baubeginn gegeben sind.

Falls der Rohbau auf Basis der Entwurfsplanung ausgeschrieben werden soll, muss der Steuerungsterminplan bereits zum Zeitpunkt Mitte Entwurfsplanung konzipiert werden. Als Voraussetzung dafür muss der Rohbau differenziert terminiert sein. Diese Voraussetzung müsste der Terminplan der Objektplanung zu diesem Zeitpunkt erfüllen. Des Weiteren müssen Fragen der Baustellenorganisation in die Formulierung Eingang finden (z.B. Erschließung der Baustelle über Baustraße, mögliche Kranstellungen, Fragen zu logistischen Einflussgrößen). Zur Abstimmung dieser Einzelheiten muss die Terminplanung mit dem Objektplaner in der in Bild 6 dargestellten Abstimmungsebene erörtert werden. Ebenfalls abzustimmen sind statisch konstruktive Abhängigkeiten zu den vorgesehenen Terminabläufen mit dem Statiker des Projekts (z.B. zu Planpaketen). Die erreichbaren Baugeschwindigkeiten des Rohbaus sind ebenso dabei zu berücksichtigen, da sie neben möglichen Kranstellungen bzw. Transportwegen auch von den denkbaren Baurichtungen abhängig sind. Diese Möglichkeiten müssen zwischen den Planungsbeteiligten unter Einbindung der Projektsteuerung alternativ diskutiert und als Grundlage zur Planungsablauforganisation entschieden werden. Dabei ist ebenso zu berücksichtigen, dass ein ausreichender Gestaltungsspielraum in baubetrieblicher Hinsicht für die ausführenden Firmen verbleibt, damit das Konzept nicht im Rahmen der Vergabe oder kurz nach Beauftragung geändert werden muss.

Im Steuerungsterminplan der Ausführungsplanung Rohbau sind u.a. folgende Zielstellungen zu berücksichtigen:

- Organisation des Planungsablaufs,
- Sicherstellung der Qualität der Planbearbeitung (Zeit je Plan zur Bearbeitung),
- Terminabläufe knapp, jedoch so ausreichend, dass unausweichliche (kleinere) Störungen aufgefangen werden können.

Des Weiteren sollte in der Ausführungsplanung Rohbau eine zeitliche Reserve als Sicherheit berücksichtigt werden, damit auftretende Behinderungssachverhalte durch nicht zeitgerecht vorliegende Planungsunterlagen seitens der ausführenden Firmen in überschaubarem Ausmaß aufgefangen werden können. So kann es bei sehr kritischen Terminabläufen sinnvoll sein, einen Redaktionsschluss für Änderungen einzuführen.

Die Erstellung des Steuerungsterminplans muss auch die unterschiedlichen Planungsrichtungen zwischen Objektplanung und einzelnen Technikplanungen berücksichtigen. Insbesondere ist dafür Sorge zu tragen, dass die jeweiligen Voraussetzungen in der Erbringung der einzelnen Planungsschritte gegeben sind, da Verzögerungen in der Planerstellung i.d.R. unausweichlich Behinderungstatbestände durch verzögerte Planlieferungen aller ausführenden Firmen auslösen. Des Weiteren ist dafür Sorge zu tragen, dass den einzelnen Planungsbereichen ausreichend Zeit zur Bearbeitung zur Verfügung steht. Gerade hier kommt die unabhängige Funktion des Projektsteuerers der Gestaltung objektiv umsetzbarer Terminpläne zur Wirkung.

Steuerungsterminplan Ausführungsplanung technische Ausrüstung

Die in der Steuerungsterminplanung Ausführungsplanung Rohbau dargestellten koordinativen Abstimmungsprozesse sind als Nachkoordination zur Entwurfsplanungsphase zu verstehen. Bei dem hier besprochenen Steuerungsterminplan betreffend die Ausführungsplanung für die technische Ausrüstung werden Vorgänge strukturiert, die den Planungsprozess der technischen Ausrüstung vom Entwurf bis in die Werkstatt- und Montageplanung beinhalten. In dieser Terminplanstufe sollten wesentliche Vorgänge der Haustechnik, beginnend vom Ausführungsplan 1 bis zum Beginn der W+M-Planung, enthalten sein. Der Steuerungsterminplan wird individuell auf die Randbedingungen des konkreten Projekts und insbesondere die kritischen Abläufe der Planung hin zu strukturieren und zu detaillieren sein. Teile der technischen Ausrüstung, die terminlich besonders knapp und kritisch sind, werden detaillierter zu strukturieren sein als unkritische Bereiche.

Einen weiteren Einfluss auf die erforderliche Detaillierungsstruktur hat die Einschätzung der Zuverlässigkeit des jeweiligen Planers. Wenn Anzeichen vorliegen, dass der eingesetzte Planer aus Gründen der Kapazität oder anderen Ursachen heraus Schwierigkeiten hat, das Terminziel zu erreichen, sollte dies Anlass sein, die Detaillierungsstruktur tiefer zu wählen, um frühzeitige Indikatoren durch die vom Projektsteuerer durchzuführende Terminkontrolle zu erhalten.

Steuerungsterminplan Ausführungsplanung baulicher Ausbau

Ziel dieser Steuerungsterminplanung ist es, dass rechtzeitig einwandfreie Grundlagen für die Ausschreibungen vorliegen und diese somit klar bestimmt werden können. Ebenso wie bei der technischen Ausrüstung wird auch beim baulichen Ausbau die zur Verfügung stehende Zeit für die Ausführungsplanung mit der Verabschiedung des Rahmenterminplans bestimmt. Berücksichtigt werden muss dabei die benötigte Zeit für die evtl. erforderliche Werkstatt- und Montageplanung der Firmen, die erforderliche Produktion sowie die Zeit für die Ausschreibung und Vergabe.

Wenn die Randbedingung vorliegt, dass die Ausschreibung des baulichen Ausbaus auf Basis einer Ausführungsplanung erfolgt, sind die Termine zur Fertigstellung der ausschreibungsrelevanten Ausführungsplanungsinhalte in diesem Terminplan zu fixieren. Damit hat er eine Schnittstelle zu dem Steuerungsterminplan Ausschreibung und Vergabe. Wenn der beauftragte Objektplaner mit den HOAI-Phasen 1–9 durchgängig beauftragt wird, laufen die Abstimmungen wegen der erforderlichen Grundlagen für die Ausgestaltung der Leistungsbeschreibung im internen Bereich des Objektplaners ab. Falls eine ablauforganisatorische Schnittstelle zwischen Ausführungsplanung (HOAI Lph. 5) sowie der Vorbereitung der Vergabe (HOAI Lph. 6) besteht, wird daraus eine offene Schnittstelle, um deren Abgleich sich der Projektsteuerer bemühen muss.

In diesem Zusammenhang muss der Projektsteuerer rechtzeitig die Durchführung der Bemusterungen und das Treffen der darin liegenden Entscheidungen auslösen. Die Bemusterungen müssen aus diesem Grunde etwa zu Mitte der Entwurfsplanung, spätestens Anfang der Ausführungsplanung stattfinden. Dies ist unabdingbar, weil während der Bemusterungen eine Vielzahl von Entscheidungen getroffen werden muss, die für die Weiterentwicklung der einzelnen Ausführungsplanungsbereiche erforderlich sind.

Steuerungsterminplan Bauausführung

Sowohl im Rahmenterminplan als auch in dem in der Projektvorbereitungsphase zu erstellenden Steuerungsterminplan ist die Bauausführung mit den relevanten terminlichen Eckdaten enthalten. Während des weiteren Planungsprozesses entstehen ablauftechnisch neue und erweiterte Informationen, die in diese Terminplanung einfließen müssen.

Eine Grundvoraussetzung zur Erstellung des Steuerungsterminplans für die Ausführungsplanung Rohbau ist die Konzeption des Ablaufs der Rohbauarbeiten. Die z.B. ebenenweise Strukturierung der Rohbauarbeiten wird Grundlage für die Formulierung der zu liefernden Planpakete. Diese terminliche Strukturierung der Ausführung muss in etwa zur Mitte der Entwurfsplanung vom Objektplaner über seine Leistung geliefert werden. Falls der Projektsteuerer diese vorab erstellt, muss er diese zu einem späteren Zeitpunkt mit den Überlegungen der Objektüberwachungen in Einklang bringen. Auch dieser Terminplan kann je nach Erfordernis und Randbedingung als Einzelterminplan für den Rohbau, aber auch mit den anderen Aktivitäten in den Steuerungsterminplan gesamt integriert werden. Die Detaillierungsstruktur im Steuerungsterminplan ist die Vergabeeinheit, wobei der Rohbau ebenenweise erfasst werden sollte. Ebenfalls strukturiert werden die einzelnen Vergabeeinheiten nach den vereinbarten Vergabeterminen. Die Objektplanung (Objektüberwachung) muss die Termine nach Ebenen/Arbeitsabschnitten sowie Vertragsterminen mit allen erforderlichen Zwischenterminen darstellen.

Die Detaillierung dieser Terminplanung Bauausführung nimmt mit fortschreibender Bauausführung zu und wird in speziellen Bereichen gesondert zu detaillieren sein. Grundlage hierfür ist die von der Objektplanung zu erstellende Ablaufplanung, die eine hinreichend konkrete Strukturierung im Sinne einer Koordinierungsgrundlage aufweisen muss. Aufgabe des Projektsteuerers ist es, die Objektplanung zur Erstellung eines ausreichend spezifizierten Terminplans anzuhalten, notwendige Abstimmungsprozesse durchzuführen und die so gewonnenen Erkenntnisse in eine ggf. erforderliche Anpassung der Rahmenterminplanung und erforderlichenfalls eine eigene Steuerungsterminplanung der Projektsteuerung zu überführen. Die Aufstellung einer Detailterminplanung für die Ausführung durch die Projektsteuerung sollte nur im Ausnahmefall erfolgen, da der Ersteller dieser Abläufe auch die Terminkontrolle und damit die Koordination der Ausführungsbeteiligten vornehmen muss. Diese Aufgabe ist nicht Bestandteil der Projektsteuerungsleistungen, sondern eine Grundleistung der Objektüberwachung. Im anderen Falle erwächst hier eine Besondere Leistung der Projektsteuerung.

Steuerungsterminplanung Ausschreibung/Vergabe

Der Zeitpunkt der Ausschreibungsaktivitäten für die ersten Leistungsverzeichnisse Baugrube/Rohbau wird bereits mit der Verabschiedung der Rahmenterminplanung bestimmt. Ebenfalls damit vorgegeben ist der Bedarfszeitpunkt Grundlagen in Form konkreter Planungsunterlagen. In dem hier angesprochenen Steuerungsterminplan wird die terminliche Schnittstelle zwischen Planung und Ausführung fixiert. Insbesondere im Falle einer organisatorischen Trennung zwischen den HOAI-Phasen 5 und 6 ist für eine sorgfältige Abstimmung zu sorgen. Der Steuerungsterminplan ist in Einzelschritte von der Erstellung der Ausschreibungsunterlagen bis zur Vergabe und den Baubeginn zu differenzieren. Er kann als Terminplan oder als übersichtliche Terminliste strukturiert werden.

Die Durchführung einer zeitgerechten Vergabe ist Grundvoraussetzung zur Einhaltung der vorgegebenen Ausführungstermine. Dies bedarf einer funktionsfähigen Aufbau- und Ablauforganisation des gesamten Vergabeprozesses. Dies betrifft die Fragen der Firmenauswahl, der gesamten Ausschreibungsstrategie sowie der konkreten organisatorischen Abwicklung im Vergabeprozess. Die Bemessung der Zeitdauern für einzelne Gewerke ist abhängig von Art und Größenordnung der jeweiligen Ausschreibung. Ebenso ist in der Ausschreibungs- und Vergabephase darauf zu achten, dass ausreichend Zeit zur Prüfung und Korrektur der Leistungsverzeichnisse im Steuerungsterminplan vorgesehen ist.

Vom Projektsteuerer sollten in Abstimmung mit dem Bauherrn die zu terminierenden Einzelschritte des Vergabeprozesses festgelegt werden. Da die Festlegung der Vergabezeitpunkte sowohl für die Organisation der erforderlichen Ausführungsplanung für die Ausschreibung, als auch für die Konzeption eines durchgängigen Terminplans von entscheidender Bedeutung ist, sollte dieser Vergabeterminplan bereits zu Mitte der Entwurfsplanung entstehen. Der Vergabeterminplan ist eine Grundleistung des Objektplaners, die dieser rechtzeitig zu erbringen hat.

Falls dieser nicht entsteht, sollte der Projektsteuerer dies beim Bauherrn anzeigen, damit dieser rechtzeitig von ihm erstellt werden kann, wobei dies eine Besondere Leistung wäre.

Die in diesem Abschnitt dargestellten Regelungsinhalte des Steuerungsterminplans Gesamtprojekt können in einem vernetzten Plan dargestellt werden oder als Einzelterminpläne für die jeweilige Phase.

Unabhängig davon ist in diesem Falle der Steuerungsterminplan Gesamtprojekt mit den aktualisierten Vorgängen fortzuschreiben.

3.2.4.4 Terminsteuerung der Planung einschließlich Analyse und Bewertung der Terminfortschreibungen der Planungsbeteiligten

Die Ablaufsteuerung der Planung und auch der Ausführungsvorbereitung erstreckt sich auf die Leistungsphasen 2–7 der HOAI. Grundlage ist der zugehörige Steuerungsterminplan Gesamtprojekt mit seinen je Planungsphase zu differenzierenden Steuerungsvorgängen. In regelmäßigen Ablaufbesprechungen (Jour fixe) werden die Ablaufkontrollen durch Abfrage der einzelnen Planungsbeteiligten hinsichtlich ihres aktuellen Bearbeitungsstands durchgeführt. Ergeben sich aus dem Soll-Ist-Vergleich Verzögerungen, so sind durch Abweichungsanalysen die Ursachen aufzuklären und erforderliche Anpassungsmaßnahmen zur Erreichung der Terminziele vorzuschlagen, abzustimmen und festzulegen. In kritischen Fällen kann es erforderlich werden, den aktuellen Planungs-/Ausführungsvorbereitungsstand im Büro des jeweiligen Objekt- bzw. Fachplaners zu überprüfen und dabei auch dessen Angaben über die eingesetzten Kapazitäten zu verifizieren.

Die Planlieferungstermine sind durch Überwachung des rechtzeitigen Planeingangs anhand von Planlieferlisten zu kontrollieren. Laufende Planungsprozesse werden durch gezielte Kontrollen überprüft.

Werden Abweichungen beim Soll-Ist-Vergleich festgestellt, muss versucht werden, die vereinbarten Soll-Termine durch geeignete Anpassungsmaßnahmen kurzfristig wieder zu erreichen. Je nach Situation sind nach Dringlichkeit gestaffelte Maßnahmen erforderlich: Aufdecken häufiger Schwachstellen (z.B. mangelnde Personalkapazitäten), Diskussion, Überzeugungsarbeit, schriftliche erste Mahnung, schriftliche zweite Mahnung mit Androhung vertraglicher Konsequenzen und schließlich Vollzug der vertraglichen Konsequenzen.

Kapazitätsberechnungen, die sich überschlagsmäßig aus dem Honorar oder auch aus Aufwandsschätzungen ergeben, lassen auch Schlüsse über den erforderlichen Personaleinsatz der Planer zu. Auch wenn der Eingriff des Projektsteuerers in den organisatorischen Planungsablauf des jeweiligen Planers nur schwer möglich ist, so lassen sich doch durch rechtzeitige Mitteilung vorherzusehende Terminverzüge oder sonstige Probleme aus Unterkapazitäten vermeiden.

3.2.4.5 Mitwirken bei der Aktualisierung der logistischen Einflussgrößen

Die bereits in der Planungsphase gegebenen Informationen aus allen Bereichen der zum Projekt gehörenden Fachgremien sind unter Beachtung der logistischen Aufgabenstellungen zu sammeln, zu strukturieren und mit den aktualisierten Logistiküberlegungen abzustimmen.

In der aufgesetzten Struktur zur Abwicklung des Bauvorhabens sind vom Projektsteuerer, den Planern und fachlich Beteiligten die notwendigen Schnittstellenparameter zu definieren und zu aktualisieren.

Der Projektsteuerer prüft in dieser Phase die vorhandenen Ablaufschemata des zu erstellenden Projekts hinsichtlich Plausibilität und weist die Beteiligten auf mögliche logistische Problemstellungen mit Lösungsvorschlägen hin.

3.2.4.6 Aufstellen und Abstimmen des Terminrahmens zur Integration des strategischen Facility Managements

Eine entscheidende Randbedingung zur Berücksichtigung des Lebenszyklusgedankens und der Immobilienbewirtschaftung im Rahmen des Facility Managements ist der Terminrahmen zur Integration des strategischen Facility Managements gemäß Leistungsbild Facility Management Consulting (Heft Nr. 16 der AHO-Schriftenreihe, S. 15 ff.). Die Ermittlung und Umsetzung von möglichen Optimierungspotentialen und deren systematische Berücksichtigung erfordert einen mit allen Projektbeteiligten abgestimmten Terminrahmen.

Der Terminrahmen beinhaltet die Aufstellung der einzelnen Teilschritte, die Arbeitsaufträge sowie Meilensteine, die zur Integration des strategischen Facility Managements notwendig sind. Als Meilensteine gelten u.a. die einzelnen Phasen zur Nutzungskostenermittlung, Auswahl eines Informationssystems zum Facility Management oder Ausschreibung und Auswahl der für die Bewirtschaftung notwendigen Dienstleister, Aufbau des Instandhaltungsmanagements, Abschluss der Energielieferverträge, Entscheidung über Contracting etc.

Neben der Definition des Terminrahmens für ein strategisches Facility Management im Vorfeld kommt der Terminverfolgung während der Projektdurchführung eine entscheidende Rolle zu. Die definierten Termine sind vom Projektsteuerer zu kontrollieren und zu modifizieren. Ein evtl. beauftragter Facility Management Consultant ist dabei zu integrieren.

Die inhaltliche Erbringung von Facility-Management-Leistungen ist nicht in der Grundleistung des Projektsteuerers enthalten.

Kommentar zu den Besonderen Leistungen der Planung (Handlungsbereich D)

3.2.4.B1 Erstellen eines Terminplans für Planung und Bauablauf bei (noch) nicht vorliegenden Terminplänen der Planungsbeteiligten

Gemäß HOAI 2013 hat der Objektplaner in der Leistungsphase 2 einen Terminplan vorzulegen. Wenn dieser nicht rechtzeitig vorgelegt wird oder nicht den Anforderungen genügt, kann sich der Bauherr entscheiden, den Projektsteuerer mit der Erstellung eines eigenen Terminplans für die Planung und den Bauablauf zu beauftragen.

3.2.4.B2 Erstellen des Vergabeterminplans bei (noch) nicht vorliegenden Terminplänen der Planungsbeteiligten

Gemäß HOAI 2013 hat der Objektplaner einen Vergabeterminplan zu erstellen. Sofern dieser Terminplan früher als in der HOAI vorgesehen benötigt wird (Lph. 6) oder vom Objektplaner nicht vorgelegt wird oder nicht den Projektanforderungen genügt, informiert der Projektsteuerer den Auftraggeber und dieser entscheidet, ob er einen eigenen Vergabeterminplan vom Projektsteuerer erstellen lassen möchte und dies als Besondere Leistung beauftragt.

Dieser Vergabeterminplan ist erforderlich, um dem Bauherrn zu einem möglichst frühen Zeitpunkt terminliche Sicherheit zur Durchführung der Vergaben zu geben. Der Vergabeterminplan sollte auf die Erfordernisse und die Struktur (Organisation) des Bauherrn abgestimmt sein und ist unbedingte Voraussetzung für einen reibungslosen Bauablauf. In ihm sind die ablauforganisatorischen Rahmenbedingungen des Bauherrn genauso zu berücksichtigen wie Vorlaufzeiten für Materialbestellungen (z.B. beim Gewerk Fassade) etc. Zwischen Projektsteuerer, Bauherr und Planer sind rechtzeitig die Einzelschritte des Terminplans je Vergabeeinheit festzulegen.

3.2.4.B3 Erstellen eines Logistikkonzepts

Diese Besondere Leistung wird insbesondere bei Bauvorhaben mit großer Komplexität der Logistik erforderlich. Diese Leistung ist abzugrenzen von den Grundleistungen der Objektplanung in der Leistungsphase 5 (Ausführungsplanung) sowie Leistungsphase 6 (Vorbereitung der Vergabe) nach HOAI. Sie umfasst das Erstellen eines Konzepts mit logistischen Lösungen für infrastrukturelle Anbindungen mit möglichen Transportwegen, Andienungsmöglichkeiten, Verkehrs- und Lagerflächen sowie für Rettungsdienste unter Einschluss von öffentlich-rechtlichen Erfordernissen.

In aller Regel erfolgt die Vergabe der logistikintensiven Rohbauleistungen allerdings bereits auf Basis der Entwurfsplanung und damit vor Beginn bzw. bei laufender Ausführungsplanung.

Die Erarbeitung des Logistikkonzepts erfolgt mit dem Ziel, die übergeordneten logistischen Voraussetzungen zur reibungslosen Realisierung der Baumaßnahme zu erfassen, Lösungen zu erarbeiten und nach Abstimmung mit dem Auftraggeber, dem Betreiber und den an der Planung Beteiligten sowie den Genehmigungsbehörden und Institutionen als Leitlinie auszuarbeiten.

In diesem Zusammenhang müssen Belange Dritter in das Logistikkonzept eingearbeitet werden, die Planung der Ver- und Entsorgung der Baustelle und BE-Flächen mit Strom, Wasser sowie Abwasser erfolgen. Die Planung von Zugangs- und Zufahrtskontrollstellen ist erforderlich sowie die Planung der Transportwege und Vorkehrungen zur Vermeidung von gegenseitigen Behinderungen der Transporte. Dazu ist das Transportaufkommen differenziert nach Anlieferung und Abtransport zu erfassen und daraus erforderliche Transportkapazitäten sind zu ermitteln.

Des Weiteren sind die daraus resultierenden Kosten zu erfassen, die nicht als Nebenleistung gemäß VOB/C bei den ausführenden Firmen enthalten sind (Herrichten, Umzäunung, Ver- und Entsorgung der BE-Fläche außerhalb, Zugangskontrollstellen etc.).

Weiterhin erforderlich ist ggf. die Planung eines Baustellenreinigungskonzepts (Gebäude, Zufahrten, BE-Flächen), die Planung eines Winterdienstkonzepts (Gebäude, Zufahrten,

BE-Flächen) sowie die Baustellenlogistik auch unter Berücksichtigung der spezifischen Sicherheitsanforderungen, die mit dem SiGeKo und dem Auftraggeber abzustimmen und zu genehmigen sind. Bei Großbaustellen ergibt sich zusätzlich die Notwendigkeit der Planung eines Wohnlagers (im Rahmen der gesetzlichen Vorschriften) einschließlich dessen Ver- und Entsorgung sowie der Ausarbeitung der Randbedingungen zur Planung einer gastronomischen Versorgung der Baustelle.

3.2.4.B4 Abgleichen logistischer Maßnahmen mit Anlieger- und Nachbarschaftsinteressen

Diese Besondere Leistung gewinnt dann an Relevanz, wenn Baumaßnahmen in problematischen innerstädtischen Nachbarschaftsverhältnissen abgewickelt werden müssen und wenn daraus erhebliche Beeinträchtigungen der Anlieger resultieren.

Soweit Anlieger- und/oder Nachbarschaftsinteressen Auswirkungen auf die Projektprozesse haben, wird der Projektsteuerer – in einem projektspezifischen Umfang – Sitzungen mit den Betroffenen koordinieren und durchführen.

Falls die federführende Abwicklung und die Schaffung der Grundlagen für diese Veranstaltungen vom Projektsteuerer vorzubereiten, mit allen Beteiligten abzustimmen und persönlich vorzutragen sind, erwächst daraus die Grundlage für eine Besondere Leistung.

3.2.5 Handlungsbereich E: Verträge und Versicherungen

3.2.5.1 Mitwirken bei der Durchsetzung von Vertragspflichten gegenüber den Beteiligten

Vertragspflichten ergeben sich aus den abgeschlossenen Verträgen mit den an der Planung und Ausführung des Investitionsvorhabens beteiligten Personen und Unternehmen. Da in aller Regel ein Vertragsverhältnis zwischen Auftraggeber und Planern, Gutachtern und bauausführenden Unternehmen besteht, hat der Projektsteuerer Abweichungen von Vertragspflichten durch regelmäßige Überprüfungen festzustellen, zu dokumentieren und dem Auftraggeber Maßnahmen vorzuschlagen. Er kann diese Maßnahmen jedoch nur bei entsprechender Weisungsbefugnis durchsetzen.

Will der Auftraggeber diese Aufgaben delegieren, so hat sich der Projektsteuerer zunächst entsprechende Vollmachten für das Durchsetzen von Vertragspflichten gegenüber den Beteiligten vom Auftraggeber ausstellen zu lassen. Dies ist besonders wichtig bei der Übernahme von Projektleitungsaufgaben. Anderenfalls bedarf es stets einer Gegenzeichnung des Auftraggebers unter die schriftlichen Anweisungen des Projektsteuerers.

Die Überprüfung der Einhaltung der Vertragspflichten der Beteiligten geschieht durch den regelmäßigen Vergleich der Sollvorgaben für Qualitäten, Kosten und Termine mit den Ist-Daten. Beim Erkennen von Abweichungen hat der Projektsteuerer die möglichen Risiken aus drohenden oder bereits entstandenen Abweichungen zu bewerten und den jeweiligen Planer oder Unternehmer zu Anpassungsmaßnahmen aufzufordern, um die Sollvorgaben möglichst kurzfristig wieder zu erreichen.

3.2.5.2 Mitwirken bei der Umsetzung des Versicherungskonzepts für alle Projektbeteiligten

Siehe Ziff. 3.1.5.5

3.3 Projektstufe 3: Ausführungsvorbereitung

3.3.1 Handlungsbereich A: Organisation, Information, Koordination und Dokumentation (übrige Handlungsbereiche einbeziehend)

3.3.1.1 Fortschreiben der projektspezifischen Organisationsvorgaben mit Projektstrukturplanung

Siehe Ziff. 3.2.1.1

3.3.1.2 Analysieren und Bewerten der Planungsprozesse auf Konformität mit den vorgegebenen Projektzielen

Vor den Vergaben sind die Elemente der „Planung der Planung" noch einmal zu überprüfen und, falls erforderlich, fortzuschreiben. Die Elemente der „Planung der Planung" sind dann abschließend zu dokumentieren.

3.3.1.3 Fortschreiben der Dokumentation der Projektvorgaben

Siehe Ziff. 3.1.1.3

3.3.1.4 Überprüfen und Umsetzen der Kommunikationsstruktur – regelmäßiges Informieren und Abstimmen mit dem Auftraggeber (Berichtswesen)

Siehe Ziff. 3.1.1.4

3.3.1.5 Umsetzen des Entscheidungsmanagements

Siehe Ziff. 3.1.1.5

3.3.1.6 Umsetzen des Änderungsmanagements

Siehe Ziff. 3.1.1.6

3.3.1.7 Analysieren und Bewerten der Koordinationsleistungen des Objektplaners

Siehe Ziff. 3.2.1.7

3.3.1.8 Mitwirken beim Risikomanagement

Siehe Ziff. 3.1.1.7

3.3.1.9 Analysieren und Bewerten der ordnungsgemäßen Nutzung des Projektkommunikationssystems durch die Projektbeteiligten

Siehe Ziff. 3.2.1.9

Kommentar zu den Besonderen Leistungen der Ausführungsvorbereitung (Handlungsbereich A)

3.3.1.B1 Betreiben eines eigenen Projektkommunikationssystems

Siehe Ziff. 3.1.1.B3

3.3.1.B2 Umsetzen von Risikomanagementsystemen mit besonderen Anforderungen

Siehe Ziff. 3.1.1.B5

3.3.1.B3 Mitwirken bei der Einbeziehung zu beteiligender Dritter und der Öffentlichkeit bei der weiteren Projektrealisierung

Siehe Ziff. 3.1.1.B7

3.3.2 Handlungsbereich B: Qualitäten und Quantitäten

3.3.2.1 Laufendes Analysieren und Bewerten der Planungsergebnisse auf Konformität mit den vorgegebenen Projektzielen

Die Überprüfung der Ausführungsplanung erfolgt stichprobenartig auf Plausibilität, Vollständigkeit, den erreichten Koordinationsgrad sowie Planungstiefe. Das Verfahren ist mit dem Auftraggeber und Planungsbeteiligten durch die Erstellung und Abstimmung eines Prüfrasters des Projektsteuerers abzustimmen, in dem die Beteiligten, Reihenfolge und Aufgabe im Prüfvorgang planerspezifisch dargestellt sind. Diese Festlegung erfolgt vor der Erstellung der Steuerungsplanung für die Ausführungsplanung, da die Prüfungsorganisation Einfluss auf die Terminplanung hat.

Fast kein Investitionsvorhaben wird ohne Änderungen ausgeführt. Deshalb ist der Dokumentation von Planungsänderungen besondere Aufmerksamkeit zu widmen. Änderungswünsche werden vom Auftraggeber, vom Nutzer, von den Objekt- und Fachplanern, oft aber auch von ausführenden Firmen geäußert.

Gründe dafür sind die intensive Beschäftigung des Auftraggebers und des Nutzers mit Baumaterialien während der Ausführungsplanungs- und Ausschreibungsphase, die Notwendigkeit, Fehler bei der Zielformulierung, Planungs- oder Ausführungsfehler zu korrigieren, sowie Einkaufs- oder Ausführungsvorteile von Baufirmen.

Änderungen haben i.d.R. Einfluss auf Qualitäten, Kosten und Termine, oft auch auf alle diese Faktoren gleichzeitig. Zur Dokumentation solcher Änderungen ist bereits mit den Organisationsvorgaben das Instrument des sog. Projektänderungsantrags einzuführen, dessen konsequente und lückenlose Anwendung von der Projektleitung sicherzustellen ist.

Dieses Änderungsmanagement ist bei der Überprüfung der Verdingungsunterlagen für die Vergabeeinheiten und das Anerkennen der Versandfertigkeit fortzuführen, um Differenzen zwischen der Ausführungsplanung sowie den ausgeschriebenen und beauftragten Leistungen rechtzeitig erkennen und in ihren Auswirkungen beherrschen zu können.

Die Leistungen des Änderungsmanagements sind unter Ziff. 3.1.1.4 differenziert beschrieben.

3.3.2.2 Überprüfen der von den Planungsbeteiligten erstellten Angebotsauswertungen und Vergabevorschläge

Angebote für Lieferungen und Leistungen werden von den Objekt- und Fachplanern rechnerisch, technisch und wirtschaftlich geprüft und ausgewertet. Die übersichtliche Darstellung der Auswertungen ist ein Preisspiegel in Tabellenform sowie ein Erläuterungsbericht mit Bewertung der Angebote.

Der Projektsteuerer hat diese Auswertungen auf Plausibilität und Wirtschaftlichkeit – besonders bei Vorliegen von Sondervorschlägen – zu überprüfen.

Die Vergabeverhandlungen sind von der Vergabestelle zu dokumentieren. Bei öffentlichen Auftraggebern betrifft dies das gesamte Vergabeverfahren.

In der Phase der Angebotsvorbereitung, Angebotslaufzeit, Submission, Angebotsauswertung und Auftragsverhandlung kommt es immer wieder zu Fehlern. Das Erkennen und Verhindern von Fehlern gerade in dieser Phase erfordert große Erfahrung und Fingerspitzengefühl.

Es werden – je nach vorliegenden Randbedingungen des Projekts – möglicherweise folgende Teilleistungen erforderlich, wobei alle nachfolgenden Aufgaben durch die Leistungserbringer nach HOAI, Phase 7, vorbereitet werden:

1. Überprüfen in formaler Hinsicht

- Vollständigkeitsprüfung,
- stichprobenartige Überprüfung der Eintragungen der drei günstigsten Bieter, insbesondere im Hinblick auf die zu leistenden Unterschriften, erforderliche Bestätigungen etc.

Aus grundsätzlichen Erwägungen ist es erforderlich, die formale Angebotsprüfung auf Vollständigkeit durchzuführen und zu dokumentieren. Um nachträgliche Manipulationen ausschließen zu können, ist dieser Schritt insbesondere bei Vergabeverfahren des öffentlichen Auftraggebers durchzuführen. Der Projektsteuerer hat hierbei unter anderem auch die Sachverhalte, die evtl. zum Ausschluss einzelner Angebote führen können, ggf. mit einer baubegleitenden Rechtsberatung zu prüfen und der Vergabestelle eine entsprechende Empfehlung/Entscheidungsvorlage zu unterbreiten.

2. Überprüfen der Angebotsauswertung der Objekt- und Fachplaner in technischer Hinsicht

- Überprüfung der Angebotsauswertungen sowie Aufklärung über die Angebotsinhalte oder sonstigen Vergabevorschriften des Auftraggebers,
- stichprobenartige Überprüfung der günstigsten Angebote auf Vollständigkeit,
- stichprobenartige Überprüfung von Fabrikatsangaben der günstigsten Angebote,
- ggf. bestehende Hinweise auf nicht erfolgte Klärungen,
- stichprobenartige Überprüfung von Nebenangeboten und Änderungsvorschlägen der günstigsten Bieter auf Plausibilität der Nichtannahme,
- evtl. Mitwirkung bei Abstimmungs- und Aufklärungsgesprächen mit dem Auftraggeber und den fachlichen Beteiligten.

3. Überprüfen der Angebotsauswertungen der Objekt- und Fachplaner in wirtschaftlicher Hinsicht

- Feststellen von Kostenabweichungen zwischen der Sollvorgabe für die Vergabeeinheit bzw. der Bepreisung des Leistungsverzeichnisses und den günstigsten Submissionsergebnissen,

- stichprobenartige Überprüfung des Preisspiegels im Hinblick auf Ausreißerpositionen der günstigsten Bieter, insbesondere zur Schaffung von Verhandlungsgrundlagen bei Bieterverhandlungen.

4. Abschlussdokumentation

- Prüfen der Dokumentation der Ergebnisse in Prüfprotokollen der Planer,
- Prüfung der vom Planer ausgearbeiteten Vergabevorschläge oder Veranlassen der Aufhebung der Ausschreibung in Abstimmung mit dem Auftraggeber; bei Aufhebung verlieren vorherige Vergabevorschläge und Kostendeckungsnachweise ihre Gültigkeit. Die Bieter sind unter Angabe der Gründe von der Aufhebung der Ausschreibung sowie ggf. über die Absicht, ein neues Vergabeverfahren einzuleiten, unverzüglich zu unterrichten.
- Veranlassung der Vorabinformation nicht berücksichtigter Bieter; die einschlägigen Vergabevorschriften sind strikt zu beachten.

3.3.2.3 Überprüfen der unmittelbaren und mittelbaren Auswirkungen von Nebenangeboten auf Konformität mit den vorgegebenen Projektzielen

Aufgabe des Projektmanagements ist es, Nebenangebote/Sondervorschläge auf Übereinstimmung mit den vorgegebenen Projektzielen zu überprüfen und die Ergebnisse anschließend zu dokumentieren.

Bei Nebenangeboten/Sondervorschlägen und GU-Angeboten sind neben dem Preis auch die Termine und die Folgekosten (zweite Miete) zu beachten, denn Folgekosten können schon nach wenigen Jahren die Höhe der ursprünglichen Investitionskosten erreichen. Minimierte Folgekosten einer Immobilie (Aufwendungen für Erhalt, Unterhalt und Betrieb) stellen einen bedeutenden Wettbewerbsvorteil dar.

Die VOB Teil A enthält für den öffentlichen Auftraggeber Vorschriften darüber, wie Bauleistungen zu vergeben sind. Nach § 16 Abs. 8 VOB/A werden Änderungsvorschläge und Nebenangebote von der Wertung der Angebote ausgeschlossen, wenn der Auftraggeber in der Bekanntmachung oder in den Vergabeunterlagen erklärt hat, dass er diese nicht zulässt. Hat der Auftraggeber eine solche Erklärung in die Vergabeunterlagen nicht aufgenommen, so bieten Änderungsvorschläge und Nebenangebote den Bietern die Chance, durch Abweichungen von der ausgeschriebenen Leistung Wettbewerbsvorteile durch spezifische Kenntnisse und Fähigkeiten des Bieters im Hinblick auf Bauverfahren, Bauweisen oder auch Baumaterialien zu nutzen. Das Nebenangebot kann in terminlicher Hinsicht auch darin bestehen, die Ausführungsdauer zu verkürzen, zu verlängern oder zu verschieben zugunsten eines optimierten Kapazitätseinsatzes. Eine weitere Chance für einen Bieter kann die Übernahme der Vorfinanzierung des Auftragswerts durch Verzicht auf Abschlagszahlungen zur Überwindung einer vorübergehenden Liquiditätsenge des Auftraggebers sein (z.B. bei öffentlichen Auftraggebern zum Ende eines Haushaltsjahres).

Zielsetzung der Beurteilung von Nebenangeboten/Sondervorschlägen durch den Projektsteuerer ist es, Vorteile und damit die Chancen einerseits, aber auch evtl. Nachteile und damit Risiken von Nebenangeboten andererseits für den Auftraggeber zu erkennen und damit Stellung zu nehmen zu den Beurteilungen und Vergabeempfehlungen der Objekt- und Fachplaner.

3.3.2.4 Mitwirken bei den erforderlichen Bemusterungen

Siehe Ziff. 3.2.2.2

Kommentar zu den Besonderen Leistungen der Ausführungsvorbereitung (Handlungsbereich B)

3.3.2.B1 Versenden der Ausschreibungsunterlagen

Das Einholen von Angeboten für die relevanten Ausführungsleistungen ist Aufgabe des Objektplaners gemäß HOAI, Leistungsphase 7.

Wenn dem Projektsteuerer diese Leistung aus unterschiedlichsten Gründen übertragen wird, erwächst daraus die Grundlage für eine Besondere Leistung.

3.3.2.B2 Steuern der Nachhaltigkeits- und Zertifizierungsprozesse

Die Ausführungsvorbereitungsphase beinhaltet die Vorbereitung und Mitwirkung bei der Vergabe. Bis zu diesem Zeitpunkt muss eine ganze Reihe an Voraussetzungen abgeschlossen sein, die auch Schnittstellen zur Nachhaltigkeitssteuerung haben. Es müssen die Vorgaben für die Ausschreibung abgestimmt sein, in die nachhaltigkeitsrelevante Kriterien eingeflossen sein müssen. Dies betrifft sowohl bauprozessrelevante Themen von Logistikkonzept, Abfallentsorgung bis hin zu Vorgaben für Materialien des Bauproduktionsprozesses. Weiteren Einfluss auf die Vergabe von Leistungen haben z.B. Nachhaltigkeitsaspekte bei der Firmenauswahl, die Vorgaben zur Objektdokumentation, Wartungs-, Inspektions-, Betriebs- und Pflegeanleitungen. Eine ganze Reihe an Hinweisen muss zur Baustelle bzw. zum Bauprozess erfolgen: Lärmvermeidung, Messungen zu Staub, Lärm, Qualitätssicherungsvorgaben Baustelle etc. Nach der Erstellung der Ausschreibung werden die Verdingungsunterlagen überprüft, ob alle preisbestimmenden Vorgaben für die Kalkulation der ausführenden Firmen enthalten sind.

3.3.3 Handlungsbereich C: Kosten und Finanzierung

3.3.3.1 Überprüfen der von den Planern ermittelten Soll-Werte für die Vergaben auf Basis der aktuellen Kostenberechnung

Im Rahmen der HOAI-Grundleistung zur Leistungsphase 6 haben die Planer als ersten Schritt die Überleitung der Kostenberechnung in wirtschaftlich sinnvoll gegliederte Vergabeeinheiten (VE) als Gewerkepaket oder Einzelgewerk auf der Grundlage einer mit dem Projektsteuerer und Auftraggeber abgestimmten Vergabestrategie zu erstellen. Diese Zusammenstellung der Vergabeeinheiten ist zudem die Grundlage für die Aufstellung des vom Planer aufzustellenden Vergabeterminplans und der weiteren Kostenverfolgung/Kostensteuerung. Daher hat diese Aufgabe eine besondere Bedeutung für die Steuerung des Projekts und muss von der Projektsteuerung analysiert und bewertet werden.

Ziel der Ermittlung der Soll-Werte (Budget) für die VE ist es:

- das aktuelle Projektbudget auf die planungs-/gewerkebezogenen Vergabeeinheiten so aufzuteilen, dass später notwendige Verschiebungen/Anpassungen nachvollziehbar möglich werden,
- durch den Vergleich der bepreisten Leistungsverzeichnisse der Planer mit dem Budget der einzelnen VE vor dem Versand der jeweiligen Ausschreibungsunterlagen evtl. erforderliche Anpassungsmaßnahmen initiieren zu können und

- den Auftraggeber auf die Erteilung einer entsprechenden Verpflichtungsermächtigung und die im Anschluss daran erforderliche Mittelbereitstellung als Fortschreibung der Mittelabflussplanung vorzubereiten.

Im Rahmen der endgültig festzulegenden Budgets für die jeweilige VE sind erforderliche Rückstellungen für erwartete Nachträge und Ergebnisse aus dem Risikomanagement zu berücksichtigen. Ferner ist eine sorgfältige Abgrenzung zu noch zu vergebenden Teilleistungen in anderen Vergabeeinheiten vorzunehmen. Etwaige Abweichungen der Soll-Werte von dem anteiligen Budget aus der aktuellen Kostenberechnung sind plausibel dem Grunde und der Höhe nach zu erläutern. Ferner ist bei Soll-Werten über dem Budget der Kostenberechnung entweder ein Kompensationsvorschlag zur Deckung etwaiger Mehrkosten zu unterbreiten, der Ausgleichsposten zu belasten oder die Genehmigung zu einer Erhöhung des Projektbudgets einzuholen.

Die Deckungsbestätigung wird der Projektleitung des Auftraggebers i.d.R. im Rahmen der Prüfung der VE mitgeteilt.

3.3.3.2 Überprüfen der von den Planungsbeteiligten auf der Grundlage bepreister Leistungsverzeichnisse erstellten Kostenermittlungen

Im Rahmen der Überprüfung der Kostenermittlung der Planungsbeteiligten auf der Grundlage der bepreisten Leistungsverzeichnisse hat der Projektsteuerer – neben der stichprobenhaften Überprüfung tragender Einheitspreise – auch kostenbeeinflussende Inhalte der Leistungsbeschreibungen auf die Übereinstimmung mit den festgelegten Projektzielen bezogen auf Qualitäten und Folgekosten zu überprüfen. Zudem ist zu überprüfen, ob die Leistungsbeschreibungen vergaberechtlichen Vorgaben bei öffentlichen Auftraggebern entsprechen und bezüglich einer wirtschaftlichen Angebotskalkulation eindeutig und so erschöpfend beschrieben ist, dass alle Bieter die Beschreibung im gleichen Sinn verstehen müssen und ihre Preise sicher und ohne umfangreiche Vorarbeiten berechnen können.

Im Rahmen dieser Leistung sind zudem die sonstigen Unterlagen der Ausschreibungen, wie z.B. ZTV oder die Baubeschreibung, auf Widersprüche zum Leistungsverzeichnis zu überprüfen.

3.3.3.3 Überprüfen der Angebotsauswertungen im Hinblick auf die Angemessenheit der Preise

Die von den Planern vorgelegte Aufstellung als Preisspiegel aller Positionen dient neben der rechnerischen Prüfung der Angebote auch dem Vergleich der Einheitspreise des jeweiligen bepreisten Leistungsverzeichnisses mit den Angeboten, um Abweichungen analysieren und ggf. Hinweise für mögliche Auftragsverhandlungen mit Preisanpassungen bei privaten Auftraggebern geben zu können. Zudem ist die von dem Planer vorgelegte Wertung der Angebote auf Plausibilität, Angemessenheit und Einhaltung der Soll-Werte zu überprüfen.

Für die Beurteilung können als Hilfsmittel herangezogen werden:

- Einheitspreise der bepreisten Leistungsverzeichnisse,
- Erfahrungswerte aus anderen Projekten,
- Angaben zur Preisermittlung des Bieters über Zuschläge zu Lohnkosten, Stoffkosten, Sonderkosten, Nachunternehmerleistungen,

- Aufgliederung wichtiger Einheitspreise,
- Grundlagen der Preisbildung (Angebotskalkulation),
- Analyse der Angaben zum Angebot z.B. EFB Preis 1a/b, Preis 2 wie Angabe der Zuschlagssätze, erforderliche Stunden etc.
- Analyse von Sondervorschlägen und Nebenangeboten.

Im Preisspiegel sind Eventual- und Alternativpositionen sowie Stundenlohnarbeiten aufzunehmen.

Der Projektsteuerer sollte darauf hinwirken, dass Preisspiegel in der Reihenfolge der steigenden Angebotshöhe über alle Bieter aufzustellen sind.

Das Ergebnis der Prüfung wird in einer mit dem Auftraggeber abgestimmten Form als standardisierter Vergabevorschlag dargestellt. Hierbei ist zu empfehlen, das Ergebnis in Tabellen bzw. strukturierten Listen darzustellen und auf eine Briefform zu verzichten.

3.3.3.4 Vorgeben der Deckungsbestätigungen für Aufträge

Voraussetzungen für jede ordnungsgemäße Beauftragung ist der Kostendeckungsnachweis, den der Planer im Rahmen seines Vergabevorschlags zu führen hat.

Hierzu sind die Soll-Werte aus Ziff. 3.3.3.1 mit den Angebotssummen der jeweils vorgesehenen Auftragnehmer zu vergleichen. Bei annähernder Übereinstimmung ist kein Handlungsbedarf gegeben. Bei Unterschreitung der Soll-Werte durch die Angebote sind Vorschläge zur Verwendung der Überschüsse zu unterbreiten, z.B. Zuführung zur Rückstellung zu diesem Auftrag oder zum Ausgleichsposten.

Bei Überschreitung der Soll-Werte durch das günstigste Angebot sind geeignete Deckungsmöglichkeiten zu prüfen, wie z.B.

- Aufhebung der Ausschreibung und Einleitung von Änderungen (Standard/Qualität), wenn dies mit den terminlichen Zielen vereinbar ist,
- Deckung durch Ausgleichsposten bei Unterschreitungen anderer VE oder
- Durchführung von technisch-wirtschaftlichen Verhandlungen mit den Bietern, sofern und soweit nach § 15 Abs. 3 VOB/A zulässig.

Der Kostendeckungsnachweis ist Bestandteil des Vergabevorschlags und ist vom Planer durch Unterschrift zu bestätigen.

3.3.3.5 Kostensteuerung unter Berücksichtigung der Angebotsprüfungen und Kostenvergleiche der Planungsbeteiligten

Siehe Ziff. 3.2.3.2; ergänzend:

Die sich aus der Analyse und Bewertung der Preisspiegel und Vergabevorschläge der Planer ergebenden Optimierungspotentiale, wie z.B.

- Anpassung der Qualitäten,
- Freigabe von Fabrikatsvorgaben,
- Wahl von Alternativen,
- Beauftragung von Sondervorschlägen,

sind in Kombination oder als Gesamtpaket bezüglich der Vor- und Nachteile abzuwägen sowie mit den beteiligten Planern und dem Auftraggeber zu erörtern. Hier sind durch den

Projektsteuerer die am Entscheidungsprozess beteiligten Personen zu koordinieren, die jeweiligen Beiträge zu bewerten und in einem Entscheidungsprozess durch den Auftraggeber bestätigen zu lassen.

3.3.3.6 Prüfen und Freigabevorschläge der Rechnungen der Planungsbeteiligten und sonstigen Projektbeteiligten (außer bauausführenden Unternehmen) zur Zahlung

Die Prüfung umfasst die Leistungen sämtlicher an der Planung beteiligten Auftragnehmer hinsichtlich Leistungserfüllung der bestehenden Verträge. Im Rahmen der Ausführungsvorbereitung handelt es sich hierbei i.d.R. um Honorarrechnungen von Planern, Beratern und Sonderfachleuten.

Die Vorgehensweise der Prüfung und Freigabevorschläge zu den Rechnungen ist unter Ziff. 3.1.3.3 im Rahmen der Projektvorbereitung beschrieben.

3.3.3.7 Planen von Mittelbedarf und Mittelabfluss

Die sich aus den geplanten Zeitpunkten der Vergabe für die einzelnen Vergabeeinheiten ergebende vertragliche Verpflichtung des Auftraggebers und der sich aus der geplanten Ausführung der einzelnen Vergabeeinheiten ergebende Mittelabflussplan sind Grundlage für das in der Projektbuchhaltung durchzuführende Controlling. Der Mittelbedarf wie auch der Mittelfluss sind regelmäßig, spätestens mit jedem neu vorgelegten Vergabevorschlag durch den Projektsteuerer, fortzuschreiben.

3.3.3.8 Fortschreiben der projektspezifischen Kostenverfolgung (kontinuierlich)

Im Rahmen der projektspezifischen Kostenverfolgung sind sämtliche Kosten ständig zu erfassen. Hierbei sind auch angekündigte oder vorgelegte und noch nicht geprüfte Nachtragsangebote zu erfassen und in einer Prognose zu berücksichtigen. Diese Prognose je Vergabeeinheit ist bei jeder neuen Information, bezogen auf den endgültigen Abrechnungsstand, zu aktualisieren. Es ist zu empfehlen, die einzelnen Schritte der Aktualisierung der Prognosewerte zu dokumentieren, um zwischen wahrscheinlich eintretenden und noch ungewissen Veränderungen unterscheiden zu können, da z.B. nicht immer zu beauftragende Nachtragsangebote oder erkennbare Mengenunter- oder -überschreitungen zu einer Anpassung der Auftragssumme führen. Diese Leistung ist zudem die Grundlage für die Fortschreibung der Mittelbewirtschaftung. Der Projektsteuerer hat den voraussichtlichen Mittelabfluss in Abhängigkeit der Vorgaben und Ausführungstermine darzustellen.

Kommentar zu den Besonderen Leistungen der Ausführungsvorbereitung (Handlungsbereich C)

3.3.3.B1 Erstellen von Wirtschaftlichkeitsberechnungen

Siehe Ziff. 3.2.3.B3

3.3.4 Handlungsbereich D: Termine, Kapazitäten und Logistik

3.3.4.1 Fortschreiben des Terminrahmens

Siehe Ziff. 3.2.4.1

3.3.4.2 Überprüfen der Vergabeterminplanung der Planungsbeteiligten

Der Objektplaner erstellt in der Leistungsphase 6 gemäß HOAI 2013 einen Vergabeterminplan, der die Soll-Termine des Vergabeverfahrens, aufgeteilt nach Vergabeeinheiten und/oder erteilten Aufträgen, beinhaltet und mindestens in die Vorgänge Fertigstellung der Leistungsbeschreibungen, Bekanntmachungstermine, Submission, Zuschlagserteilung und Leistungsbeginn untergliedert sein sollte.[7]

Der Projektsteuerer prüft diesen vom Objektplaner erstellten Vergabeterminplan. Hierbei ist u.a. zu überprüfen, ob die Organisation des Auftraggebers (Einbindung zur Prüfung der Vergabeunterlagen und der Angebote) genauso berücksichtigt ist wie das Baugenehmigungsverfahren, der Baubeginn, ausgewählte Bauzustände sowie die Liquiditätsplanung des Auftraggebers.

Die Erstellung eines eigenen Vergabeterminplans durch den Projektsteuerer ist eine Besondere Leistung.

3.3.4.3 Fortschreiben des Steuerungsterminplans unter Berücksichtigung des Terminplans der Planungsbeteiligten für den Planungs- und Bauablauf

In dieser Projektstufe werden die Steuerungsterminpläne der Stufe 2 bzw. des Steuerungsterminplans Gesamtprojekt fortgeschrieben.

Dies betrifft insbesondere die genehmigungsrelevanten Vorgänge sowie den Steuerungsterminplan für die Ausführungsplanung Rohbau. Des Weiteren müssen in der Ausführungsvorbereitungsphase die koordinativen Einzelheiten der technischen Ausrüstung zwischen Objektplanern und Fachplanern abgestimmt werden. Dies gilt insbesondere in dem Fall, dass bauherrenseitig ein Generalunternehmer beauftragt werden soll, dem als Voraussetzung für die firmenseitigen Planungen eine gesamthafte TGA-Planung zur Verfügung gestellt werden sollte. Außerdem sind im Steuerungsterminplan die Einzelheiten der Ausführungsplanung für den baulichen Ausbau in Abhängigkeit der bauherrenseitigen Bemusterungen zu definieren. Der Abstimmungsprozess mit dem Objektplaner über die Ausschreibungs- und Vergabephase ist in dieser Stufe zu intensivieren.

Der Steuerungsterminplan Gesamtprojekt des Projektsteuerers muss spätestens alle drei Monate auf seine Aktualität hin überprüft werden.

3.3.4.4 Überprüfen der vorliegenden Angebote im Hinblick auf vorgegebene Terminziele

Die Ablaufvorstellungen der Bieterfirmen sind auf Basis der Prüfergebnisse der Objektüberwachung auf Übereinstimmung mit in den Besonderen Vertragsbedingungen festgelegten Vertragsterminen und -fristen hin zu überprüfen.

Bei offensichtlichen Abweichungen zwischen den Kapazitäten des Bieters und den terminlichen Abhängigkeiten des Angebots hat der Projektsteuerer in Ergänzung zu der fachtechnischen Auswertung der Objekt- und Fachplaner diese Fragen aufzuklären und Terminsicherungsmaßnahmen für den Vertrag mit dem Auftragnehmer vorzuschlagen.

3.3.4.5 Terminsteuerung mit Soll-Ist-Vergleichen betreffend Ausführungsplanung sowie Vorbereitung und Durchführung der Vergabe

Siehe Ziff. 3.2.4.4

---

7 Siehe hierzu auch: Handbuch HOAI 2013; BKI (2013); Kalusche (2011).

3.3.4.6 Mitwirken bei der Aktualisierung und Prüfung der Entwicklung der logistischen Einflussgrößen

Auf Basis der vorher definierten Randbedingungen für die internen und externen Abläufe bzw. der durch die Objektüberwachung des Auftraggebers mitgeteilten Andienungsbedingungen sind die logistischen Einflussgrößen zu aktualisieren.

Das Logistikkonzept, welches durch die Objektüberwachung erstellt wurde, gibt einen Überblick über die Umgebungsparameter, d.h. die Infrastruktur aller Anbindungen für mögliche Transportwege, Andienungsmöglichkeiten, Verkehrs- und Lagerflächen.

Der Projektsteuerer prüft die damit verbundenen relevanten Eckdaten, um evtl. spezielle Zusatzaufwendungen zu vermeiden.

Darüber hinaus sind die Ausschreibungsunterlagen hinsichtlich logistischer Anforderungen zu überprüfen. Daraus sich ergebende Notwendigkeiten und Ablaufzwänge sind in die Kapazitäts- und Terminplanung zu übertragen.

Kommentar zu den Besonderen Leistungen der Ausführungsvorbereitung (Handlungsbereich D)

3.3.4.B1 Fortschreiben der Terminplanung für Planung und Bauablauf

Siehe Ziff. 3.2.4.B1

3.3.4.B2 Erstellen und Fortschreiben des Vergabeterminplans

Siehe Ziff. 3.2.4.B2

3.3.4.B3 Fortführen des Abgleichens logistischer Maßnahmen mit Anlieger- und Nachbarschaftsinteressen

Siehe Ziff. 3.2.4.B4

3.3.5 Handlungsbereich E: Verträge und Versicherungen

3.3.5.1 Mitwirken bei der Durchsetzung von Vertragspflichten gegenüber den Beteiligten

Siehe Ziff. 3.2.5.1

3.3.5.2 Mitwirken bei der Strukturierung des Vergabeverfahrens

Zielsetzung ist es, Bauleistungen an fachkundige, leistungsfähige und zuverlässige Unternehmer zu angemessenen Preisen zu vergeben. Der Wettbewerb soll die Regel sein. Dabei geht es gemäß § 2 Nr. 1 VOB/A darum, ungesunde Begleiterscheinungen, wie z.B. wettbewerbsbeschränkende Verhaltensweisen, zu bekämpfen.

Vorbereitend für die Aufstellung der Liste der aufzufordernden Unternehmungen für die Abgabe eines Angebots ist die Festlegung der Ausschreibungsart (öffentlich, beschränkt etc.) und der Vergabeart (Einzelgewerke, Paketvergabe, Vergabe an einen Generalunternehmer).

Grundlage der Firmenliste ist die Zusammenstellung der Vergabeeinheiten. Für jede Vergabeeinheit werden in aller Regel mehrere Anbieter von Bau- und Lieferleistungen zur

Abgabe eines Angebots aufgefordert. Die Anbieter werden i.d.R. vom Objektplaner und den Fachplanern für die Firmenliste vorgeschlagen bzw. im Rahmen von Veröffentlichungen am Markt zur Bewerbung aufgefordert.

Der Projektsteuerer wird durch seine Marktkenntnisse und ggf. eigene Recherchen diese Firmenliste bestätigen oder Ergänzungen und Änderungen vorschlagen. Die Firmenliste ist grundsätzlich zur endgültigen Freigabe mit dem Auftraggeber abzustimmen.

3.3.5.3 Überprüfen der Vertragsunterlagen für die Vergabeeinheiten auf Vollständigkeit und Plausibilität sowie Bestätigen der Versandfertigkeit

Gegenstand dieser Teilleistung sind die vollständigen Vergabeunterlagen mit allen Vertragsbestandteilen in der Geltungsreihenfolge. Zielsetzung ist es, durch deren Prüfung, insbesondere auch der Leistungsbeschreibungen mit Leistungsverzeichnis bzw. Leistungsbeschreibung mit Leistungsprogramm, die Vollständigkeit und damit einerseits die Lückenlosigkeit und andererseits die Überschneidungsfreiheit des zu vergebenden Leistungsumfangs für vorher festgelegte Vergabeeinheiten inklusive der Mengenangaben der Objekt- und Fachplaner zu bestätigen, ggf. erforderliche Änderungen anzumahnen und, ggf. nach einem oder mehreren Korrekturläufen, die Versandfertigkeit anzuerkennen.[8]

Die Überprüfung kann sich dabei nicht nur auf die formale Vollständigkeit beschränken. Sie muss stichprobenartig eine Plausibilitätsprüfung der wesentlichen Elemente, wie z.B. der Leitpositionen, einschließen. Durch diese Prüfung sollen die für die Angebotseinholung erforderlichen Informationen hinsichtlich Art und Umfang freigegeben werden, so dass der Ausführungsplanung entsprechende Leistungen angeboten und Mengenabweichungen zwischen ausgeschriebenen und tatsächlich auszuführenden Mengen sowie Nachträge durch Leistungsänderungen und Zusatzleistungen vermieden werden.

Gemäß § 8 Abs. 1 VOB/A bestehen die Vergabeunterlagen aus:

- dem Anschreiben (Aufforderung zur Angebotsabgabe), ggf. Bewerbungsbedingungen (§ 8 Abs. 2 VOB/A) und
- den Vertragsunterlagen (§§ 7 und 8 Abs. 3 bis 6 VOB/A).

Für die Bewerbungsbedingungen sowie die Besonderen Vertragsbedingungen BVB und die Zusätzlichen Vertragsbedingungen ZVB bietet sich auch für den privaten Auftraggeber das Vergabehandbuch des Bundes VHB an. Dort finden sich in Teil II Einheitliche Verdingungsmuster – EVM – die Einheitlichen Verdingungsmuster für Bauleistungen – EVM (B).

Einen Schwerpunkt der Überprüfung durch den Projektsteuerer bilden die Leistungsbeschreibungen und Mengenermittlungen der Objekt- und Fachplaner, um durch Stichproben deren Plausibilität und Übereinstimmung mit den Anforderungen der freigegebenen Planung sowie der Kostenberechnung feststellen zu können. Die Leistungsbeschreibung ist die endgültige Form für die Vorgabe des Bausolls. Der Projektsteuerer hat ferner darauf zu achten, dass aussagefähige Pläne als Grundlage für die Ausschreibung vorhanden sind. Im Idealfall sind dies Ausführungspläne der Leistungsphase 5, häufig jedoch nur Entwurfspläne gemäß Leistungsphase 3, dann jedoch zu ergänzen um Leitdetails der Leistungsphase 5.

8 Diederichs (2006), S. 330–332.

3.3.5.4 Mitwirken bei den Vergabeverhandlungen bis zur Unterschriftsreife

Aufgabe der Projektsteuerung ist die Unterstützung der Projektleitung bei der Führung der Vergabeverhandlung mit allen zur Verfügung stehenden Informationen über Durchführungsprozeduren und Ablaufplanungen. Zielsetzung der Mitwirkung des Projektsteuerers bei den Vergabeverhandlungen ist es, die Vergabeempfehlung der Objekt- und Fachplaner im Rahmen ihrer Leistungen gemäß Leistungsphase 7 HOAI zu überprüfen und eine entsprechende Sicherheit für den Auftraggeber bei seiner Vergabeentscheidung zu bieten.

Grundlage der Auftragsverhandlungen sind die Auswertung/Analyse der Angebote durch den Planer einschl. geprüfter Preisspiegel der Planungsbeteiligten sowie die Prüfungsberichte der Projektsteuerung. Erst nach Abschluss und Auswertung der Vergabeverhandlungen wird der Vergabevorschlag erstellt und das Vertragswerk einschließlich Auftrags-LV vorbereitet.

3.3.5.5 Mitwirken bei der Vorgabe der Vertragstermine und -fristen für die Besonderen Vertragsbedingungen der Ausführungs- und Lieferleistungen

Zur Vorbereitung der Vergabe (Vorbereitung der Ausschreibungsunterlagen) gehört in dieser Projektstufe die eindeutige Festlegung der Vertragstermine und -fristen der Ausführung, die eine reibungslose Abfolge der Bau- und Lieferleistungen der verschiedenen Auftragnehmer unter Einhaltung der Projektterminziele ermöglicht.

Mit Abgabe seines Angebots sichert der Bieter zu, die in den Besonderen Vertragsbedingungen genannten Vertragstermine und -fristen einzuhalten.

In § 9 VOB/A und § 5 VOB/B sind ausführliche Regelungen über die Festlegung von Vertragsterminen und -fristen enthalten. § 5 VOB/B regelt darüber hinaus die rechtlichen Auswirkungen bei Nichteinhaltung der Vertragsfristen, die allerdings nur dann als solche gelten, wenn sie ausdrücklich im Vertrag vereinbart wurden.

Folgende Schritte sind zur Ermittlung und Vorgabe der Vertragstermine und -fristen erforderlich:

- Erstellen des Steuerungsterminplans der Ausführung unter Einbeziehung der erforderlichen Planlieferungstermine, abgeleitet aus den Steuerungsablaufplänen der Planung unter Verwendung von Beiträgen der Objektplanung/-überwachung,
- Prüfen des Bauablaufs der Objektüberwachung auf Verträglichkeit mit dem Rahmenterminplan/Steuerungsterminplan Gesamtprojekt des Projektsteuerers,
- Prüfung der vom Objektplaner/von der Objektüberwachung vorgeschlagenen Vertragstermine und -fristen sowie Zwischentermine auf Verträglichkeit mit dem Steuerungsterminplan Gesamtprojekt und Rahmenterminplan.

Um die für einen ungestörten Bauablauf erforderlichen Ausführungspläne bereitstellen zu können, empfiehlt es sich, bereits in den Verträgen mit dem Objekt- und Fachplaner Ecktermine der Ausführungsplanung zu fixieren. Diese werden dann phasenweise vom Projektsteuerer im Verhältnis zu den Planungsbeteiligten verbindlich abzustimmen und zu fixieren sein, damit der Auftraggeber einen Anspruch auf die pünktliche Lieferung der Ausführungsplanung hat.

Kommentar zu den Besonderen Leistungen der Ausführungsvorbereitung (Handlungsbereich E)

3.3.5.B1 Mitwirken bei der Auswahl, Beschaffung, dem Aufbau und der Einführung von speziellen Informationssystemen (z.B. für das Facility Management)

Die Auswahl- und Einführungsprozesse bei der Einführung eines Facility Managements folgen in erster Linie den Vorgaben der Gebäudebewirtschaftung.

Die Entwicklung eines auf den speziellen Auftraggeber und die gegebene Projekttypologie zugeschnittenen Kriterienkatalogs ist das Leistungsfeld des Facility Management Consultants (vgl. Heft Nr. 16 der AHO-Schriftenreihe, S. 32) und grenzt sich deutlich vom Handlungsbereich des Projektsteuerers ab.

Der Projektsteuerer wirkt ggf. in seinem Leistungsspektrum punktuell bei gegebenen Schnittstellen mit (z.B. Vorgaben zur Planung, Ausschreibung, Vergabe, Dokumentation, Inbetriebnahme).

Unabhängig davon besteht die Möglichkeit, dass der Projektsteuerer im Geschäftsfeld Facility Management aktiv ist und diese Leistung dann als Besondere Leistung geschlossen anbieten und abwickeln kann.

Das vollständige Leistungsbild Facility Management Consulting ist in Heft Nr. 16 der AHO-Schriftenreihe veröffentlicht.

3.4 Projektstufe 4: Ausführung

3.4.1 Handlungsbereich A: Organisation, Information, Koordination und Dokumentation (übrige Handlungsbereiche einbeziehend)

3.4.1.1 Fortschreiben der projektspezifischen Organisationsvorgaben mit Projektstrukturplanung

Siehe Ziff. 3.2.1.1

3.4.1.2 Analysieren und Bewerten der Planungsprozesse auf Konformität mit den vorgegebenen Projektzielen

Siehe Ziff. 3.2.1.2

3.4.1.3 Fortschreiben der Dokumentation der Projektvorgaben

Siehe Ziff. 3.1.1.3

3.4.1.4 Überprüfen und Umsetzen der Kommunikationsstruktur – regelmäßiges Informieren und Abstimmen mit dem Auftraggeber (Berichtswesen)

Siehe Ziff. 3.1.1.4

3.4.1.5 Umsetzen des Entscheidungsmanagements

Siehe Ziff. 3.1.1.5

3.4.1.6 Umsetzen des Änderungsmanagements

Siehe Ziff. 3.1.1.6

3.4.1.7 Analysieren und Bewerten der Koordinationsleistungen der Objektüberwachung

Siehe Ziff. 3.2.1.7

3.4.1.8 Mitwirken beim Risikomanagement

Siehe Ziff. 3.1.1.7

3.4.1.9 Analysieren und Bewerten der ordnungsgemäßen Nutzung des Projektkommunikationssystems durch die Projektbeteiligten

Siehe Ziff. 3.2.1.9

3.4.1.10 Unterstützen des Auftraggebers bei der Einleitung von selbständigen Beweisverfahren

Die Unterstützung des Auftraggebers (und des von ihm eingeschalteten Rechtsanwalts) besteht im Wesentlichen in der Veranlassung der Zusammenstellung der notwendigen Projektunterlagen und Dokumentationen sowie in der Hilfestellung bei der Beschreibung technischer Sachverhalte, soweit diese nicht bereits von Projektbeteiligten oder beauftragten Gutachtern zur Verfügung gestellt werden. Darüber hinausgehende Leistungen sind gesondert zu vergüten.

Kommentar zu den Besonderen Leistungen der Ausführung (Handlungsbereich A)

3.4.1.B1 Koordinieren besonderer Anforderungen der Betreiber-/Nutzerorganisation

Das entsprechende Leistungsbild ist in Heft Nr. 19, Kapitel 5 der AHO-Schriftenreihe enthalten. Die projektspezifisch erforderlichen Leistungen sind in differenzierter Form zu formulieren und können nur dann kalkuliert werden.

3.4.1.B2 Betreiben eines eigenen Projektkommunikationssystems

Siehe Ziff. 3.1.1.B3

3.4.1.B3 Organisatorisches und baufachliches Unterstützen bei Gerichtsverfahren

Die organisatorische und baufachliche Unterstützung außerhalb der Laufzeit des Projektsteuerungsvertrags bedarf gesonderter Vereinbarungen.

In der Leistung ist die Aufbereitung von Schriftsätzen für die Rechtsberatung, das Bereitstellen von Dokumentationen und Führen von Abstimmungsgesprächen beinhaltet, was einen erheblichen Aufwand bedeuten kann.

3.4.1.B4 Umsetzen von Risikomanagementsystemen mit besonderen Anforderungen

Siehe Ziff. 3.1.1.B5

3.4.1.B5 Mitwirken bei der Einbeziehung zu beteiligender Dritter und der Öffentlichkeit bei der weiteren Projektrealisierung

Siehe Ziff. 3.1.1.B7

3.4.2 Handlungsbereich B: Qualitäten und Quantitäten

3.4.2.1 Analysieren und Bewerten der Leistungen der Objektüberwachung sowie Vorschlagen und Abstimmen von Anpassungsmaßnahmen bei Gefährdung von Projektzielen

Der Projektsteuerer hat neben seinen eigenständigen Leistungspflichten im Rahmen der einzelnen Handlungsbereiche die Objektüberwachung auf Erfüllung ihrer vertraglich vereinbarten Aufgaben zu überprüfen. Die Aufgaben der Objektüberwachung sind in der HOAI definiert und entsprechend den Bedürfnissen und der jeweils vorliegenden Unternehmereinsatzform angepasst worden. Die relevanten Aufgaben der Projektsteuerung sind, bezogen auf die Überprüfung der Objektüberwachung in kosten- und terminrelevanter Hinsicht, im Handlungsbereich C bzw. D beschrieben.

Die Projektsteuerung hat auch zu überprüfen, ob die Objektüberwachung in ausreichender personeller Präsenz auf der Baustelle vertreten ist, um insbesondere die koordinativen Aufgaben zwischen den Firmen wahrnehmen zu können. Der Projektsteuerer hat anhand von Baubesprechungsprotokollen, Terminplänen, Schriftverkehr mit Firmen, Rechnungen etc. die Tätigkeiten der Objektüberwachung zu überprüfen und den Auftraggeber rechtzeitig darüber zu informieren, falls Leistungs- und damit Vertragsdefizite vorliegen, die mit der Objektüberwachung zielorientiert zu besprechen und abzustellen sind.

3.4.2.2 Anlassbezogenes örtliches Überprüfen der Leistungen der Objektüberwachung

Der Projektsteuerer überprüft bei der Ausführung des Projekts stichprobenartig, ob die Objektüberwachung ihren Aufgaben ausreichend nachkommt. Dies betrifft einerseits die konsequente Anwendung der vereinbarten Vorgehensweise und andererseits auch ihre Durchsetzungsfähigkeit im Hinblick auf die ausführenden Firmen, damit Mängel so weit wie möglich vermieden werden. Hierzu nimmt der Projektsteuerer regelmäßig (mindestens monatlich) und nach Erfordernis an Baustellenterminen teil. Darüber hinaus steht es dem Projektsteuerer frei, geeignete Gesprächsrunden mit der Objektüberwachung (außerhalb der Baubesprechungen mit den Firmen) zu vereinbaren.

Kommentar zu den Besonderen Leistungen der Ausführung (Handlungsbereich B)

3.4.2.B1 Steuern der Nachhaltigkeits- und Zertifizierungsprozesse

Die Ausführungsphase muss die vorstehend angesprochenen Aspekte berücksichtigen. Dies betrifft insbesondere die Randbedingungen Abfall, Lärm, Staub und Umweltschutz (Bodenschutz). Bei der Qualitätssicherung der Bauausführung besteht die Forderung nach einer Dokumentation, die folgende Kriterien umfasst: Materialien, Sicherheitsdatenblätter, Messungen zur Qualitätskontrolle etc. Ziel der Dokumentation ist es, im Sinne eines Gebäudehandbuchs wichtige Gebäudedaten zu schaffen, die die Prozesse in den folgenden Lebenszyklusphasen vereinfachen. Diese Anforderung ist nicht neu, sondern ergibt sich zwangsläufig aus der Struktur eines vorausschauenden Facility Managements. Die Kontrolle der Ausführungsqualitäten muss hinterlegt werden mit Messverfahren zur Qualitätskontrolle (Nachweis Dichtigkeit des Gebäudes, Thermografie-Analysen, bauakustische Messverfahren etc.). Die diesbezüglichen Aspekte wird man baubegleitend in geeigneten Bau-Workshops erörtern.

Bei der systematischen Inbetriebnahme werden die einzelnen Komponenten der haustechnischen Anlage nach der Abnahme aufeinander abgestimmt und einreguliert. Die systematische Inbetriebnahme bedarf eines Konzepts zur Einregulierung und Nachjustierung. Diese muss als gesondert zu beauftragende Leistung von einem Fachbetrieb ausgeführt und dokumentiert werden. Die Dokumentation muss neben dem Nachweis der Einregulierung wesentliche Voreinstellungen der Anlage enthalten. Grundlage der Überprüfung sind die Leistungen zum Inbetriebnahmemanagement (Commissioning Management).

3.4.3 Handlungsbereich C: Kosten und Finanzierung

3.4.3.1 Kostensteuerung zur Einhaltung der Kostenziele

Siehe Ziff. 3.2.3.2

3.4.3.2 Prüfen und Freigabevorschläge bzgl. der Rechnungen der Planungsbeteiligten und sonstigen Projektbeteiligten (außer bauausführenden Unternehmen) zur Zahlung

Siehe Ziff. 3.3.3.6

3.4.3.3 Überprüfen und Freigabevorschläge bzgl. der Rechnungsprüfung der Objektüberwachung zur Zahlung an ausführende Unternehmen

Die Objektüberwachung prüft eingegangene Rechnungen auf vertragliche Konformität, auf sachliche und rechnerische Richtigkeit. Bei vollständiger Erfüllung der an die Rechnungen gestellten Anforderungen wird das Prüfergebnis der Objektüberwachung auf der Rechnung bestätigt und dokumentiert. Die geprüften Rechnungen werden an den Projektsteuerer übergeben. Zur Überwachung der Bearbeitungs-Prüffristen ist es ratsam, mit den Auftragnehmern vertraglich zu vereinbaren, dass mit Übersendung der Rechnung an den Auftraggeber zeitgleich eine Kopie der Rechnung an den Projektsteuerer übermittelt wird, damit die Rechnung in einer Rechnungseingangsliste mit Kennzeichnung der Fälligkeit erfasst werden kann.

Nach Eingang der durch die Objektüberwachung geprüften Rechnung bei dem Projektsteuerer wird diese einer Plausibilitätsprüfung unterzogen, mit einem Prüfstempel versehen und dann die Übereinstimmung der Rechnungsdaten mit dem Mengen- und Kostengefüge des Vertrags bestätigt, anschließend mittels Zahlungsfreigabevermerk zur Zahlung vorgeschlagen und dem Auftraggeber zur Zahlung übergeben. Dabei ist auf Fälligkeitstermine sowie sonstige zu beachtende Besonderheiten wie Sicherheiten, vertragliche Abzüge etc. hinzuweisen.

Wenn Leistungen berechnet wurden, die bisher nicht bekannt waren, insbesondere vom Auftraggeber weder beauftragt noch genehmigt wurden, so ist die Notwendigkeit der Leistungen zu begründen oder die anteiligen Beträge sind ggf. zu streichen. Ferner ist zu klären, ob die Rechnung zurückgewiesen werden kann, ob eine förmliche Nachbeauftragung erforderlich ist und ob u.U. eine Weiterverrechnung der Kosten an Dritte, da vom Auftraggeber nicht verursacht, möglich ist.

3.4.3.4 Vorgeben von Deckungsbestätigungen für Nachträge

Durch diese Leistung ist die finanzielle Deckung des erforderlichen Mehrbetrags zu prüfen und in Abstimmung mit dem Auftraggeber entweder durch bei der Vergabe gebildete Rückstellungen, Einsparungen bei anderen Vergabeeinheiten oder eine Projekt-Budgeterhöhung nachzuweisen. Bei fehlendem Deckungsnachweis ist vom Auftraggeber auf Veranlassung durch den Projektsteuerer eine Budgeterhöhung zu genehmigen bzw. zu beantragen. Im Rahmen der Deckungsbestätigung sind durch den Projektsteuerer auch die vorgesehenen Mengenansätze der Nachtragsbeauftragung stichprobenhaft auf Plausibilität zu überprüfen.

Mit der Erstellung von Deckungsbestätigungen für jeden Nachtrag wird sichergestellt, dass alle erforderlichen kostenrelevanten Informationen für die Kostensteuerung geschaffen und alle mengen- und wertmäßigen Auftragsdaten projektbegleitend in die Kostenkontrolle und -steuerung einbezogen werden.

3.4.3.5 Fortschreiben der Planung zu Mittelbedarf und Mittelabfluss

Auf der Basis aktueller Vertrags-, Nachtrags- und Abrechnungswerte sind die Prognosen für Mittelbereitstellungen (Mittelabfluss) regelmäßig zu aktualisieren, zu dokumentieren und mit dem Auftraggeber abzustimmen. Die nicht nur tabellarisch, sondern möglichst auch grafisch darzustellenden Ergebnisse dienen dem Auftraggeber zur fristgerechten Disposition seiner Investitionsmittel.

3.4.3.6 Fortschreiben der projektspezifischen Kostenverfolgung (kontinuierlich)

Die aus Projektstufe 3 übernommene Projektbuchhaltung ist in Stufe 4 mit wesentlich höherem Datenanfall und entsprechend höherem Bearbeitungsaufwand fortzuführen.

Kommentar zu den Besonderen Leistungen der Ausführung (Handlungsbereich C)

3.4.3.B1 Prüfen der Rechnungen der ausführenden Unternehmen

Die Aufgaben der Projektsteuerung beim Freigeben der Rechnungen zur Zahlung sind unter Ziff. 3.4.3.2 ausführlich erläutert. Falls die Prüfung des Projektsteuerers alle einzelnen Schritte der Rechnungsprüfung der Objektüberwachung nachvollziehen soll, erwächst dort eine Besondere Leistung.

Es ist im Einzelfall abzuwägen und zu entscheiden, ob diese Leistung sinnvoll und notwendig ist.

Sie dürfte nur in den Fällen notwendig werden, bei denen gesicherte Erkenntnisse vorliegen, dass die Objektüberwachung diese Aufgaben nicht mit der notwendigen Genauigkeit und Tiefe durchführt.

3.4.4 Handlungsbereich D: Termine, Kapazitäten und Logistik

3.4.4.1 Fortschreiben des Terminrahmens

Siehe Ziff. 3.2.4.1

3.4.4.2 Überprüfen des Terminplans der Planungsbeteiligten, insbesondere auf Einhaltung des Terminrahmens

Die nach Leistungsphase 8 HOAI vom Objektplaner aufzustellenden und zu überwachenden Zeitpläne (Balkendiagramme) und die von den ausführenden Firmen nach Vertrag zu liefernden Detailablaufpläne für ihre jeweiligen Leistungen sind vom Projektsteuerer auf Konformität mit den Eckdaten seiner Steuerungsterminpläne zu überprüfen und gegenseitig unter Wahrung der Terminziele abzustimmen. Soweit erforderlich, übernimmt der Projektsteuerer aus den Zeitplänen des Objektplaners und den Detailablaufplänen der ausführenden Firmen wichtige Zwischentermine und schreibt dadurch seine Steuerungsterminpläne fort.

Das „Aufstellen, Fortschreiben und Überwachen eines Zeitplans" ist Grundleistung der HOAI und somit vom Objektplaner bzw. den Objektüberwachungen zu erbringen. Das methodische Vorgehen kann sich wie folgt darstellen:

- Vorgabe der Terminstruktur/Meilensteine durch den Projektsteuerer an die Objektplanung/die Objektüberwachung,
- Vergleich der von der Objektüberwachung gewählten Strukturen,
- Vergleich der Termine der einzelnen Vorgänge unter Berücksichtigung evtl. unterschiedlicher Strukturen,
- bei unterschiedlichen Ablaufreihenfolgen, Termin- und Fristabweichungen Analyse der Ursachen, Anpassen der Abläufe an die terminlichen Erfordernisse unter Berücksichtigung der Rahmenterminplanung und der Steuerungsterminplanung der Projektsteue-

rung bzw. in den BVB vorgegebenen Vertragstermine in Abstimmung mit dem Objektplaner und den ausführenden Firmen,

- im Konfliktfall Herbeiführen einer Entscheidung des Auftraggebers auf Basis einer Entscheidungsvorlage des Projektsteuerers.

Die firmenseitigen Ablaufpläne sind grundsätzlich nur im Hinblick auf die Einhaltung der Grobabläufe und der Vertragstermine zu prüfen. Sind Zwischentermine für andere Gewerke zwingend erforderlich, so sind diese bei der Angabe der Vertragsfristen gemäß VOB/B zu berücksichtigen. Bei sonstigen Abhängigkeiten zwischen den Gewerken sind in Abstimmung mit der Objektüberwachung und den Firmen die Schnittstellen zu klären und Zwischentermine festzulegen. Dabei ist zu beachten, dass alle nach Auftragserteilung eingeführten zusätzlichen Zwischentermine nicht als Vertragstermine gemäß § 5 VOB/B gelten.

Bei unterschiedlichen Ablaufplanstrukturen zwischen dem Rahmenterminplan und dem Steuerungsterminplan der Projektsteuerung für die Ausführung und dem Detailablaufplan der Ausführung der ausführenden Firmen ist durch entsprechende vorherige Abstimmung eine Angleichung herbeizuführen, damit im weiteren Projektablauf die Terminkontrollen der Ausführung möglichst erleichtert werden.

3.4.4.3 Fortschreiben der Steuerungsterminpläne unter Berücksichtigung des Terminplans der Planungsbeteiligten

Der Steuerungsterminplan Gesamtprojekt des Projektsteuerers wird in dieser Projektstufe im Hinblick auf die Abnahme, Übergabe und Inbetriebnahme des Objekts entsprechend zu erweitern sein. In der Steuerungsterminplanung sind die relevanten Vorgänge für die Abnahme, Inbetriebnahme und Übergabe aufzuführen. Bei größeren Bauvorhaben sind gesonderte organisatorische Überlegungen erforderlich, um die betroffenen Beteiligten in den Gesamtprozess zu integrieren. Dies betrifft insbesondere auch die Behördenabnahmen, Sachverständigenabnahmen, Feuerwehrabnahmen etc. Auf Basis dieser Grobstrukturierung muss auch eine weitere Verfeinerung des Terminplans der Objektplanung erfolgen.

Eine detaillierte Inbetriebnahmeplanung unter Integration aller Projektbeteiligten einschließlich Nutzer ist eine Besondere Leistung des Projektsteuerers, wie in Ziff. 3.4.4.B1 beschrieben.

3.4.4.4 Terminsteuerung der Ausführung unter Berücksichtigung der Objektüberwachungsleistungen

Anhand des Steuerungsterminplans der Ausführung ist der Stand der Ausführung bei den in regelmäßigen Abständen stattfindenden Ablaufbesprechungen (Jour fixe) immer wieder neu festzustellen und Änderungen zwischen Soll- und Ist-Terminen sind aufzuklären. Die Kontrolle soll wie bei der Ablaufsteuerung der Planung nicht erst am Stichtag, sondern steuernd im Vorgriff auf zu erwartende Termine erfolgen. Kapazitätsberechnungen, die sich überschlägig aus den Auftragssummen oder auch durch Aufwandsabschätzungen ergeben, lassen auch die Notwendigkeit für Abhilfeaufforderungen nach § 5 Abs. 3 und 4 VOB/B zur Erhöhung des Kapazitätseinsatzes erkennen.

Der Projektsteuerer sollte zwar einerseits aus Haftungsgründen vermeiden, in die Dispositionsfreiheit der ausführenden Unternehmen einzugreifen; andererseits ist es jedoch seine

Aufgabe, vorherzusehendem Terminverzug aus Störungen des Bauablaufs durch rechtzeitige Vorwarnung und Veranlassung von Gegenmaßnahmen entgegenzuwirken.

Kommentar zu den Besonderen Leistungen der Ausführung (Handlungsbereich D)

3.4.4.B1 Erstellen einer detaillierten Inbetriebnahmeplanung unter Integration aller Projektbeteiligten einschließlich Nutzer

Zu den Grundleistungen des Projektsteuerers gehört es, den Auftraggeber rechtzeitig auf die inhaltlichen und terminlichen Voraussetzungen hinzuweisen, die erforderlich sind, damit das Bauwerk nach Fertigstellung, erfolgreichem Abschluss der Funktionsprüfungen und Mängelbeseitigungen vom Auftraggeber an den Nutzer übergeben werden kann.

Der Projektsteuerer hat zu diesem Zweck einen Terminplan zu entwerfen, in dem die relevanten Vorgänge enthalten sind. Dies ist vor allen bei Projekten mit hohem Anteil an technischer Ausrüstung zu beachten, bei dem das Personal rechtzeitig in die Bedienung der technischen Anlagen eingewiesen werden muss. Des Weiteren sind die Bedienungs- und Wartungsverträge frühzeitig abzuschließen, um die Zeitpunkte für den Einsatzbeginn des Betriebspersonals disponieren zu können.

Eine detaillierte Inbetriebnahmeplanung ist eine Besondere Leistung, mit dem Ziel, alle inbetriebnahmerelevanten Vorgänge im Einzelnen zu erfassen. Zu einer detaillierten Inbetriebnahmeplanung gehört auch die Erfassung verschiedener Aufgabenpakete im Vorfeld der eigentlichen Inbetriebnahme, die bereits weit vor der eigentlichen Ausführung vorzubereiten sind.

Die diesbezüglichen Leistungen stellen Besondere Leistungen dar, die in Heft Nr. 19 der AHO-Schriftenreihe im Rahmen der Leistungen zum Nutzerprojektmanagement differenziert in Form eines Leistungsbildes beschrieben sind.

Dort beinhaltet sind z.B. die Steuerungsterminplanung für den Ein-/Umzug entsprechend den Anforderungen des Geschäftsbetriebs sowie die Aufstellung und Abstimmung einer Ablaufplanung für die Räumung der Altobjekte entsprechend den Ablaufplanungen für die Inbetriebnahme und den eigentlichen Umzug in das neue Objekt. Des Weiteren erfasst sind Leistungen zur Vorbereitung der Inbetriebnahme und des Umzugs, die Erstellung von Einzelinbetriebnahmeplänen für verschiedene Bereiche sowie das Erstellen von Logistikplänen für die differenzierte Inbetriebnahmeplanung in Abstimmung mit den jeweils Beteiligten.

3.4.5 Handlungsbereich E: Verträge und Versicherungen

3.4.5.1 Mitwirken bei der Durchsetzung von Vertragspflichten gegenüber den Beteiligten

Das Vertragsverhältnis zwischen dem Auftraggeber und den an der Ausführung Beteiligten wird durch einen Werkvertrag geregelt. Es ist sinnvoll, bei Bauverträgen die VOB/B zum Vertragsbestandteil zu machen. Die gesamte Vertragsproblematik ist durch die verschiedenen Kommentare zur VOB und Grundsatzurteile des BGH ausreichend rechtlich abgesichert. Von einer Anwendung „selbstgestrickter" Vertragsbedingungen, welche möglicherweise einseitige Vorteile für den Auftraggeber beinhalten (und u.U. gegen die AGB-Bestimmungen gemäß §§ 305 ff. BGB verstoßen), wird im Allgemeinen abgeraten.

Bei Bauverträgen ist zudem zu beachten, dass die VOB/B einer Einzelkontrolle nach den AGB-Vorschriften (§§ 307 ff. BGB) nicht entzogen ist, wenn der abzuschließende Vertrag Abweichungen von den Allgemeinen Vertragsbedingungen der VOB/B beinhaltet.

Der Projektsteuerer kann nicht zugleich Rechtsberater des Auftraggebers sein.[9] Außerdem ist er in dem Vertragsverhältnis Auftraggeber/Unternehmer nicht direkt beteiligt. Die Interessen des Auftraggebers hat der Projektsteuerer durch das Mitwirken bei der Durchsetzung von Vertragspflichten wahrzunehmen. Einerseits handelt es sich um die fachliche Unterstützung des Auftraggebers und seiner Rechtsberater, andererseits um die Überwachung der Vertragserfüllung, das Aufdecken evtl. Verletzungen, die Berichterstattung und das Vorschlagen geeigneter Vollzugsmaßnahmen. Sollte Schriftverkehr im Namen des Auftraggebers geführt werden, so ist die Verwendung von rechtlich geprüften Standardbriefen bzw. -formulierungen zu empfehlen. Der Projektsteuerer soll eigenverantwortlich jedoch seine Grenzen kennen und beachten. Auf das rechtzeitige Hinzuziehen von Rechtsberatern, Gutachtern, Sonderfachleuten bzw. Institutionen (z.B. TÜV) soll vom Projektmanager situationsgerecht hingewiesen werden; entsprechende Empfehlungen sind, soweit erforderlich, schriftlich zu dokumentieren.

3.4.5.2 Unterstützen des Auftraggebers bei der Abwendung von Forderungen Dritter (Nachbarn, Bürgerinitiativen etc.)

Insbesondere innerstädtische Projekte mit Berührungspunkten zu verschiedenen Interessengruppen, z.B. betroffene Grundstücksbesitzer, Bürgerinitiativen und Nachbarn, bedürfen intensiver Koordination im Hinblick auf die Vermeidung von projektgefährdenden Forderungen dieser Projektbeteiligten im Umfeld des eigentlichen Projekts.

Die Vorbereitung und Durchführung von Aktivitäten zur Abwendung dieser Forderungen beinhalten von Fall zu Fall erhebliche Vorbereitungsleistungen, wie z.B. Erstellung von Exposés zur Projektabwicklung und speziellen Fragen der Baulogistik mit verschiedenen Szenarien, Verkehrsstrombetrachtungen etc.

Falls diese Leistungen den rein informativen Charakter, wie z.B. Teilnahme an diversen Besprechungsrunden, deutlich übersteigen (mehr als fünf Veranstaltungen), dann erwächst daraus die Anspruchsgrundlage für eine Besondere Leistung, die dann in Abhängigkeit von den Aktivitäten in einem gesonderten Leistungsbild zu formulieren und zu vergüten ist.

3.4.5.3 Überprüfen der Nachtragsprüfungen durch die Objektüberwachung und Mitwirken bei der Beauftragung

Nachtragsangebote ausführender Firmen sind zunächst vom Objektplaner bzw. von den Fachplanern im Rahmen der übertragenen Grundleistungen gemäß der HOAI zu prüfen und zu bewerten. Zielsetzung der Beurteilung der Nachtragsprüfungen durch den Projektsteuerer ist es, die Richtigkeit des Prüfergebnisses im Hinblick auf den Anspruch des Auftragnehmers zunächst dem Grunde nach zu bestätigen oder abzulehnen und im Falle der Bestätigung den geprüften Anspruch der Höhe nach zu billigen oder zu korrigieren. Diese Reihenfolge ist bereits vom Objektplaner und den Fachplanern zwingend einzuhalten, um unnötigen Aufwand zu vermeiden.

9 Kniffka (1994, 1995); Diederichs (1996b).

Im Rahmen der Nachtragsprüfung sind vom Objektüberwacher und den Fachplanern folgende Aufgaben wahrzunehmen und vom Projektsteuerer zu beurteilen:

1. Reaktion auf den Nachtragseingang in formaler, inhaltlicher und strategischer Hinsicht,
2. Beschaffung bzw. Anforderung erforderlicher Unterlagen,
3. Mitwirken bei der Beschaffung von Preisermittlungsgrundlagen (u.a. der Urkalkulation),
4. Prüfung des Anspruchs dem Grunde nach im Hinblick auf die bestehenden Rechtsgrundlagen/keine Rechtsdienstleistung im Detail,
5. bei Bestätigung des Anspruchs dem Grunde nach Prüfung des Anspruchs der Höhe nach, ggf. unter Hinzuziehung eines Sachverständigen,
6. Prüfung der Möglichkeit von Gegenforderungen, Verhandlungsmanagement mit Vorbereitung von Ort, Zeit und Ablauf.

Der Projektsteuerer hat in diesem Zusammenhang keine Objektüberwachungsfunktion wahrzunehmen, sondern die Arbeitsergebnisse der Objektüberwachung zu überprüfen.

Die inhaltliche Überprüfung von Gutachten, z.B. zu gestörten Bauabläufen, ist vom Auftraggeber im Hinblick auf den entstehenden Zusatzaufwand gesondert zu vergüten.

3.4.5.4 Mitwirken bei der Abnahmevorbereitung sowie bei der Durchführung der Abnahmen und Inbetriebnahme

Ziel der Abnahme ist die Feststellung des fehlerfreien Werks. Zu diesem Zweck obliegt dem Projektsteuerer die Steuerung der Projektbeteiligten im Hinblick auf die Schaffung aller Voraussetzungen für eine Abnahme so weit, dass dem Auftraggeber die Abgabe der Abnahmeerklärung empfohlen werden kann. Im Zweifel erklärt der Auftraggeber die Abnahme selbst. Auf Wunsch des Auftraggebers wirkt der Projektsteuerer an der Abnahmeverhandlung mit. In diesem Zusammenhang obliegt dem Projektsteuerer die Überprüfung der Vorleistungen der Planungsbeteiligten, insbesondere die vollständige Aufnahme von Mängeln sowie die Aufnahme etwaiger verwirkter Vertragsstrafen.

Kommentar zu den Besonderen Leistungen der Ausführung (Handlungsbereich E)

3.4.5.B1 Koordinieren der versicherungsrelevanten Schadensabwicklung

Die Koordination der versicherungsrelevanten Schadensabwicklung in Abhängigkeit der versicherungstechnischen Vorgaben und haftungsspezifischen Details ist eine Besondere Leistung, sofern diese über den normalen Leistungsumfang des Projektsteuerers im Rahmen seines Vertrags hinausgeht.

3.5 Projektstufe 5: Projektabschluss

Diese Projektstufe wird vertraglich zwischen Auftraggeber und Projektmanager regelmäßig zeitlich begrenzt.

3.5.1 Handlungsbereich A: Organisation, Information, Koordination und Dokumentation (übrige Handlungsbereiche einbeziehend)

3.5.1.1 Mitwirken bei der organisatorischen und administrativen Konzeption und bei der Durchführung der Übergabe/Übernahme bzw. Inbetriebnahme/Nutzung

Die Übergabe/Übernahme und die Inbetriebnahme eines Objekts ist keine Frage eines Zeitpunkts, sondern eines Zeitraums. Rechtzeitig, d.h. spätestens in der Phase der Realisierung eines Projekts, sind die Übergabe/Übernahme und die Inbetriebnahme vom Auftraggeber bzw. dem beauftragten Facility Management Consulting (vgl. Heft Nr. 16 der AHO-Schriftenreihe, S. 15 ff.) zu planen. Grundlage der Planung und Ausgestaltung des Übergabe-/Übernahme- bzw. Inbetriebnahme-/Nutzungszeitpunkts ist die Festlegung der zukünftigen Betreiberorganisation.

Dies gilt vor allem für Projekte mit hohem Anteil an technischer Ausrüstung. Das Personal ist rechtzeitig in die Bedienung der technischen Anlagen einzuweisen. Bedienungs- und Wartungsverträge sind ebenfalls rechtzeitig abzuschließen. Diese Aktivitäten sind bereits weit vor der Projektabschlussphase vorzubereiten.

Mitwirken bedeutet, dass der Projektmanager den Auftraggeber auf die notwendigen Maßnahmen hinweist bzw. den hinzugezogenen Facility Management Consultant unterstützt, um die zur Installation eines funktionsfähigen Gebäudemanagements in der Nutzungsphase notwendigen Meilensteine zielgerecht zu erreichen. Zum Gebäudemanagement gehören im Wesentlichen folgende Bereiche:

- kaufmännisches Gebäudemanagement (Vermietung, Verwaltung, Rechnungswesen, Controlling),
- technisches Gebäudemanagement (Wartung/Instandhaltung, Sicherheit, Energiemanagement),
- infrastrukturelles Gebäudemanagement (Hausmeister, Poststelle, Fuhrpark, Müllentsorgung, Reinigung, Pflege der Außenanlagen),
- Flächen- und Veranstaltungsmanagement (Veranstaltungsorganisation, Büroausstattung, Transporte, Umzüge),
- Kommunikationsmanagement (Telefon- und EDV-Anlagen, Netzwerke, Personalinformationssystem).

Der Projektsteuerer hat in dieser Phase die häufig entstehenden Zielkonflikte zu lösen, da die Abläufe sehr oft durch strittige Fragen zwischen unterschiedlichsten Beteiligten überlagert werden. Daraus resultiert für den Projektsteuerer eine aktive Kommunikationsaufgabe zwischen den Projektbeteiligten. Des Weiteren hat er dafür zu sorgen, dass rechtzeitig vor dieser Phase eine hinreichende Organisation der Zuständigkeiten und Aufgaben für den gesamten Inbetriebnahmeablauf erfolgt ist.

3.5.1.2 Veranlassen der systematischen Zusammenstellung und Archivierung der Projektdokumentation

Jeder Projektbeteiligte ist verpflichtet, die Projektunterlagen für seinen Aufgabenbereich so zu ordnen, wie es gemäß Ziff. 3.1.1.1 in den Organisationsvorgaben vorgesehen ist.

Der Projektsteuerer hat dafür zu sorgen, dass diese Verpflichtung bei Abschluss des Projekts auch von allen Projektbeteiligten eingehalten wird. Sie gibt anhand der Organisationsvorgabe die Gliederung und Klassifizierung der Bauakten vor.

In diesem Zusammenhang hat der Projektsteuerer mit dem Auftraggeber ein geeignetes Verfahren abzustimmen, durch das die Vollständigkeit der von den Projektbeteiligten übergebenen zeichnerischen Darstellungen und rechnerischen Ergebnisse des Objekts gewährleistet wird.

3.5.1.3 Überprüfen der Zusammenstellung von Dokumentationsunterlagen durch die Planungsbeteiligten

Die von den Projektbeteiligten vorgelegte Projektdokumentation ist hinsichtlich Qualität und Quantität der vereinbarten Inhalte zu analysieren und schriftlich zu bewerten. Sofern Zweifel an der Vollständigkeit und Qualität der Dokumentation besteht, ist dem Auftraggeber eine durchgängige Prüfung nach Ziff. 3.5.1.B4 anzuraten. Diese Leistung ist eine Besondere Leistung und somit zusätzlich zu vergüten.

3.5.1.4 Überprüfen und Umsetzen der Kommunikationsstruktur – regelmäßiges Informieren und Abstimmen mit dem Auftraggeber (Berichtswesen)

Siehe Ziff. 3.1.1.4

3.5.1.5 Abschließen des Entscheidungs-/Änderungs- und Risikomanagements

Siehe Ziff. 3.1.1.5

3.5.1.6 Organisieren des Abschlusses des Projektkommunikationssystems

Diese Leistung ist als Ergänzung zu der vorangehend beschriebenen Leistung unter Ziff. 3.5.1.2 zu verstehen, soweit im Projekt ein Projektkommunikationssystem eingesetzt wurde. Es sind dann spezielle Verfahrens- und Organisationsvorgaben in Abstimmung mit dem Auftraggeber erforderlich, nach denen die Dateien z.B. getrennt als Bauausführungs- und Bestandsunterlagen gemäß vereinbarter Gliederungs- und Ablagesystematik auf geeigneten Datenträgern gesichert werden. Weiterhin ist mit dem Betreiber des Projektkommunikationssystems das Leistungsende und die Datensicherung vertragskonform zu vollziehen (ggf. den Nutzer einbeziehen, falls dieser Teilleistungen in Fortsetzung übernehmen will). Der ordnungsgemäße Systemabschluss ist vom Projektsteuerer in allen Schritten zu dokumentieren.

Kommentar zu den Besonderen Leistungen des Projektabschlusses (Handlungsbereich A)

3.5.1.B1 Organisatorisches und baufachliches Unterstützen bei Gerichtsverfahren

Siehe Ziff. 3.4.1.B3

3.5.1.B2 Organisieren des Abschlusses des eigenen Projektkommunikationssystems

Siehe Ziff. 3.1.1.B3

3.5.1.B3 Abschließen des Risikomanagementsystems mit besonderen Anforderungen

Siehe Ziff. 3.1.1.B5

3.5.1.B4 Prüfen der Projektdokumentation der fachlich Beteiligten

Sofern Zweifel an der Vollständigkeit und Qualität der vom Architekten und von den fachlich Beteiligten beigestellten Projektdokumentation bestehen, ist es für den Auftraggeber angezeigt, eine durchgängige Prüfung dieser Projektdokumentation zu beauftragen. Diese sehr aufwendige Besondere Leistung des Projektsteuerers bedeutet, dass die Dokumentationsunterlagen Plan für Plan und Seite für Seite fachkundig gelesen und geprüft werden, ggf. unter Einbindung eigener oder externer TGA-Fachingenieure. Prüfkriterien sind neben der Vollständigkeit und Richtigkeit vor allem die Dokumentation der tatsächlich ausgeführten Leistung, also des im Objekt tatsächlich vorhandenen Bestands, auch und vor allem in der TGA. Weiterhin sind die beigebrachten Qualitätszertifikate für Bauelemente und Anlagen auf Vollständigkeit und Übereinstimmung mit den behördlichen und vertraglichen Anforderungen zu prüfen (Brandschutz, Schallschutz, Dämmung, Fassaden/Verglasung, Lüftung, Heizung, Energiepass, Nachhaltigkeitszertifizierung usw.).

3.5.2 Handlungsbereich B: Qualitäten und Quantitäten

3.5.2.1 Analysieren und Bewerten der Auflistung der Verjährungsfristen für Mängelansprüche

Das Auflisten der Verjährungsfristen für Mängelansprüche ist Aufgabe des Objektplaners und der Fachplaner gemäß Leistungsphase 8 HOAI.

Die Auflistung der Verjährungsfristen enthält die tabellarische Angabe der Abnahmetermine und der sich aus der jeweilig vereinbarten vertraglichen Mängelhaftungsfrist ergebenden Verjährungsfristen für Mängel für jeden Auftragnehmer, ggf. mit weiterer Untergliederung, sofern mehrere Abnahmetermine je Auftragnehmer vereinbart wurden.

Ziel der Prüfung der Auflistung der Verjährungsfristen durch den Projektsteuerer ist es, dem Auftraggeber eine auf Vollständigkeit sowie Plausibilität überprüfte übersichtliche Aufstellung über die Mängelhaftungsfristen und deren Ende nach den vertraglichen Vereinbarungen und den tatsächlichen Abnahmedaten zur Verfügung zu stellen.

Die Aufgabe des Projektsteuerers besteht darin, diese Auflistung von den fachlich Beteiligten abzurufen, durch Stichproben auf formale und inhaltliche Richtigkeit zu überprüfen und mit dem Auftraggeber das Verfahren zur Dokumentation der Fortschreibung der Auflistung der Verjährungsfristen durch Hemmung nach §§ 203 ff. BGB abzustimmen.

Für die Prüfungen sind folgende Unterlagen erforderlich:

- Zuordnung solcher Vorbehalte zu Teilleistungen, Abnahmen und ggf. Teilabnahmen,
- Zusammenstellung der Verjährungsfristen und -termine durch die fachspezifischen Objektüberwachungen,

- die einzelnen Verträge, gegliedert nach Teilleistungen, mit den jeweils vereinbarten Verjährungsfristen,
- Informationen über den Beginn der Verjährungsfristen der einzelnen Teilleistungen mit dem die Mängelhaftungsfrist auslösenden Dokument (Abnahmeprotokoll bzw. Schlusszahlung, Mitteilung der Fertigstellung oder Nutzungsbeginn bei fiktiver Abnahme),
- Dokumente über eine etwaige Hemmung oder den erneuten Beginn der Verjährung gemäß §§ 203–213 BGB.

Zur Vermeidung von Widersprüchen sind Angaben der an der Planung Beteiligten, die den vertraglichen Inhalten hinsichtlich der Verjährungsfristen widersprechen oder diese einschränken, bereits bei der Erstellung von Leistungsbeschreibungen zu korrigieren oder es sind im Vorfeld die vertraglich vorgesehenen Mängelhaftungsdauern anzupassen. Dies betrifft u.a. auch Festlegungen zu Mängelhaftungsdauern unter der Voraussetzung des Abschlusses von Wartungs- bzw. Vollunterhaltungsverträgen oder auch zur klaren und eindeutigen Definition von beweglichen Teilen oder von elektrischen Bauteilen mit unterschiedlichen Mängelhaftungsdauern.

Die Prüfvorgänge erstrecken sich vorrangig auf folgende Bereiche:

- formale Struktur des Mängelhaftungsverzeichnisses (Firmennummer, Leistungsbereich/Gewerk bzw. Bauabschnitt/Geschoss/Funktionsbereich/Raum),
- Vollständigkeit des Mängelhaftungsverzeichnisses hinsichtlich aller Bauleistungsverträge,
- Vergleich der vertraglich vereinbarten mit den in den Mängelhaftungsverzeichnissen aufgeführten Mängelhaftungsdauern je Teilleistung,
- Vollständigkeit der dokumentierten Vorbehalte (in Stichproben),
- aus den Mängelhaftungsfristen errechnete Kalenderdaten des Mängelhaftungsfristablaufs pro Auftrag und ggf. pro Teilleistung.

Das Prüfergebnis ist in einem Prüfbericht zusammenzufassen.

Das Erstellen der Mängelhaftungsverzeichnisse für Planer- und Gutachterleistungen ist keine Grundleistung der Projektsteuerung. Sie ist daher bei Bedarf besonders zu vergüten.

Kommentar zu den Besonderen Leistungen des Projektabschlusses (Handlungsbereich B)

3.5.2.B1 Veranlassen, Koordinieren und Steuern der Beseitigung nach der Abnahme aufgetretener Mängel

Im Grundleistungsbild der Projektsteuerung enthalten ist die Veranlassung der Beseitigung von Mängeln, die bei der Abnahme aufgetreten sind. Dies gilt unter Beachtung der vertraglichen Laufzeit des Projektsteuerungsvertrags.

Erforderliche Koordinierungs- und Steuerungsleistungen in Bezug auf die nach der Abnahme aufgetretenen Mängel bedürfen der gesonderten Beauftragung als Besondere Leistungen.

3.5.2.B2 Steuern der Nachhaltigkeits- und Zertifizierungsprozesse

In der Projektabschlussphase wird die Dokumentation des Projekts zusammengestellt und das Audit vorbereitet. Der Auditor betreibt das förmliche Verfahren im Verhältnis zur Zertifizierungsstelle und nimmt die Einzelnachweise des Planungsteams entgegen.

Des Weiteren überprüft er die zusammengestellten Unterlagen und Nachweise. Anschließend erstellt er die Antragsunterlagen, reicht diese ein und führt auch die Kommunikation mit der Zertifizierungsstelle.

3.5.3 Handlungsbereich C: Kosten und Finanzierung

3.5.3.1 Überprüfen der Kostenfeststellung der Objekt- und Fachplaner

Die Kostenfeststellung ist Grundleistung der Objekt- und Fachplaner gemäß HOAI. Aufgabe des Projektsteuerers ist es, die Vollständigkeit und Richtigkeit der Kostenfeststellungen zu überprüfen. Häufig sind Lücken insbesondere in den Kostengruppen 100 und 200 sowie 500 bis 700 festzustellen. Probleme der Übernahme von Schlussrechnungswerten entstehen immer dann, wenn durch ausstehende Nachtragsvereinbarungen oder gar Streitigkeiten, die zu Prozessen führen, die letztgültigen Zahlen noch nicht genannt werden können. Hier ist zu empfehlen, in einer Bemerkungsspalte oder einem Bericht den aktuellen Sachstand zu erläutern und Prognosen für die ausstehenden Kostenfeststellungsbeträge zu geben.[10]

Richtigerweise erfolgt die Überprüfung der Kostenfeststellungen durch den Projektsteuerer erst im Zusammenhang mit den Leistungen zum Projektabschluss (also nicht, wie bei den planenden und überwachenden Objekt- und Fachplanern, im Zuge der Leistungsphase 8 Objektüberwachung), um sicherzustellen, dass alle notwendigen Daten auch verfügbar sind. Erfahrungsgemäß klaffen die Zeitpunkte der Inbetriebnahme eines Objekts einerseits und des Vorliegens sämtlicher Schlussabrechnungsunterlagen andererseits erheblich auseinander. Regelmäßig sind auch Ergänzungsleistungen durchzuführen, deren Notwendigkeit sich in den ersten Betriebswochen und -monaten herausstellt, jedoch Grundbestandteil einer Maßnahme sind und deshalb den Erstinvestitionskosten hinzuzurechnen sind.

Die Überprüfung der Kostenfeststellungen der Planer wird wesentlich erleichtert, wenn während der gesamten Planungs- und Abwicklungszeit einer Maßnahme eine Mittelbewirtschaftung aufgebaut und geführt wurde, die zum Zeitpunkt des Projektabschlusses ohnehin Kostenfeststellungsfunktion mit übernimmt. Wenn die Mittelbewirtschaftung richtig aufgebaut und ständig aktualisiert wurde, dann ist sie Messlatte für die Kostenfeststellungen der Planer.

Das Vorgehen beim Überprüfen der Kostenfeststellungen richtet sich maßgeblich danach, ob der Projektsteuerer mit der projektspezifischen Kostenverfolgung beauftragt und diese von ihm durchgeführt wurde oder ob diese vom Auftraggeber selbst oder einer anderen Institution geführt wurde.

In dem Fall, dass der Projektsteuerer die projektspezifische Kostenverfolgung durchführt, werden alle Aufträge, Auszahlungen und Einbehalte durch die Kostenkontrolle des Projektsteuerers auf der Basis der aktuellen Kostenberechnung gebucht. Im Zuge der Kosten-

10 Diederichs (2006), S. 408–411.

buchung erfolgt auch die Kontrolle der vollständigen und korrekten Erfassung aller Aufträge und Auszahlungen.

Die Prüfung der Kostenfeststellung der Fachplaner und der Objektüberwachung erfolgt daher durch deren Vergleich mit derjenigen des Projektsteuerers. Die dabei festgestellten Abweichungen sind in Abstimmung mit dem Auftraggeber sowie den Objekt- und Fachplanern aufzuklären.

Nach der Prüfung und ggf. der Korrektur sind die Unterlagen der Kostenfeststellung einschließlich des abschließenden Kostenberichts zusammenzustellen. Evtl. sind sonstige Unterlagen auf Wunsch des Auftraggebers zu erstellen, wie z.B. Auflistung der noch vorhandenen Einbehalte mit Angabe der voraussichtlichen Auszahlungstermine.

Falls der Auftraggeber oder eine andere Institution die projektspezifische Kostenverfolgung durchführt, ist die Überprüfung dieser Konstellation anzupassen.

3.5.3.2 Prüfen und Freigabevorschläge bzgl. der Rechnungen der Planungsbeteiligten und sonstigen Projektbeteiligten zur Zahlung

Siehe Ziff. 3.4.3.2

3.5.3.3 Überprüfen und Freigabevorschläge bzgl. der Rechnungsprüfung der Objektüberwachung zur Zahlung an ausführende Unternehmen

Siehe Ziff. 3.4.3.3

Die Freigabe von Schlussrechnungen zur Zahlung ist eine auftraggeberseitige Verpflichtung nach erfolgter Abnahme der Bauleistung.[11]

Zielsetzung ist es, durch die Schlusszahlung die auftraggeberseitigen Verpflichtungen abschließend zu erfüllen. Gemäß § 16 Abs. 3 Nr. 2 VOB/B schließt die vorbehaltlose Annahme der Schlusszahlung seitens des Auftragnehmers Nachforderungen aus, wenn der Auftragnehmer über die Schlusszahlung schriftlich unterrichtet und auf die Ausschlusswirkung hingewiesen wurde.

Die Schlussrechnung ist nach der Prüfung durch die Objektüberwachung dahingehend zu prüfen, ob sie entsprechend den vertraglichen Vorgaben aufgestellt und gegliedert wurde. Dies ist u.a. wichtig für die Verwendungsnachweisprüfungen, Abschreibungsbelange und für statistische Auswertungen.

Zu kontrollieren ist ferner, ob berechtigte Abzüge berücksichtigt und vorgenommen wurden. Bei Rechnungen von ausführenden Firmen handelt es sich vor allem um Umlagen für:

- die Abfallentsorgung,
- die Gebäudereinigung,
- die Benutzung sanitärer Anlagen,
- Versicherungsbeiträge (u.a. Bauleistungsversicherung),
- die Baustellenbeleuchtung,
- Baustrom/Wasser,
- Bauschild.

11 Diederichs (2006), S. 403–408.

Darüber hinaus sollten Gegenforderungen und Einbehalte nicht übersehen werden.

Außerdem sind fällig gewordene Vertragsstrafen, sofern diese bei der Abnahme vorbehalten wurden, und vereinbarte Skonti abzuziehen.

Voraussetzungen für den Freigabevorschlag zur Schlusszahlung sind i.d.R.:

- die vertraglich vereinbarte förmliche Abnahme und Vorlage des rechtsgültig unterzeichneten Abnahmeprotokolls,
- die Beseitigung der bei der fachtechnischen Vorbegehung zur rechtsgeschäftlichen Abnahme festgestellten wesentlichen Mängel,
- ggf. die Vorlage der vollständigen Revisionsunterlagen,
- die abschließende Prüfung der Schlussrechnung durch die Objektüberwachung.

3.5.3.4 Überprüfen der Leistungen der Planungsbeteiligten bei der Freigabe von Sicherheitsleistungen

Gegenstand der Freigabe von Sicherheitsleistungen ist die Verpflichtung des Auftraggebers, zum vereinbarten Zeitpunkt oder regelmäßig nach dem Ablauf der Mängelhaftungsfristen bzw. durch Hemmung verlängerter Fristen die einbehaltenen und nicht durch Ersatzvornahmen in Anspruch genommenen Sicherheitsleistungen freizugeben, d.h. entweder erhaltene Mängelhaftungsbürgschaften an den Auftragnehmer zurückzugeben oder aber Sicherheitseinbehalte inkl. angesammelter Zinsen zu zahlen.

Falls die Objektüberwachung mit der Leistungsphase 9 nach HOAI beauftragt wurde, obliegt ihr das Mitwirken bei der Freigabe von Sicherheitsleistungen. Der Projektsteuerer hat diese Leistungen zu überprüfen. Für den Projektsteuerer ist dies eine Grundleistung der Projektstufe 5 innerhalb seiner Vertragslaufzeit.

Für den Fall, dass der Leistungszeitraum des Projektsteuerers vor der Rückgabe von Mängelhaftungsbürgschaften beendet wird, sollte der Projektsteuerer den Auftraggeber auf die Notwendigkeit der Rückgabe und die Voraussetzungen hierfür hinweisen.

3.5.3.5 Abschließen der projektspezifischen Kostenverfolgung

Sofern ein Vorhaben während der gesamten Planungs- und Abwicklungszeit durch eine straffe Kostensteuerung geführt wurde, ergibt sich der Abschluss der projektspezifischen Kostenverfolgung für den Mittelabfluss zwangsläufig mit dem letzten Ausdruck des Projektsteuerers. Zu diesem Zeitpunkt sind i.d.R. noch Abrechnungsvorgänge offen. Dann ist es Aufgabe des Projektsteuerers, die einzelnen Kostenblöcke darzustellen:

- abgerechnete Leistungen mit deckungsgleichem Zahlungsstand,
- abgerechnete Leistungen mit abweichendem Zahlungsstand, weil z.B. noch Sicherheitseinbehalte bestehen, unter Angabe der Höhe der noch zu leistenden Zahlungen sowie
- noch nicht abgerechnete Leistungen mit zu erwartender voraussichtlicher Abrechnungshöhe; Angabe der Höhe der bis dato geleisteten (Abschlags-)Zahlungen.

Der Abschluss der Kostenverfolgung soll auch den Vergleich der Kostendaten gemäß Kostenfeststellung und Kostenberechnung oder Kostenanschlag beinhalten. Wesentliche Abweichungen sollen erläutert und begründet werden.

Kommentar zu den Besonderen Leistungen des Projektabschlusses (Handlungsbereich C)

3.5.3.B1 Erstellen des Verwendungsnachweises

Zum Nachweis der sachgerechten Verwendung von Fördermitteln wird ein Verwendungsnachweis eingefordert, der neben der buchhalterischen Abwicklung und dem Beleg des Einsatzes finanzieller Mittel auch die Dokumentation des Vergabeverfahrens und die Einhaltung des Förderzwecks anhand eines inhaltlich-sachlichen Nachweises, meist in Form eines Sachberichts, oder durch die Vorlage von Projektprodukten (Obligationen, Dokumentationen etc.) beinhaltet. Der Verwendungsnachweis einschließlich Prüfunterlagen ist – i.d.R. nach Abschluss der Maßnahme, ggf. auch als Zwischennachweis – bis zu einem bestimmten Termin einzureichen. Spezielle Anforderungen an den Verwendungsnachweis regeln die Richtlinien und/oder der Fördervertrag. In der Regel sind folgende Unterlagen vorzulegen:

- Flächennachweis,
- Nachweis der Einhaltung von Auflagen des Fördergeldgebers,
- Kostenbuchungen (Bauausgabebuch nach VE und Datum getrennt),
- Kostenfeststellung,
- Abschlussbericht,
- Zwischenverwendungsnachweise,
- Prüfberichte der Mittelabrufe.

Hierzu sind i.d.R. die folgenden Unterlagen erforderlich:

- Ausschreibungsbudget,
- Ausschreibungsveröffentlichung,
- Preisspiegel,
- geprüftes Angebot,
- Vergabevorschlag,
- Auftragsschreiben,
- Rechnungen,
- vertragsrelevanter Schriftverkehr,
- Abnahmeprotokoll,
- Schlussrechnung.

Zum Leistungsbild gehört auch die Dokumentation der für die Prüfung erforderlichen Unterlagen.

3.5.4 Handlungsbereich D: Termine, Kapazitäten und Logistik

3.5.4.1 Steuern der Inbetriebnahme, Abnahme und Übergabe

Ausgangspunkt dieser Leistung ist der im Rahmen der Fortschreibung des Steuerungsterminplans (Ziff. 3.4.4.3) vom Projektsteuerer zu berücksichtigende Bereich der Inbetriebnahme, Abnahme und Übergabe. Der Projektsteuerer hat die in diesem Ablaufplan strukturierten Vorgänge zielorientiert zwischen den Beteiligten zu steuern. Dazu gehört die Auslösung von Aktivitäten in der Bereitstellung notwendiger Personalkapazitäten sowohl des Bauherrn als auch der Objektüberwachung zur Durchführung der Abnahme. Des Weiteren hat er die Aktivitäten der Objektüberwachung in der Vorbereitung des Gesamtprozesses aktiv zu begleiten. Die Objektüberwachung hat die Vorbereitung der Abnahme durchzuführen und dafür Sorge zu tragen, dass die erforderlichen Teile der Dokumentation für die Abnahme verfügbar sind. Die firmeninternen Inbetriebnahmeaktivitäten sind abzustimmen, die Einweisung des Nutzers zu koordinieren und die relevanten Behördenabnahmen in den Gesamtprozess einzubinden.

Ein weiterer wesentlicher Gesichtspunkt ist die koordinierte Abarbeitung von bestehenden Restmängeln mit dem Ziel, die Abnahmereife zu erreichen. Die Aufgabe des Projektsteuerers besteht insbesondere darin, auf die Projektbeteiligten so einzuwirken, dass dieser Gesamtprozess zielorientiert und konstruktiv abläuft.

Nach der förmlichen Abnahme besteht i.d.R. eine ganze Reihe an Restmängeln, deren Beseitigung von der Objektüberwachung über die ausführenden Firmen zu veranlassen und zu überwachen ist.

Der Projektsteuerer hat in diesem Prozess auch die Koordination zwischen den nutzerseitig am Prozess Beteiligten abzustimmen. Die Aufgabe des Projektsteuerers beinhaltet damit eine ganze Reihe an Aktivitäten mit dem Ziel, den einleitend genannten Ablaufplan für diese Phase über die in diesem Prozess Beteiligten zum Erfolg zu führen.

3.5.5 Handlungsbereich E: Verträge und Versicherungen

3.5.5.1 Mitwirken bei der rechtsgeschäftlichen Abnahme der Planungsleistungen

Abgesehen von Abschlagszahlungen ist das Honorar der Planungsbeteiligten auch bei HOAI-Planungsverträgen (siehe § 15 Abs. 1 HOAI) erst fällig, wenn die Leistung abgenommen ist.

Ziel der Mitwirkung des Projektsteuerers bei der rechtsgeschäftlichen Abnahme von Planungsleistungen ist es, die auftraggeberseitige Anerkennung dieser Planungsleistungen herbeizuführen, die vertragsgemäß und frei von Sach- und Rechtsmängeln erbracht sein müssen.

Zu beachten ist, dass die Abnahme von Leistungen eine nicht delegierbare Aufgabe des Auftraggebers ist. Das Mitwirken der Projektsteuerung erstreckt sich daher insbesondere auf die Prüfung und Bewertung der Voraussetzungen, die für die Abnahme von Planungsleistungen gegeben sein müssen. Seitens des Projektsteuerers ist dazu als Ergebnis seiner Vorbereitungen eine Abnahmeempfehlung an den Auftraggeber auszusprechen bzw. sind etwaige Einwände dagegen geltend zu machen. Der Vollzug der rechtsgeschäftlichen Abnahme selbst bleibt ausschließlich dem Auftraggeber vorbehalten.

Die Abnahme bildet auch beim Objekt- und Fachplanervertrag die Zäsur zwischen Erfüllungs- und Gewährleistungsebene. Die Abnahme setzt die Vollendung des vertragsgemäß geschuldeten Werkes voraus. Der Zeitpunkt der Abnahmefähigkeit ist vom Inhalt und der Ausgestaltung des Planervertrags abhängig. Ist der Planer lediglich mit den Leistungsphasen 1–5 nach HOAI beauftragt, so ist die Leistung des Planers mit der mängelfreien Erstellung und Übergabe des letzten Ausführungsplans erbracht. Übernimmt er darüber hinaus Aufgaben der Objektüberwachung gemäß Leistungsphase 8 und auch der Objektbetreuung, so wird der Zeitpunkt der Abnahme deutlich hinausgeschoben, bei Leistungsphase 8 i.d.R. auf den Abschluss der Prüfung der letzten Schlussrechnung, bei Leistungsphase 9 i.d.R. auf die Überwachung der Beseitigung des letzten Mangels, der innerhalb der Mängelhaftungsfristen seit Abnahme sämtlicher Bauleistungen auftritt. Dabei sind evtl. Verlängerungen aus der Hemmung der Verjährung nach §§ 203 ff. BGB zu beachten.

Zur Abnahmefähigkeit der Leistungsphase 8 nach HOAI (Objektüberwachung und Dokumentation) gehört es, dass der Objekt- oder Fachplaner die Bauunternehmer zur Mängelbeseitigung aufgefordert, ggf. eine Frist zur Beseitigung gesetzt und die Mängelbeseitigung überwacht hat. In der Leistungsbeschreibung zur Leistungsphase 8 gemäß Anlage 11, Teilleistung l, heißt es dazu: „Überwachen der Beseitigung der bei der Abnahme festgestellten Mängel".

Im Rahmen der Mitwirkung bei der rechtsgeschäftlichen Abnahme von Planungsleistungen ist seitens des Projektsteuerers zu überprüfen:

- Ob und ggf. welche Form der Abnahme im Werkvertrag vereinbart wurde,
- ob vom Auftraggeber oder von einem von ihm bevollmächtigten Vertreter bereits Handlungen vollzogen wurden, die einer Abnahme von Planungsleistungen gleichzusetzen sind (z.B. Bezahlung der Schlussrechnung),
- ob die Planungsleistungen durch die im Wesentlichen fehlerfreie Erbringung als vertragsgemäß erbracht anerkannt werden können und
- ob Leistungen der Leistungsphasen 8 oder 9 beauftragt wurden, die noch nicht abgeschlossen sind und daher der Abnahme entgegenstehen.

Es ist darauf zu achten, dass erforderliche Restleistungen, mögliche Vorbehalte und vorhandene Mängel aufgelistet werden, damit diese auch nach der Abnahme von den Firmen zu der vertraglich vereinbarten Vergütung ohne Nachtrag bearbeitet werden. Mit dem Auftraggeber ist abzustimmen und in den Verträgen mit Objekt- und Fachplanern zu vereinbaren, ob Teilabnahmen für einzelne Leistungsphasen oder nur eine Gesamtabnahme für sämtliche Leistungen stattfinden sollen.

Die vertragliche Leistungspflicht des Projektsteuerers in der Projektabschlussphase ist auf den vertraglich vereinbarten Zeitraum begrenzt. Danach werden evtl. anfallende Aufgaben gesondert abzurechnen sein, da sich die in diesem Zusammenhang ergebenden Aufgaben über einen jahrelangen Zeitraum erstrecken können.

4 Kommentar zur Honorierung der Grundleistungen der Projektsteuerung

Vorschläge zur Regelung der Honorarermittlung für die Projektsteuerung enthält die Leistungs- und Honorarordnung Projektmanagement in **Kapitel 2**. Da diese Regelungen im Wesentlichen selbsterklärend sind, beschränken sich die nachfolgenden Ausführungen auf Grundlageninformationen zur Honorierung nach Zeitaufwand sowie nach anrechenbaren Kosten.

4.1 Honorierung nach Zeitaufwand gemäß § 9 AHO

Seitens der Auftraggeber – sowohl für die Projektsteuerung als auch für die Planung nach HOAI – wird immer wieder gefordert, die Honorierung von den anrechenbaren Kosten zu entkoppeln, da der Projektsteuerer und auch der Planer nicht an Mehrkosten verdienen dürfe, sondern im Gegenteil deren Vermeidung bewirken müsse.

In der Praxis werden Angebote für Projektsteuerungsleistungen zunächst im betriebswirtschaftlichen Sinne zur Schaffung von Grundlagen für das Projektcontrolling über den erforderlichen Personalaufwand kalkuliert. Aufgrund des besonderen Vertrauensverhältnisses des Projektsteuerers zum Kunden, der hohen Nutzenstiftung im Projekt, der hohen Qualität in der Bearbeitung und der Intensität in der Betreuung des Projekts sind aufwandsbezogene Komponenten für die Projektsteuerung honorarbestimmend.[12] Die aufwandsbezogene Kalkulation kann auch Grundlage für eine Pauschalierung von Projektsteuerungshonoraren sein.

Eine parallele Honorarermittlung nach AHO sowie nach Zeitaufwand (Kalkulation nach einer Personaleinsatzplanung) dient dann der Plausibilitätsprüfung, um damit auf zwei verschiedenen Wegen die Marktkonformität der ermittelten Honorare zu überprüfen.

So ist eine Honorarermittlung auf Basis anrechenbarer Kosten nach AHO weitgehend marktkonform bei Standardprojekten wie Verwaltungsbauten. Bei Sonderprojekten wie Kultur-, Verkehrs- und Anlagenbauten, beim Bauen im Bestand sowie bei nutzerspezifischen Besonderheiten führt die alleinige Honorarermittlung nach anrechenbaren Kosten ggf. zu nicht tragbaren Ergebnissen, sowohl aus Auftragnehmer- als auch aus Auftraggebersicht. Im Sinne einer Projektkalkulation, die von jedem Projektsteuerer und auch von jedem Planer vor Annahme eines Auftrags nach HOAI vorzunehmen ist, sind die nachfolgend beschriebenen Schritte erforderlich.

4.1.1 Terminrahmen und Kapazitätseinsatzplanung

Zu Beginn einer Projektkalkulation nach Zeitaufwand ist zunächst der Terminrahmen[13] mit dem potentiellen Auftraggeber abzustimmen, in dem mit ca. 10 bis 20 Rahmenvorgängen bzw. Meilensteinen der vorgesehene Projektablauf skizziert wird.

12 Schneider (2003), S. 9 ff.
13 Diederichs (2006), S. 502.

Anhand dieser Vorgänge lässt sich der Personaleinsatz für die Projektsteuerung kalkulieren. Dabei wird üblicherweise differenziert nach Projektleiter, Projektbearbeiter und technisch-wirtschaftlicher Mitarbeiter. Projektleiter zeichnen sich durch eine mehrjährige Erfahrung im Bereich des Projektmanagements aus. Projektbearbeiter sind bei kleineren Projekten umfassend und bei größeren vielfach handlungsbereichsbezogen tätig (z.B. Kosten- oder Terminplanung). Technisch-wirtschaftliche Mitarbeiter ergänzen das Projektteam durch qualifizierte Aufbereitung und Verarbeitung der Projektdaten sowie im Organisationsprozess. Ein Beispiel eines Terminrahmens und eines Personaleinsatzplans zeigt Bild 7.

Die Einsatzzeiten werden entweder je Vorgang durch Belegung der Terminkästchen mit konkreten Aufwandszahlen oder durch Eintrag des beabsichtigten Personaleinsatzes in den Einsatzplan ermittelt. Daraus ergeben sich monatsbezogene Personalaufwandszahlen (Personal-Mitarbeitermonate), die über das gesamte Projekt in der Spalte „Personalmonate" aufaddiert werden. Die Summe (in diesem Fall 126 Personalmonate) stellt die kalkulierten Personalmonate für das Gesamtprojekt dar.

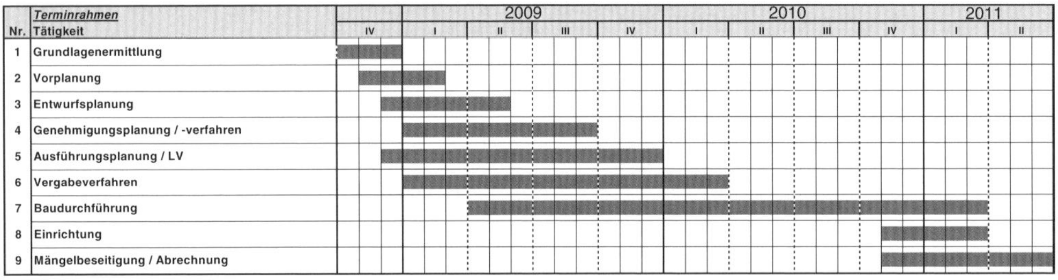

Nr.	EINSATZPLAN	Personal-monate				2009													2010												2011					
Nr.	PROJEKTMANAGEMENT		IV			I			II			III			IV			I			II			III			IV			I			II		
1	Projektleitung	40,5	1,8	1,8	1,8	1,8	1,8	1,8	1,8	1,8	1,8	1,8	1,8	1,8	1,8	1,8	1,8	1,5	1,5	1,5	1,0	1,0	1,0	0,5	0,5	0,5	0,5	0,5	0,5	0,5	0,5	0,5	0,5	0,5	0,5
2	Projektbearbeitung	76,5	1,0	2,0	3,0	3,0	3,0	3,0	3,0	3,0	3,0	2,5	2,5	2,5	2,5	2,5	2,5	2,5	2,5	2,5	2,5	2,5	2,5	2,5	2,5	2,5	2,0	2,0	2,0	2,0	2,0	2,0	1,0	1,0	1,0
3	techn./wirtsch. Bearbeitung	9,0			1,0	1,0	1,5	1,5	1,0	1,0	0,5	0,5	0,5	0,5																					
	Zwischensumme	**126,0**	**2,8**	**3,8**	**5,8**	**5,8**	**6,3**	**6,3**	**5,8**	**5,8**	**5,3**	**4,8**	**4,8**	**4,8**	**4,3**	**4,3**	**4,3**	**4,0**	**4,0**	**4,0**	**3,5**	**3,5**	**3,5**	**3,0**	**3,0**	**3,0**	**2,5**	**2,5**	**2,5**	**2,5**	**2,5**	**2,5**	**1,5**	**1,5**	**1,5**

Quelle: Schneider (2003, S. 10)

Bild 7: Terminrahmen und Personaleinsatzplanung für das Projektmanagement

4.1.2 Verrechnungssätze für Projektsteuerer

Die Ableitung von Personalstunden- und Personalmonatsverrechnungssätzen für Mitarbeiter im Projektsteuerungsbüro wird in Bild 8 (Ermittlung Stunden- und Monatssätze) gezeigt. Dabei werden neben den unmittelbaren Personalkosten des Mitarbeiters dessen Deckungsbeitrag für die Personalkosten der Geschäftsführung und das Sekretariat sowie die Sachkosten des Bürobetriebs am Beispiel eines Ingenieurbüros mit einem Inhaber, fünf Mitarbeitern und einer Sekretärin berücksichtigt.

1.	**Unmittelbare Personalkosten eines Mitarbeiters pro Jahr**					
1.1	**Grundgehalt A VIII gemäß TV Gehalt/West § 3 Abs. 3 (ab 1.5.2013) des Baugewerbes**					
		4.442,00 €	x	12,0 Monate	=	53.304,00 €
1.2	**Jahresprämie**					
		4.442,00 €	x	0,5 Monate	=	2.221,00 €
				Jahresbruttogehalt		55.525,00 €
1.3	**Sozialversicherung Arbeitgeberanteil (50 % von 18,9 % bzw. 3 %)**					
	Bemessungsgrenze 2013: 69.600,00 € (12 Monate)					
	- Rentenversicherung (9,45 %)	9,45%	von	55.525,00 €	=	5.247,11 €
	- Arbeitslosenversicherung (1,5 %)	1,50%	von	55.525,00 €	=	832,88 €
1.4	**Krankenversicherung Arbeitgeberanteil**					
	Bemessungsgrenze 2013: 47.250,00 € (12 Monate)					
	- Krankenversicherung (7,3 %)	7,30%	von	47.250,00 €	=	3.449,25 €
1.5	**Pflegeversicherung (50 % von 2,05 %)**					
	Bemessungsgrenze 2013: 47.250,00 € (12 Monate)					
	- Pflegeversicherung (1,025 %)	1,025%	von	47.250,00 €	=	484,31 €
				Jährliche AG-Anteile an den Versicherungsleistungen des AN		10.013,55 €
				Summe 1		**65.538,55 €**
2.	**Deckungsbeitrag eines Mitarbeiters für die Personalkosten der Geschäftsleitung und das Sekretariat in einem Büro mit einem Inhaber, 5 Mitarbeitern und 1 Sekretärin**					
2.1	**Kalkulatorisches Gehalt eines Inhabers**					
	10.000,00 € x 13,5 Monate = 135.000,00 €					
	davon 50 % für die Geschäftsführung etc.:					
	135.000,00 € x 50% = 67.500,00 €					
	Deckungsbeitrag pro Mitarbeiter	67.500,00 €	/	5 Mitarbeiter	=	13.500,00 €
2.2	**Anteilige kalkulatorische Alters- und Krankenversicherung des Inhabers**					
	30% von 135.000,00 € x	50%	x	1/5	=	4.050,00 €
2.3	**Anteilige Jahreskosten der Sekretärin inkl. der Sozialkosten**					
		1/6	x	50.000,00 €	=	8.333,33 €
				Summe 2		**25.883,33 €**
		Summe 1 + 2 = ca. 75 % der Gesamtkosten				**91.421,88 €**
3.	**Deckungsbeitrag eines Mitarbeiters für die Kostenarten 2–8 (siehe unten)**					
	ca. 25 % der Gesamtkosten			**Summe 3**		**30.473,96 €**
		Summe 1–3				**121.895,84 €**
4.	**Wagnis und Gewinn (10 % von Summe 1–3)**					
	10 % der Summe 1–3			**Summe 4**		**12.189,58 €**
		Summe 1–4				**134.085,43 €**
5.	**Umsatzsteuer (19 % von Summe 1–4)**					
	19 % der Summe 1–4			**USt.**		**25.476,23 €**
6.	**Gesamtsumme**					**159.561,66 €**

7. Projektstunden eines Mitarbeiters pro Jahr bei ca. 200 AT

200 AT x 8 Std./AT = 1600,00 Arbeitsstd.

8. Stundenverrechnungssatz pro Projektstunde

159.561,66 € / 1.600 Arbeitsstd. = 99,73 € / Projektarbeitsstunden inkl. USt.
134.085,43 € / 1.600 Arbeitsstd. = 83,80 € / Projektarbeitsstunden ohne USt.

9. Monatsverrechnungssatz bei 12 Monaten Vorhaltezeit/Jahr

134.085,43 € / 12 Monate = 11.173,79 € / Monat ohne USt.

Zuschlag auf das monatliche Grundgehalt
100 x 11.173,79 € / 4.442,00 € - 100,00 € = = **151,55%**

10. Monatsverrechnungssatz bei 1.600/170 = 9,5 Monaten p.a.

projektbezogene Einsatzzeit
134.085,43 € / 9,5 Monate = 14.114,26 € / Monat ohne USt.

Zuschlag auf das monatliche Grundgehalt
100 x 14.114,26 € / 4.442,00 € - 100,00 € = = **217,75%**

Kostenarten	**Objektplanerbüro**	**Fachplanerbüro**
1. Personalkosten insgesamt	76,40%	73,70%
2. Kosten für Raumnutzung	4,10%	5,80%
3. Sachkosten des Bürobetriebes	6,10%	9,40%
4. Kosten der Fahrzeughaltung	4,00%	3,10%
5. Reisekosten	1,00%	1,00%
6. Kosten der Bürosicherung	3,10%	2,30%
7. Repräsentation, Akquisition	1,10%	0,90%
8. Sonstige Kosten	4,20%	3,80%
	100,00%	100,00%

Stand: 31.1.2014

Bild 8: Ermittlung Stunden- und Monatssätze für Mitarbeiter im Projektsteuerungsbüro (fortgeschrieben auf Stand 2013)

Aus Bild 8 wird deutlich, dass ein Projektbearbeiter mit einem Grundgehalt von 4.442 €/ Monat einen Monatsverrechnungssatz von netto ca. 14.100 €/Monat bei 9,5 Monaten projektbezogener Einsatzzeit erfordert.

Die Nebenkosten sind projektspezifisch mit i.d.R. 3 bis 8 % des Honorars zu vereinbaren. Bei langen Projektlaufzeiten sind Anpassungsklauseln zur Berücksichtigung von Gehalts- und Kostensteigerungen zu vereinbaren. Pauschalhonorarvereinbarungen erfordern die Einbeziehung der erwarteten Preissteigerungen als Sonderrisiken in den Pauschalpreis.

	EINSATZPLAN	Personal-				2009											
Nr.	***PROJEKTMANAGEMENT***	monate	**IV**			**I**			**II**			**III**			**IV**		
1	**Projektleitung**	40,5	1,8	1,8	1,8	1,8	1,8	1,8	1,8	1,8	1,8	1,8	1,8	1,8	1,8	1,8	1,8
2	**Projektbearbeitung**	76,5	1,0	2,0	3,0	3,0	3,0	3,0	3,0	3,0	3,0	2,5	2,5	2,5	2,5	2,5	2,5
3	**techn./wirtsch. Bearbeitung**	9,0			1,0	1,0	1,5	1,5	1,0	1,0	0,5	0,5	0,5	0,5			
	Zwischensumme	**126,0**	**2,8**	**3,8**	**5,8**	**5,8**	**6,3**	**6,3**	**5,8**	**5,8**	**5,3**	**4,8**	**4,8**	**4,8**	**4,3**	**4,3**	**4,3**

	2010												2011					
Nr.	**I**			**II**			**III**			**IV**			**I**			**II**		
1	1,5	1,5	1,5	1,0	1,0	1,0	0,5	0,5	0,5	0,5	0,5	0,5	0,5	0,5	0,5	0,5	0,5	0,5
2	2,5	2,5	2,5	2,5	2,5	2,5	2,5	2,5	2,5	2,0	2,0	2,0	2,0	2,0	2,0	1,0	1,0	1,0
3																		
	4,0	**4,0**	**4,0**	**3,5**	**3,5**	**3,5**	**3,0**	**3,0**	**3,0**	**2,5**	**2,5**	**2,5**	**2,5**	**2,5**	**2,5**	**1,5**	**1,5**	**1,5**

Honorarermittlung	Personalmonate	€/Monat	€
1 Projektleitung	40,5	16.500,00	668.250,00
2 Projektbearbeitung	76,5	12.500,00	956.250,00
3 techn./wirtsch. Bearbeitung	9,0	9.500,00	85.500,00
Summe netto ohne Nebenkosten			**1.710.000,00**
Nebenkosten 5 %			85.500,00
Summe inkl. Nebenkosten			**1.795.500,00**

Quelle: Schneider (2003, S. 14)

Bild 9: Personaleinsatzplan und Honorarermittlung für die Projektsteuerung

4.2 Honorartafel für Grundleistungen der Projektsteuerung (§ 7 AHO)

Bereits 1975 wurde von Diederichs/Hutzelmeier (1975) als erforderlicher Honoraraufwand für die Projektsteuerung eine Bandbreite zwischen 1 und 2 v.H. der anrechenbaren Kosten für Projekte zwischen 5 und 50 Mio. € (10 bis 100 Mio. DM) genannt.

1983 wurde von der WIBERA eine gutachterliche Untersuchung zur Wirtschaftlichkeit und Organisation der Staatshochbauverwaltung Nordrhein-Westfalen veröffentlicht. Darin wurden sowohl ein vollständiges Leistungsbild der Bauherrenaufgaben der Staatsbauverwaltung als auch eine Honorartafel für Bauherrenleistungen entwickelt.[14]

Dazu wurden u.a. folgende Ausgangsinformationen verwendet:

- Ergebnisse einer differenzierten Leistungserfassung und -bewertung in sieben ausgewählten Dienststellen der nordrhein-westfälischen Hochbauverwaltung; als Objekt-Datenbasis wurden die Bauausgaben in den untersuchten Ämtern im Zeitraum von 1979 bis 1981 herangezogen. Damit wurden mehr als 39 % der Bauausgaben der gesamten Staatshochbauverwaltung Nordrhein-Westfalens erfasst.
- Zwischenergebnisse der Forschungsgemeinschaft Pfarr/Hasselmann/Will 1984 zur Untersuchung der Bauherrenleistungen und der §§ 15 und 31 HOAI.

Die Honorartafeln zu § 7 AHO wurden aus der WIBERA-Untersuchung übernommen und um eine Zahlenreihe für die oberen Werte der Honorarzone V erweitert.

Eine weitere Qualifizierung des Bemessungsansatzes der WIBERA gelang dieser in einer ähnlichen Studie für die Hochbau- und haustechnischen Referate der Westdeutschen Oberpostdirektionen im Zeitraum 1985/86.[15]

Im Frühjahr 1995 wurde seitens der AHO-Fachkommission „Projektsteuerung" eine Fragebogenaktion zur Projektsteuerung von Hochbauprojekten durchgeführt. Aus 30 Fragebogenrückläufen konnten 47 Hochbauprojekte ausgewertet werden. Die wesentlichen Auswertungsergebnisse waren:

14 Müller (1983).
15 Müller (1991).

- Es werden im Regelfall nicht alle Projektstufen des Projektsteuerungsleistungsbildes beauftragt. Dies gilt insbesondere für die Stufe 1 (Projektvorbereitung) und die Stufe 5 (Projektabschluss).
- Es werden nicht alle Teilleistungen aus den Grundleistungen des Leistungsbildes beauftragt.
- Die anrechenbaren Kosten der 47 ausgewählten Hochbauprojekte betrugen im Durchschnitt 29 Mio. € (umgerechnet).

Die erzielten Honorare betrugen im Durchschnitt 463 T€. Als gewichteter Mittelwert ergab sich jedoch ein Honorar von 1,5 v.H. der anrechenbaren Kosten. Im Vergleich zu den Honorartabellen gemäß Honorartafel zu § 7 Abs. 1 AHO sind die erzielten Honorare häufig niedriger, teilweise jedoch auch deutlich höher.

Die Honorartabelle berücksichtigt im Mittel Bauzeiten (ohne Projektvorlaufzeiten) von 15–30 Monaten. Überproportional lange Bauzeiten durch abschnittsweise Realisierung oder Projektverzögerungen sind nicht berücksichtigt. Die Honorare hierfür müssen durch die Kalkulation über den Personaleinsatz ermittelt und mit dem Auftraggeber gesonderte Vereinbarungen getroffen werden.

5 Leitfaden zur Beauftragung von Leistungen der Projektsteuerung

5.1 Gegenstand und Zielsetzung

Die nachfolgenden Ausführungen beschreiben die Anforderungen an öffentliche und private Auftraggeber bei der Beauftragung von Leistungen der Projektsteuerung.

Das Auftragswesen für öffentliche Auftraggeber ist aufgrund des öffentlichen Vergaberechts in hohem Maße formalisiert. Private Auftraggeber sind hinsichtlich des Verfahrens und der Auswahl der zu beauftragenden Projektsteuerungsleistungen i.d.R. freier; bei ihnen sind aber oft interne Richtlinien zu beachten, die sich vielfach an die Vergabeverfahren der öffentlichen Hand anlehnen.

Der nachfolgende Leitfaden soll die bei der Beschaffung von Projektsteuerungsleistungen wesentlichen Abläufe unter Berücksichtigung der vergaberechtlichen Rahmenbedingungen darstellen. Die weitgehend übereinstimmenden Prozessschritte für die Beauftragung von Projektmanagementleistungen durch private und öffentliche Auftraggeber werden durch das Flussdiagramm (Bild 11) veranschaulicht.

Die Vorschläge zu den Inhalten eines abzuschließenden Projektsteuerungsvertrags werden in einem gesonderten Leitfaden zur Vertragsgestaltung für die Projektsteuerung dargestellt (Kap. 6).

5.2 Rechtsquellen und Anwendungsbereich des öffentlichen Vergaberechts

Das deutsche Vergaberecht setzt drei EU-Richtlinien in nationales Recht um, nämlich die Vergabekoordinierungsrichtlinie, die Sektorenrichtlinie und die Rechtsmittelrichtlinie. Die Umsetzung erfolgt über ein relativ komplexes System, dessen Rechtsquellen hierarchisch gegliedert sind. Der Anwendungsbereich des öffentlichen Vergaberechts sowie die Rechtsmittelverfahren (Nachprüfungsanträge) sind im Gesetz gegen die Wettbewerbsbeschränkungen (GWB) geregelt. Das GWB verweist auf eine Rechtsverordnung, die Vergabeverordnung (VgV), die einerseits festlegt, für welche Vergaben die einzelnen selbständigen Vergabeordnungen (VOB/A, VOL/A und VOF) gelten, und andererseits die Schwellenwerte definiert, ab denen ein öffentlicher Auftraggeber die formalen vergaberechtlichen Anforderungen zu beachten hat. Den Verfahrensablauf der einzelnen Vergabeverfahren regelt die jeweils einschlägige Vergabeordnung (VOB/A, VOL/A und VOF).

Für Beauftragungen von Projektsteuerungsunternehmen im Rahmen der sog. Sektoren gilt die Sektorenverordnung (SektVO) vom 23.9.2009.[16] Die SektVO schafft für Aufträge, die im Zusammenhang mit Tätigkeiten auf dem Gebiet der Trinkwasserversorgung oder Energieversorgung oder des Verkehrs vergeben werden, ein vorrangiges Vergaberegime, welches für alle Vergaben (gleichgültig, ob Bau-, Liefer- oder freiberufliche Leistung) ein-

16 BGBl. I S. 3110.

heitliche Rahmenbedingungen enthält und speziell die freie Auswahl der Vergabeverfahren, insbesondere die Wahl des Verhandlungsverfahrens, vorsieht, vgl. § 7 SektVO.

Projektsteuerungsleistungen werden als freiberufliche Leistungen in aller Regel nach der VOF vergeben. Nur für Sektorenauftraggeber erfolgen die Vergaben nach der SektVO. Nach beiden Vergabeordnungen wird die Vergabe im Rahmen eines Verhandlungsverfahrens durchgeführt. Dort, wo die Lösung bereits vorab eindeutig und erschöpfend beschrieben werden kann (etwa bei thematisch begrenzten Controllingleistungen), kann die VOL/A einschlägig sein, bei der vorrangig mittels eines Offenen oder Nichtoffenen Verfahrens (Öffentliche oder beschränkte Ausschreibung) vorzugehen ist, vgl. § 3 VOL/A.

Im Übrigen gilt für die Vergabe von Projektsteuerungsleistungen Folgendes:

- Dem Vergaberecht unterliegen nur Auftragsvergaben sog. öffentlicher Auftraggeber. Wer das ist, ist in § 98 Abs. 1 GWB geregelt.
- Ein Projektsteuerungsauftrag ist, wenn er von einem öffentlichen Auftraggeber beauftragt werden soll, ein sog. öffentlicher Auftrag i.S.d. § 99 GWB.
- Zwingendem Kartellvergaberecht unterliegen gemäß § 100 Abs. 2 GWB i.V.m. § 2 VgV Auftragsvergaben erst ab einem bestimmten Schwellenwert. Der Schwellenwert beträgt ab dem 1.1.2014 207.000,00 € für Projektsteuerungsaufträge, die durch öffentliche Auftraggeber vergeben werden, dagegen 414.000,00 €, soweit eine Beauftragung durch einen Sektorenauftraggeber erfolgt. Dabei ist jeweils der Gesamtauftragswert zugrunde zu legen, und zwar einschließlich möglicher Vertragsverlängerungen und Optionen.

Die nachfolgenden Hinweise beziehen sich auf die Durchführung einer VOF-Vergabe, welche in den allermeisten Fällen zur Anwendung gelangt. Für das Verhandlungsverfahren nach der SektVO gelten vergleichbare Regelungen.

5.3 Strukturen des VOF-Vergabeverfahrens

Die Aufträge sind nach § 2 Abs. 2 VOF an fachkundige, leistungsfähige und zuverlässige Bewerber zu vergeben, wobei alle Bewerber gleich zu behandeln sind.

Nach § 3 Abs. 1 VOF sind Aufträge für Projektsteuerungsleistungen im Rahmen eines Verhandlungsverfahrens mit vorheriger Vergabebekanntmachung zu vergeben. Von der vorherigen Vergabebekanntmachung kann nur unter ganz besonderen Voraussetzungen Abstand genommen werden, etwa bei Vorliegen von Ausschließlichkeitsrechten oder zwingenden sonstigen Gründen, die der Auftraggeber selbst nicht zu vertreten hat (im Einzelnen dazu § 3 Abs. 4 VOF). Bei zusätzlichen Dienstleistungen, die in dem Erstvertrag nicht vorgesehen sind, aber wegen eines unvorhergesehenen Ereignisses erforderlich werden, kann auf eine vorherige Vergabebekanntmachung verzichtet werden, wenn sich die zusätzlichen Leistungen in technischer und wirtschaftlicher Hinsicht nicht ohne Weiteres vom Hauptauftrag trennen lassen oder eine Trennung zwar möglich ist, aber die Leistungen für die Vollendung des Auftrags unbedingt erforderlich sind und der Auftragswert der Teilleistung 50 % des Werts des Hauptauftrags nicht überschreitet, s. § 3 Abs. 4 Buchst. d) VOF.

Anders als die VOB/A und die VOL/A kennt die VOF keine Leistungsbeschreibung im klassischen Sinne. An deren Stelle tritt die „Aufgabenbeschreibung" nach § 6 VOF. Die

Beschreibung der Aufgabenstellung erfolgt durch die Bezugnahme auf technische Normen oder in der Form von Leistungs- oder Funktionsanforderungen, die so genau zu fassen sind, dass sie den Bewerbern oder Bietern ein klares Bild vom Auftragsgegenstand vermitteln und dem Auftraggeber die Erteilung des Zuschlags ermöglichen, vgl. § 6 Abs. 2 VOF. In der Aufgabenbeschreibung ist naturgemäß im Einzelnen vorzugeben, welche Projektmanagementleistungen im Wettbewerb abgefragt werden sollen. Dabei wird in der Praxis regelmäßig auf das Leistungsbild des AHO mit seinen Differenzierungen nach Grundleistungen und Besonderen Leistungen, nach Projektstufen und Handlungsbereichen abgestellt. Rechtlich zulässig ist auch die Bezugnahme auf eine abweichende Aufgabenbeschreibung. Zu gewährleisten ist eine klare Aufgabenabgrenzung gegenüber anderen Projektbeteiligten. Im Zusammenhang mit der Definition der Anforderungen an die ausgeschriebenen Projektmanagementleistungen ist auch die Einsatzform des Projektmanagements als klassische Projektsteuerung, Projektmanagement oder Projektcontrolling im Einzelnen herauszuarbeiten.

Hat der Auftraggeber die Vergabeabsicht i.S.v. § 9 VOF bekannt gemacht, dann können sich interessierte Projektmanagementunternehmen innerhalb der in § 7 VOF benannten Fristen um die Teilnahme bewerben. Diese Fristen betragen grundsätzlich 37 Tage, gerechnet vom Tag der Absendung der Bekanntmachung an. Der Auftraggeber muss rechtzeitig angeforderte, zusätzliche Auskünfte spätestens 6 Tage, im Beschleunigten Verfahren spätestens 4 Tage vor Ablauf der Bewerbungsfrist erteilen.

Bereits in der Bekanntmachung hat der Auftraggeber anzugeben, welche Nachweise in Bezug auf die finanzielle, wirtschaftliche oder fachliche Eignung oder welche anderen Nachweise vom Bewerber zu erbringen sind. Es dürfen dabei nur solche Nachweise gefordert werden, die auch durch den Gegenstand des Auftrags gerechtfertigt sind, s. § 5 Abs. 1 VOF. Die möglichen Anforderungen in Bezug auf den Nachweis der finanziellen und wirtschaftlichen Nachweisfähigkeit sowie der fachlichen Eignung sind in § 5 Abs. 4 und 5 VOF im Einzelnen benannt. § 4 Abs. 6 VOF verweist auf Ausschlusskriterien, bei deren Erfüllung ein Bewerber wegen Unzulässigkeit auszuschließen ist. Dazu kann der Auftraggeber in der Bekanntmachung ebenfalls Angaben verlangen, wie z.B. im Hinblick auf rechtskräftige strafrechtliche Verurteilungen.

Nach § 10 Abs. 1 VOF wählt der Auftraggeber aus den eingegangenen Teilnahmeanträgen jene Bewerber aus, die er zur Verhandlung auffordert. Dabei prüft er zunächst, ob die Teilnahmeanträge frist- und formgerecht eingegangen sind. Des Weiteren hat er das Vorliegen der abgeforderten Eignungsnachweise sowie das Nichtvorliegen der Ausschlusskriterien zu prüfen. Bei einer Mehrzahl von Teilnahmeanträgen muss die Auswahl anhand der vom Auftraggeber vordefinierten und in der Bekanntmachung veröffentlichten Eignungskriterien zur Eignung der Unternehmen erfolgen. Dem Auftraggeber ist es grundsätzlich nicht gestattet, von den in der Bekanntmachung benannten Eignungskriterien abzuweichen bzw. diese nachträglich zu ändern. Hinsichtlich der Bewertung der überreichten Eignungsnachweise besteht ein Beurteilungsspielraum des Auftraggebers. Die Bewertung muss indessen objektiv und diskriminierungsfrei sein und kann insoweit von den Nachprüfungsinstanzen überprüft werden.

Nach Abschluss des Teilnahmewettbewerbs steht fest, welche Projektsteuerungsunternehmen zur Abgabe eines Angebots und zur Teilnahme an der Verhandlung aufgefordert werden. Spätestens in dieser Aufforderung (wenn nicht bereits zuvor in der Vergabebekanntmachung geschehen) benennt der Auftraggeber auch die sog. Zuschlagskriterien.

Das sind die Kriterien, nach denen der Auftraggeber den Auftrag schließlich vergeben will. Dabei hat der Auftraggeber auch anzugeben, wie er die einzelnen von ihm benannten Kriterien gewichten will.

Der Auftraggeber kann die Auftragskriterien nach seinen Bedürfnissen (insbesondere den konkreten Projektanforderungen an die zu vergebende Projektsteuerungsleistung) festlegen. Bei der Verwendung von mehreren Auftragskriterien ist eine Gewichtung vorzugeben. Der Festlegung der Gewichtung ist besondere Aufmerksamkeit zu widmen. Nachfolgend ist ein Praxisbeispiel für die Gewichtung von Auftragskriterien dargestellt, ausgerichtet auf eine weniger preisorientierte, dagegen mehr qualitätsorientierte Vergabestrategie:

Kriterium (beispielhaft)	**Gewichtung**
Höhe der Vergütung (Honorar, Nebenkosten, ggf. Bedarfsstundensätze)	20 %
Qualität des abgeforderten Umsetzungskonzepts (projektspezifischer Ansatz, prozessorientierte Darstellung)	30 %
Präsentation des Umsetzungskonzepts durch das Projektteam (lösungsorientierte Ansätze, erprobte Zusammenarbeit als Team)	20 %
Sicherstellung der Verfügbarkeit des Projektteams (langfristig angestellte Mitarbeiter, aktuelle Projektbindungen)	15 %
Angemessenheit der kalkulierten, personellen Kapazitäten (Personaleinsatzmonate, Personaleinsatzfaktoren, Verteilung über den Projektablauf)	15 %
Gesamt	100 %

Bild 10: Beispielhafte Ausprägung von Zuschlagskriterien

Zu beachten ist, dass die Zuschlagskriterien, die über den Auftragserhalt letztlich entscheiden sollen, nicht mit den Eignungskriterien identisch sein dürfen. Die Feststellung der Eignung bezieht sich i.d.R. auf das Projektsteuerungsunternehmen als solches. Die Auftragskriterien beziehen sich auf Kriterien für die Abwicklung des einzelnen Auftrags. Sie müssen daher einen deutlich stärkeren Projektbezug haben, wie dies i.d.R. bei den Beispielkriterien der projektspezifisch angebotenen Vergütung, dem abgeforderten projektspezifischen Umsetzungskonzept sowie dem vorgesehenen Projektteam und dessen Erfahrungen anzunehmen sein wird. Ein „Mehr an Eignung" darf bei der Entscheidung über die Auftragserteilung in aller Regel nicht berücksichtigt werden.

Die vorgenannte Kriterienauswahl ist nur beispielhaft. Sie kann weiter aufgegliedert werden. Eine entsprechende Aufgliederung muss allerdings grundsätzlich bereits in der Aufforderung zur Angebotsabgabe enthalten sein.

Von besonderer Bedeutung ist die Festlegung der Gewichtung der Vergütung. Bei der Bewertung der einzelnen Angebote kann dabei nach der Schulnotenmethode oder aber nach mathematischen Grundsätzen (z.B. Bewertungen in 10er Skalierung) vorgegangen werden. Dabei ist es – soweit die Transparenz gegeben ist – möglich, das Gewicht bei Angeboten unter Wert und gegenüber überteuerten Angeboten zu reduzieren, etwa dadurch, dass Honorarangebote, die dem Mittelwert der eingereichten Honorarangebote entsprechen oder darunter liegen, mit der Höchstpunktzahl bewertet werden. Honorarangebote, die 25 % oder mehr über dem Mittelwert der eingereichten Honorarangebote liegen, werden dagegen mit 0 Punkten bewertet. Diese Honorarangebote können zwischen diesen Werten interpoliert werden.

Bei komplexeren Aufgaben kann es sinnvoll sein, auf Umsetzungskonzepte und die Präsentation entsprechender Umsetzungskonzepte durch das konkret vorgesehene Projektteam und dessen Verfügbarkeit abzustellen. Die Vergabe ist dann nicht nur das Ergebnis von Preisverhandlungen, sondern auch von Verhandlungen zu Leistungen und zum Vertrag.

Wichtig ist, dass auch insoweit die vorab zu veröffentlichenden Gewichtungen entweder in der Vergabebekanntmachung oder der Aufforderung zur Angebotsabgabe (vgl. § 11 Abs. 4 VOF) tatsächlich eingehalten werden. Der Auftraggeber kann im Rahmen einer Wertungsentscheidung (meistens durch ein Auswahlgremium) bestimmen, welche Punktzahl er einzelnen Anbietern zu den einzelnen Zuschlagskriterien zulegt, muss dabei aber ebenfalls objektiv und diskriminierungsfrei vorgehen. Er hat im Verhandlungsverfahren die Chancengleichheit der Bieter sicherzustellen und sich zu vergewissern, dass Aufgabenstellung, Leistungsbeschreibung und Vertragsbedingungen von den einzelnen Bieter richtig verstanden wurden.

Im Rahmen der Wertungsentscheidung ergeben sich durch die Multiplikation der vergebenen Punkte mit dem zuvor festgestellten Gewichtungsprozentsatz gewichtete Nutzenpunkte, die spaltenweise für die einzelnen Bieter aufsummiert und miteinander verglichen werden können. Der Wertungsvorgang, nämlich die Punkteverteilung, ist im Einzelnen zu begründen und zu dokumentieren, damit im Falle eines Nachprüfungsverfahrens eine ausreichende Entscheidungsgrundlage für die Gerichte vorhanden ist.

Nach § 11 Abs. 6 VOF schließt der Auftraggeber den Vertrag mit demjenigen Bieter, der aufgrund des ausgehandelten Auftragsinhaltes und der ausgehandelten Auftragsbedingungen im Rahmen der vorgegebenen Zuschlagskriterien und deren Gewichtung die bestmögliche Leistung erwarten lässt.

Das Vergabeverfahren ist von Anbeginn fortlaufend zu dokumentieren (siehe § 12 VOF).

5.4 Vorabinformationspflicht und Mitteilung über die Auftragsvergabe

Nach § 101a GWB informiert der Auftraggeber die Bieter, deren Angebote nicht berücksichtigt werden sollen, über den Namen des Bieters, dessen Angebot angenommen werden soll, und über den Grund der vorgesehenen Nichtberücksichtigung ihres Angebots sowie über den frühesten Zeitpunkt des Vertragsschlusses. Der Projektsteuerungsvertrag darf erst 15 Kalendertage nach der Absendung dieser Information geschlossen werden. Wird die Information per Fax oder auf elektronischem Wege versendet, verkürzt sich die Frist auf 10 Kalendertage. Die Frist beginnt am Tage nach der Absendung der Information durch den Auftraggeber; auf den Tag des Zugangs beim betroffenen Bieter und Bewerber kommt es nicht an. Ein vorzeitig abgeschlossener Vertrag ist nichtig, § 101b Abs. 1 Nr. 1 GWB!

Die Nichtigkeit betrifft nicht nur Fälle, in denen gegen die Informations- und Wartepflicht verstoßen wurde, sondern auch Fallgestaltungen, bei denen ein Vertrag durch einen öffentlichen Auftraggeber mit einem Auftragswert oberhalb der maßgeblichen Schwellenwerte ohne Durchführung eines Vergabeverfahrens geschlossen wurde.

Zu beachten ist das sog. Projektantenproblem, nämlich der Fall, dass ein Projektsteuerer bereits in einer Frühphase des Projekts beraten hat und er sich später an einer Ausschreibung beteiligen will. Hier regelt § 4 Abs. 5 VOF, dass der Auftraggeber dann, wenn ein Bieter oder Bewerber vor Einleitung des Vergabeverfahrens den Auftraggeber beraten oder anderweitig unterstützt hat, sicherstellen muss, dass der Wettbewerb durch die Teilnahme des Bieters oder Bewerbers nicht verfälscht wird. Derartige Projektanten sind also nicht von vornherein auszuschließen. Der Auftraggeber muss aber Wettbewerbsvorteile ausgleichen, indem er die übrigen Wettbewerber auf ein vergleichbares Informationsniveau über die zu vergebende Leistung hebt und auskömmliche Fristen für Teilnahmeanträge und die Erarbeitung von Angeboten setzt. Er darf den Projektanten nicht wegen seiner Vorkenntnisse bei der Entscheidung bevorzugen.

5.5 Rechtsmittel

Jeder Bieter, der sich um einen Projektsteuerungsauftrag eines öffentlichen Auftraggebers oberhalb der maßgeblichen Schwellenwerte bewirbt, kann sich bei der Vergabekammer mit einem Nachprüfungsantrag gegen eine für ihn nachteilige Vergabeentscheidung wehren, vgl. § 102 GWB. Er hat dabei darzulegen, dass ihm durch die behauptete Verletzung der Vergabevorschriften ein Schaden entstanden ist oder zu entstehen droht, vgl. § 107 Abs. 2 GWB. Die Voraussetzungen sind insbesondere gegeben, wenn ein anderer Bieter den Auftrag erhalten soll.

Zu beachten ist, dass das Projektmanagementunternehmen etwaige Verfahrensverstöße des Auftraggebers unverzüglich rügen muss. Geschieht dies nicht, dann sind von vornherein entsprechende Einwendungen später ausgeschlossen. Das Unternehmen kann deshalb auch einen Nachprüfungsantrag nicht auf Fehler des Auftraggebers stützen, die es zuvor im Vergabeverfahren, nachdem sie ihm erstmals bekannt wurden, nicht unverzüglich gerügt hat, § 107 Abs. 3 Nr. 1 GWB. Entsprechendes gilt bei Verstößen, die aufgrund der Bekanntmachung erkennbar waren, wenn sie nicht innerhalb der Angebots- bzw. Bewerbungsfrist gerügt wurden. Ausgeschlossen sind auch Verstöße von Vergabevorschriften, die erst in den Vergabeunterlagen erkennbar geworden sind, jedoch nicht spätestens bis zum Ablauf der in der Bekanntmachung benannten Frist zur Angebotsabgabe oder zur Bewerbung gegenüber dem Auftraggeber gerügt worden sind, vgl. § 107 Abs. 3 Nr. 2 und 3 GWB. Nach Nr. 4 dieser Vorschrift ist ein Nachprüfungsverfahren ebenfalls unzulässig, wenn der Antrag nicht innerhalb von 15 Kalendertagen nach Eingang der Mitteilung des Auftraggebers, einer Rüge nicht abhelfen zu wollen, eingeleitet worden ist.

Die Unwirksamkeit eines abgeschlossenen Vertrags wegen Nichteinhaltung der Informations- und Wartepflicht bzw. bei unterlassener Ausschreibung kann nach § 101b Abs. 2 GWB nur geltend gemacht werden, wenn ein Nachprüfungsverfahren innerhalb von 30 Kalendertagen ab Kenntnis des Verstoßes, nicht jedoch später als 6 Monate nach dem Vertragsschluss eingeleitet worden ist. Für einen Nachprüfungsantrag und für weitere Verfahrensschritte sollte auf jeden Fall ein fachkundiger Anwalt hinzugezogen werden.

5.6 Flussdiagramm zum VOF-Vergabeprozess und Beispiele für Bewertungskriterien

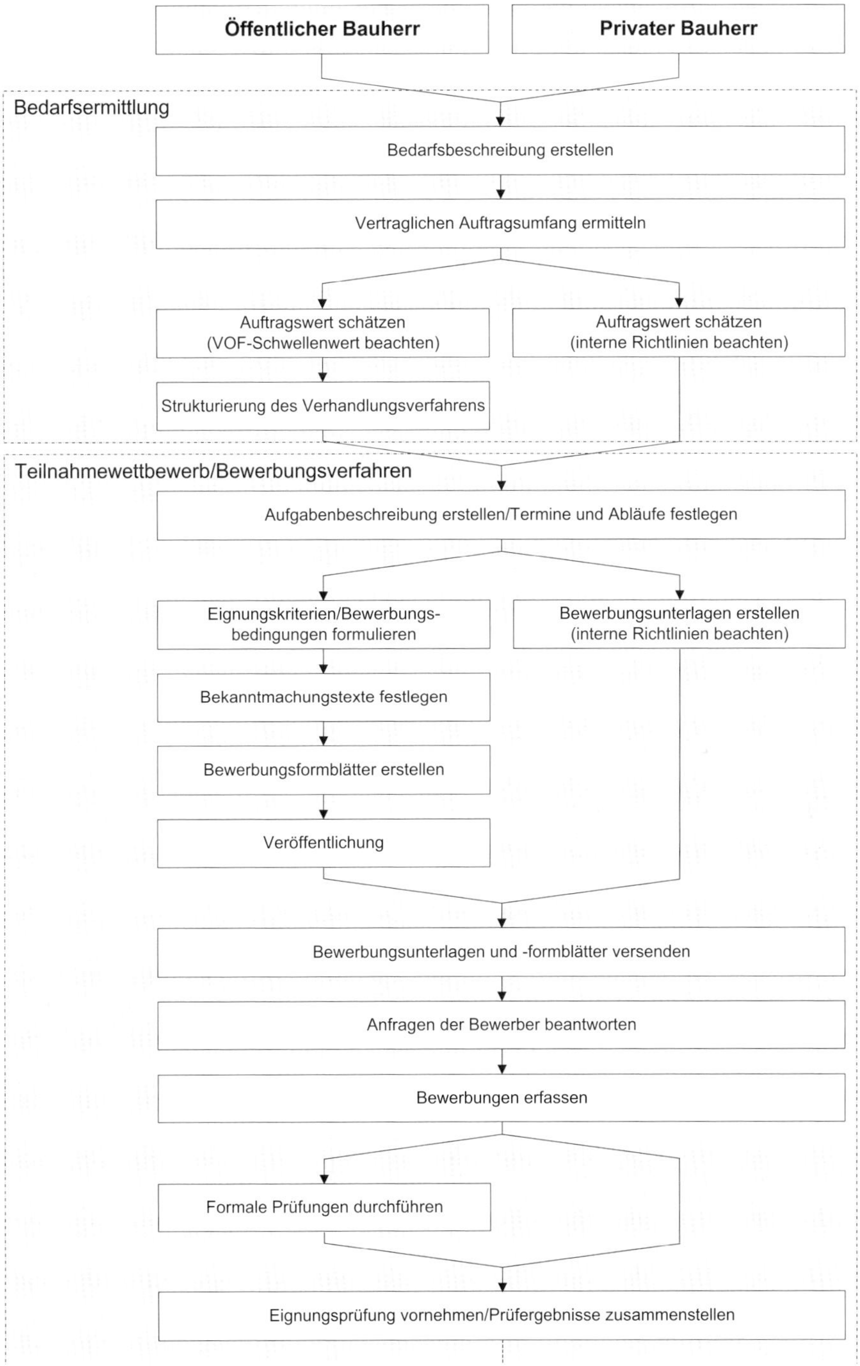

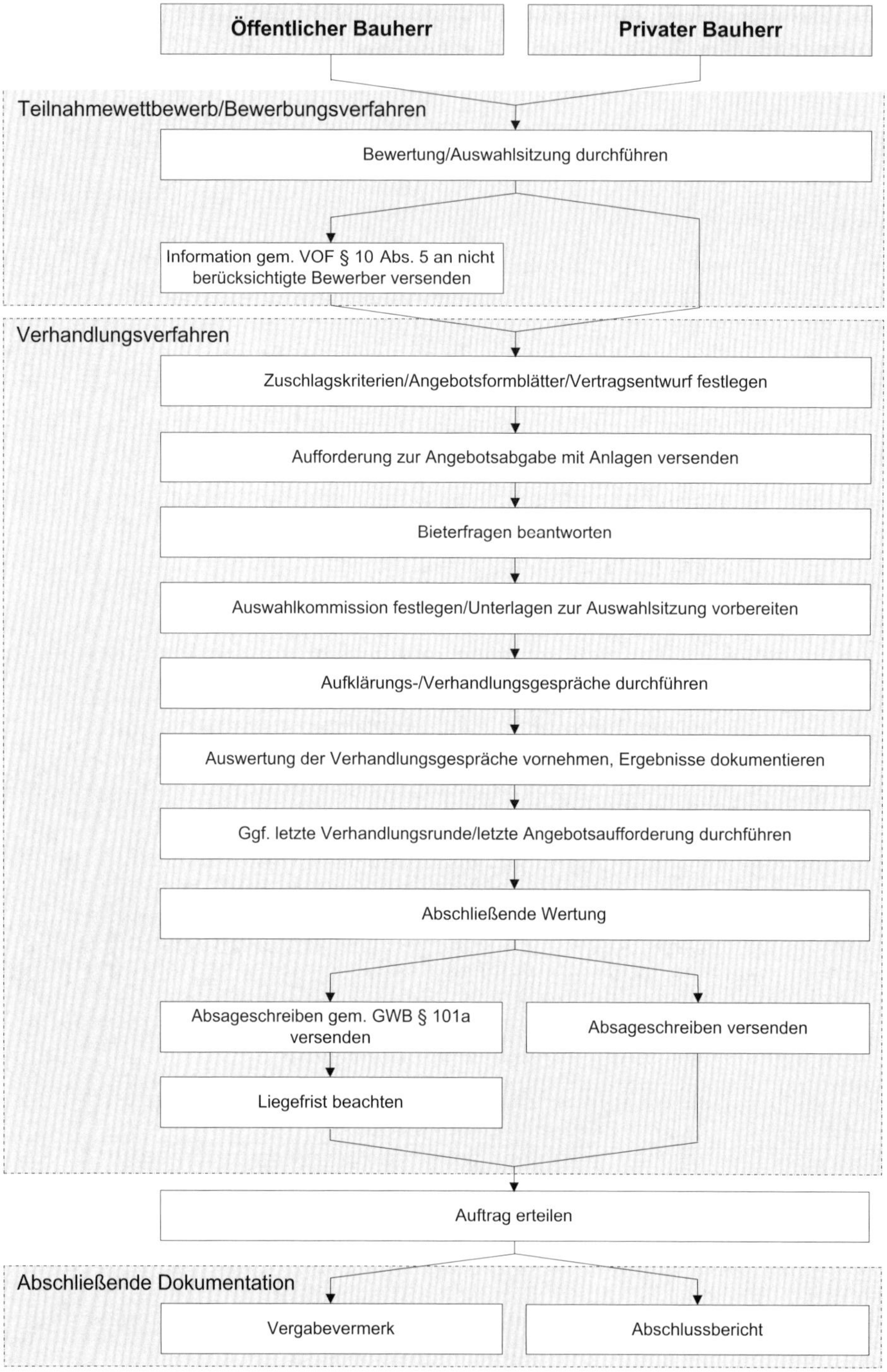

Bild 11: Vergabeprozess nach VOF

5.7 Anforderungen an den Projektsteuerer, insbesondere als Grundlage für die Festlegung von Eignungs- und Zuschlagskriterien und die Vertragsgestaltung

Der Erfolg der Projektsteuerung hängt – wie in allen anderen Projektbereichen auch – sehr von der Eignung der damit betrauten Personen, d.h. von deren Fachkunde, Erfahrung, Leistungsfähigkeit und Zuverlässigkeit, ab.

Leistungen der Projektsteuerung erfordern zudem ein hohes Maß an Vertrauenswürdigkeit und Loyalität.

Ein Projektsteuerer sollte über eine qualifizierte, möglichst fachbezogene Universitäts- oder Fachhochschulausbildung verfügen. Betriebswirtschaftliches Wissen und eine entsprechende Erfahrung sind erforderlich.

Vielfach werden folgende Eigenschaften als wichtig angesehen:

- Zielstrebige, integre Persönlichkeit mit ausgeprägten Führungseigenschaften und sozialen Kompetenzen einschließlich der Gabe, motivieren, koordinieren sowie im Team arbeiten zu können,
- Fähigkeit zur konzeptionellen, systematischen Planung und zur rechtzeitigen Herbeiführung der erforderlichen Entscheidungen,
- Fähigkeit, das Wesentliche rechtzeitig zu erkennen und in kritischen Situationen die Übersicht zu behalten,
- Fähigkeit, die eigenen Grenzen zu erkennen und zu wissen, wann welche Experten und Mitarbeiter zu Rate gezogen werden müssen,
- Fähigkeit, Aufgaben und Konsequenzen mit natürlicher Autorität durchsetzen und nachhaltig Ziele verfolgen zu können,
- flexibel, verbindlich, schöpferisch und belastbar.

Aus dieser Aufzählung ist erkennbar, dass Führungseigenschaften, Fachwissen und Organisationstalent einen hohen Rang einnehmen. Zu beachten ist aber auch, dass die Fähigkeiten zur Menschenführung und Teamarbeit mit ausgeprägtem psychologischen Einfühlungsvermögen und natürlicher Autorität entscheidend sind für den Projekterfolg.

Die Ausführungen zeigen, dass der Projekterfolg nicht ausschließlich mit verfeinerten und durch die fortschreitende Hard- und Softwareentwicklung rationelleren, technokratischen Methoden und Verfahren des Projektmanagements erreicht werden kann.

6 Leitfaden zur Vertragsgestaltung für das Projektmanagement

6.1 Vorbemerkungen

Angesichts der Vielgestaltigkeit der Leistungen des Projektmanagements (reichend von Projektcontrollingleistungen bis hin zu umfassenden Projektmanagementaufgaben) kann es auch den einheitlichen Projektmanagementvertrag nicht geben. Die Praxis des Projektmanagementwesens im Bereich der Immobilien- und Bauprojekte ist dementsprechend durch eine bunte Vertragsvielfalt gekennzeichnet.

Der im Einzelfall zu konzipierende Projektmanagementvertrag hängt von vielen, sich ggf. widersprechenden oder sich beeinflussenden Vertragsmaximen ab. Die Ausgestaltung ist oft abhängig von der Person des Vertragsgestalters und den jeweiligen Interessen der Vertragsparteien, darüber hinaus spielen die Einsatzformen des Projektmanagements und der übrigen Projektbeteiligten sowie die Art des jeweiligen Projekts eine maßgebliche Rolle. Vertragsmuster für das Projektmanagement sind deshalb zum Teil auch als Anachronismus bezeichnet worden.

Gleichwohl kommt die Praxis ohne Orientierungshilfen nicht aus. In den Grundstrukturen sind die Projektmanagementverträge für Bau- und Immobilienprojekte auch weitestgehend vergleichbar (sowohl nach internationaler als auch nationaler Vertragspraxis). Dementsprechend hat sich für die deutsche Vertragspraxis auch ein Grobraster entsprechender Verträge herauskristallisiert, das die immer wiederkehrenden regelungsbedürftigen Punkte aufzeigt. Eine derartige Grobvertragskonzeption macht indessen eine genaue Ausgestaltung der vertraglichen Rechte und Pflichten unter Berücksichtigung der individuellen Gegebenheiten, Vertragsziele und Vertragsgestaltungsansätze nicht überflüssig, sondern erfordert sie zwingend. Wenn dementsprechend nachfolgend als Praxisbeispiel ein entsprechendes Vertragsmuster für einen Projektmanagementvertrag dargestellt wird, bedarf dieses einer Überprüfung der Übertragbarkeit auf den jeweiligen Einzelfall.

Projektmanagementverträge können als Einheitsvertrag oder als zusammengesetzter Vertrag ausgestaltet werden. Speziell öffentliche Auftraggeber verwenden vielfach Allgemeine Vertragsbestimmungen zu den Verträgen für freiberuflich Tätige – AVB –, wie sie etwa der RBBau entlehnt sind. Die Frage, ob sämtliche Vertragsregelungen in einem Vertrag zusammengefasst oder aber in unterschiedliche Regelungskonzepte aufgeteilt werden, ist eine Frage der Zweckmäßigkeit, insbesondere der bestmöglichen Standardisierung von Vertragstexten. Da sich die Aufteilung in Individualvertrag und Allgemeine Vertragsbedingungen im Projektmanagementwesen selbst bei institutionellen Auftraggebern nicht durchgesetzt hat, wird mit dem nachfolgenden Praxisbeispiel eine Einheitsvertragslösung vorgestellt. Ein solches Vertragskonzept wird auch zunehmend von der öffentlichen Hand verwendet.

Vertragsbedingungen, die für eine Vielzahl von Verträgen vorformuliert sind, enthalten Allgemeine Geschäftsbedingungen und müssen deshalb die Rahmenbedingungen der §§ 305 ff. BGB einhalten. Wenn entsprechende Verträge im Sinne Allgemeiner Geschäftsbedingungen verwendet werden, gelten bestimmte Anforderungen, u.a.:

- die Verpflichtung zur Vermeidung überraschender und mehrdeutiger Klauseln, § 305c Abs. 1 BGB,
- die Nichtverwendung unangemessen benachteiligender Klauseln, § 307 Abs. 1 BGB; eine solche unangemessene Benachteiligung ist im Zweifel anzunehmen, wenn eine Bestimmung
  - mit wesentlichen Grundgedanken der gesetzlichen Regelung, von der abgewichen wird, nicht zu vereinbaren ist oder
  - wesentliche Rechte oder Pflichten, die sich aus der Natur des Vertrags so eingeschränkt werden, dass die Erreichung des Vertragszwecks gefährdet ist,
- die Beachtung spezieller Klauselverbote gemäß §§ 308, 309 BGB, z.B. hinsichtlich Änderungsvorbehalten, Leistungsverweigerungsrechten, Aufrechnungsverboten, Schadensersatzansprüchen, Vertragsstrafen usw.

Die Sondervorschriften für Allgemeine Geschäftsbedingungen gelten nicht für individuelle Vertragsgestaltungen, vgl. § 305 Abs. 1 Satz 3 BGB. Eine solche Individualvereinbarung liegt vor, wenn die Vertragsbedingungen zwischen den Vertragsparteien im Einzelnen ausgehandelt sind. Die Anforderungen der Rechtsprechung an eine solche Individualvereinbarung sind allerdings hoch. Zudem ist darauf zu achten, dass individuelle Vertragsregelungen, die entgegen § 307 BGB unangemessene Klauseln enthalten, in der Praxis typischerweise zu Problemlagen und zu Eskalationen während des Projekts führen. Eine unangemessene Vertragsgestaltung wird vom Vertragspartner gelegentlich – aufgrund der Markt- und Wettbewerbsverhältnisse – hingenommen. Die Vertragsabwicklung ist dann jedoch typischerweise auf Absicherung rechtlicher Positionen fokussiert und weniger darauf ausgerichtet, die Projektziele einzuhalten. Die Notwendigkeit der Absicherung durch frühzeitige Einschaltung von Anwälten prägt derartige Vorgehensweisen. Das nachfolgende Vertragsmuster verfolgt daher die Strategie, eine möglichst ausgewogene Risikoverteilung vorzusehen.

Projektmanagementverträge können als Werk- oder Dienstverträge ausgestaltet sein, wobei die Qualifizierung vornehmlich vom Inhalt der versprochenen Leistungen abhängt. Die Abgrenzung wird im Wesentlichen durch den Schwerpunkt/den Inhalt der übernommenen Leistungspflichten bestimmt. Den Werkvertrag prägt eine im Wesentlichen ergebnisorientierte Leistung, während der Dienstvertrag auf die Erbringung einer Tätigkeit ausgerichtet ist. Projektmanagement-/Projektsteuerungsverträge weisen typischerweise Komponenten beider Vertragstypen auf. Die Unterschiede zwischen den Vertragstypen sind speziell im Haftungsbereich nicht so gravierend, wie oft angenommen wird, zumal sich der Haftungsumfang weitgehend vom jeweiligen Leistungsbild ableitet. Wenn ein kompletter, technisch-wirtschaftlicher Beauftragungsansatz, wie etwa ein Handlungsansatz nach Leistungsbild Projektsteuerung AHO, zugrunde gelegt wird, um bestimmte Projektziele zu erreichen, handelt es sich typischerweise um eine Werkleistung. Auf einem derartigen Beauftragungsansatz beruht auch das unter Ziff. 6.2 dargestellte Vertragsbeispiel. Sofern eine Beauftragungsform, etwa nach dienstvertraglichen Grundsätzen, gewünscht wird, bedarf es einer hiervon grundlegend abweichenden Vertragsgestaltung.

Die in der Praxis verwendeten Vertragsmuster greifen wegen der im Einzelfall zu berücksichtigenden Projektspezifika auf unterschiedliche Leistungsbilder zurück. Das anliegend dargestellte Vertragsmuster basiert auf dem Leistungsbild Projektsteuerung gemäß AHO, Heft Nr. 9. Es kann auch für Projektmanagement- oder Controlling-Leistungen gemäß AHO, Heft Nr. 19, verwendet werden. Das Leistungsbild wird in der Praxis nicht selten durch eine projektspezifische Zuständigkeitsabgrenzung mit prozessbezogener Aufgliederung ergänzt.

Das nachfolgend unter Ziff. 6.2 vorgestellte Muster ist auch für die Beauftragung von Teilleistungen der Projektsteuerung geeignet, solange es sich um abgeschlossene Handlungsbereiche handelt, die eine werkvertragliche Grundlage haben. Das Vertragsmuster ist lediglich ein Praxisbeispiel in standardisierter Form; es erfordert eine detaillierte Befassung mit den Vertragszielen im Einzelfall.

Aufgrund der unterschiedlichen Projektabwicklungsmethodik privater und öffentlicher Auftraggeber können sich im Einzelfall unterschiedliche Anforderungen an Projektmanagementleistungen ergeben. Das nachfolgende Vertragsmuster verweist in den Fußnoten auf solche Regelungen, die als Ergänzung zum Vertragstext für öffentliche Auftraggeber in Betracht kommen.

6.2 Praxisbeispiel: Projektmanagementvertrag

Projektsteuerungsvertrag/Projektmanagementvertrag

Zwischen

....

– im Folgenden **Auftraggeber**[17] genannt –

und der

....

– im Folgenden **Auftragnehmer** genannt –

wird folgender **Projektmanagementvertrag/Projektsteuerungsvertrag*** geschlossen:

§ 1 Gegenstand des Vertrags

Gegenstand des Vertrags sind Projektmanagementleistungen/Projektsteuerungsleistungen* für das folgende Projekt:

....

1.1 Allgemeine Projektbeschreibung

- Projektbezeichnung: ....
- Grundstück: ....
- Nutzungszweck: ....
- Art des Projekts**:

  ❑ Neubau ❑ Instandsetzung/Sanierung/Umbau

  Sonstige Besonderheiten: ....

1.2 Stand der Projektrealisierung/Planung/Genehmigung

- Stand der bisherigen Projektrealisierung: ....
- Bereits beauftragte Planungsbeteiligte: ....
- Bereits beauftragte ausführende Unternehmen: ....
- Anwendbarkeit öffentlichen Vergaberechts: ....
- Auftraggeberseitiges Bedarfsprogramm**[18]

  ❑ liegt vor ❑ liegt nicht vor

Anmerkung:
* *Unzutreffendes bitte streichen*
** *Zutreffendes bitte ankreuzen*

17 Auftraggeber und Auftragnehmer sind genau zu bezeichnen. In der Praxis sind hier vielfältige Ungenauigkeiten anzutreffen. Speziell bei öffentlichen Auftraggebern und bei konzernverbundenen Auftraggebern oder Auftragnehmern ist auf eine genaue Bezeichnung des jeweiligen Vertragspartners zu achten. Die Vertretungsverhältnisse sind ebenfalls präzise anzugeben.

18 Entscheidungsunterlage Bau (ESBau nach RBBau).

- Vorgesehene Planer- und Unternehmereinsatzformen**

❑ Einzelplaner ohne Lph. 5	❑ Einzelplaner mit Lph. 5
❑ Generalplaner ohne Lph. 5	❑ Generalplaner mit Lph. 5
❑ Einzelunternehmer	❑ Teil-Generalunternehmer

❑ Generalunternehmer/Generalübernehmer ohne Lph. 5

❑ Generalunternehmer/Generalübernehmer mit Lph. 5

❑ Totalunternehmer/Totalübernehmer

....

1.3 Projektmanagementeinsatzform

Gegenstand dieses Vertrags sind Leistungen des/der**

❑ Projektmanagements (gesamtheitlich beauftragte Leistungen aus den Leistungsbildern Projektsteuerung, § 2 und Projektleitung, § 3 AHO-Heft Nr. 9)

❑ Projektsteuerung gemäß § 2 AHO-Heft Nr. 9

❑ Projektleitung (Leistungen ausschließlich nach dem Leistungsbild Projektleitung, § 3 AHO-Heft Nr. 9)

❑ Projektcontrolling (Leistungen mit vornehmlich kontrollierendem Charakter, z.B. Generalunternehmercontrolling)

Folgende weitere allgemeine Anforderungen an die Leistungserbringung gelten als vereinbart:

....

§ 2 Projektziele und Grundlagen des Vertrags

2.1 Projektziele

Der Auftragnehmer hat bei seinen Leistungen folgende Projektziele zu beachten:

2.1.1 Kostenziel:[19] Planungs- und Baukosten (Kostengruppen 200 bis 700 gemäß DIN 276-1:2008-12 als Kostenobergrenze)

2.1.2 Terminziel: Fertigstellung bis zum ....

2.1.3 Qualitätsziel: ....

2.1.4 Etwaige Nachhaltigkeitsanforderungen/Zertifizierungsziele: ....

Sollte sich im Rahmen der weiteren Projektvorbereitung und -abwicklung herausstellen, dass die Projektziele wesentlich gefährdet sind, hat der Auftragnehmer den Auftraggeber hierauf unverzüglich hinzuweisen und Anpassungsmaßnahmen vorzuschlagen.

2.2 Grundlagen des Vertrags und Vertragsbestandteile

Für die Leistungen des Auftragnehmers gelten vorrangig die in diesem Vertrag getroffenen Regelungen sowie die nachfolgenden Vertragsbestandteile:

2.2.1 Das Leistungsbild für … auf Basis AHO, **Anlage 1** zu diesem Vertrag

2.2.2 Die Honorarermittlung vom …, **Anlage 2** zu diesem Vertrag

2.2.3 Das Mitarbeiterverzeichnis des Auftragnehmers (Projektteam), **Anlage 3** zu diesem Vertrag

19 Bei öffentlichen Auftraggebern wird z.T. auf die haushaltsrechtlich anerkannten Summen der ES-Bau als verpflichtendes Kostenziel Bezug genommen.

2.2.4 Der Rahmenterminplan vom ..., **Anlage 4** zu diesem Vertrag

2.2.5 Der Zahlungsplan vom ..., **Anlage 5** zu diesem Vertrag (soweit vereinbart)

2.2.6 Die Projektgrundlagen (Liste der übergebenen Unterlagen) gemäß **Anlage 6** zu diesem Vertrag[20]

2.2.7 Ergänzend die Untersuchungen zum Leistungsbild, zur Honorierung und zur Beauftragung von Projektmanagementleistungen der Bau- und Immobilienwirtschaft der AHO-Fachkommission, Heft Nr. 9 der AHO-Schriftenreihe, Stand ...

2.2.8 Sonstige Vorschriften ...[21]

2.2.9 Die Vorschriften des BGB über den Werkvertrag

2.2.10 Die Baustellenverordnung (BaustellV) vom 10.6.1998

2.2.11 Grundlage des Vertrags sind schließlich die allgemein anerkannten Regeln der Technik, die einschlägigen öffentlich-rechtlichen Bestimmungen und der Grundsatz der Wirtschaftlichkeit unter Beachtung der Anforderungen des Auftraggebers

§ 3 Leistungen des Auftragnehmers

3.1 Leistungsbild

Dem Auftragnehmer werden die aus der **Anlage 1** zu diesem Vertrag ersichtlichen Leistungen übertragen.

Soweit in dem als Anlage 1 beigefügten Leistungsbild Begriffe wie „Mitwirken", „Erstellen", „Aufstellen" bzw. „Abstimmen", „Umsetzen", „Fortschreiben" oder „Prüfen" bzw. „Überprüfen", „Analysieren und Bewerten" und „Steuern" verwandt werden, ist für das Begriffsverständnis auf Kap. 2, § 2 Abs. 4 AHO-Heft Nr. 9 abzustellen.

3.2 Leistungsstufen

Sofern in diesem Vertrag nicht etwas anderes bestimmt ist, erfolgt die Beauftragung des Auftragnehmers in Leistungsstufen. Die mit diesem Vertrag erfolgte Festbeauftragung des Auftragnehmers bezieht sich auf folgende Projektstufen nach § 2 AHO-Heft Nr. 9**:

❑ Die Projektstufen 1 bis 2 (Projektvorbereitung und Planung gemäß § 2 AHO-Heft Nr. 9)

❑ Die Projektstufen 1 bis 5 (Projektvorbereitung bis Projektabschluss gemäß § 2 AHO-Heft Nr. 9)

❑ ....

Soweit dem Auftragnehmer nicht sämtliche Leistungsstufen übertragen werden, erklärt der Auftraggeber die grundsätzliche Absicht, den Auftragnehmer auch mit weiteren Leistungsstufen zu beauftragen. Wesentliche Voraussetzung hierfür ist die Einhaltung der vorgegebenen Projektziele. Einen Rechtsanspruch auf Anschlussbeauftragung hat der Auftragnehmer nicht. Die Beauftragung der weiteren Leistungsstufen erfolgt durch schriftlichen Leistungsabruf des Auftraggebers.

---

20 Bei öffentlichen Auftraggebern kann auf die Entscheidungsunterlage Bau (ES Bau) verwiesen werden, für den weiteren Projektablauf auf die Entwurfsunterlage Bau (EW-Bau).

21 Für den öffentlichen Auftraggeber sind etwa folgende Inbezugnahmen denkbar: die für den Auftraggeber maßgeblichen Vorschriften und Verwaltungsvorschriften, insbesondere die RBBau, BHO, das VHB, die Regelungen des öffentlichen Vergabewesens und der RPW sowie folgende Leitfäden des Auftraggebers: ... (z.B. Dokumentationsrichtlinie/Leitfaden nachhaltiges Bauen/Brandschutzleitfaden/Energiebedarfsausweise im Nichtwohnungsbau/Recycling/BfR-Vermessung/Arbeitshilfen Boden- und Grundwasserschutz/Arbeitshilfen Kampfmittelräumung usw.); bei Landesbehörden wird z.T. auf die Dienstanweisung der jeweiligen Staatshochbauverwaltung verwiesen.

Der Auftragnehmer hat den Auftraggeber unaufgefordert schriftlich zu unterrichten, wenn der Abschluss der beauftragten Leistungsstufe bevorsteht oder für ihn erkennbar wird, dass nach Beendigung der ihm übertragenen Leistungen weitere Projektmanagement-*/Projektsteuerungstätigkeiten* notwendig werden. Der Auftragnehmer verpflichtet sich, die weiteren optional vorgesehenen Leistungsstufen nach diesem Vertrag zu erbringen, wenn der Auftraggeber sie innerhalb einer Frist von 12 Kalenderwochen nach Abschluss der übertragenen Leistungsstufe abruft. Die Frist beginnt nicht vor einer schriftlichen Mitteilung des Auftragnehmers nach Satz 1. Eine etwaige Anschlussbeauftragung erfolgt schriftlich. In der bloßen Annahme von einzelnen Leistungen aus einer noch nicht beauftragten Stufe liegt nicht die Anschlussbeauftragung des Auftragnehmers mit einer oder mehreren Leistungsstufen.

3.3 Beauftragte Handlungsbereiche

Die Beauftragung bezieht sich auf folgende Handlungsbereiche**:

❑ Alle Handlungsbereiche (Organisation/Qualitäten und Quantitäten/Kosten/Termine/Verträge und Versicherungen)

❑ Ausschließlich die Handlungsbereiche ....

3.4 Beauftragte Leistungen aus dem Bereich der Projektleitung

Der Auftragnehmer übernimmt des Weiteren folgende Leistungen aus dem Bereich der Projektleitung**:

❑ Leistungsbild Projektleitung gemäß § 3 der Leistungs- und Honorarordnung Projektmanagement des AHO

❑ Folgende Einzelleistungen aus dem Bereich der Projektleitung gemäß § 3:

....

3.5 Beauftragte Besondere Leistungen

Dem Auftragnehmer werden über die Grundleistungen der Leistungs- und Honorarordnung Projektmanagement AHO hinaus folgende Besondere Leistungen übertragen**:

❑ Keine Besonderen Leistungen

❑ Die im Leistungsbild **Anlage 1** ausgewiesenen Besonderen Leistungen

❑ Sonstige Besondere Leistungen: ....

3.6 Änderung der Planer- und Unternehmereinsatzform

Der Auftragnehmer berät den Auftraggeber hinsichtlich der zweckmäßigerweise einzusetzenden Planer- und Unternehmereinsatzform und deren Fortschreibung. Werden nach der Beauftragung der Projektmanagementleistungen*/der Projektsteuerungsleistungen* Planer- oder Unternehmereinsatzform geändert, so ist die Vergütung anzupassen, und zwar unter Berücksichtigung des voraussichtlichen Mehr- bzw. Minderaufwands; im Zweifel gelten die Honorarvorschläge zu § 8 Abs. 2 AHO-Heft Nr. 9.

3.7 Geänderte und zusätzliche Leistungen

Der Auftraggeber ist berechtigt, die Projektziele gemäß § 2.2.1 dem Projektfortschritt/den Projekterfordernissen entsprechend zu ändern sowie geänderte oder zusätzliche Projektmanagementleistungen*/Projektsteuerungsleistungen* einseitig anzuordnen. Die Befugnisse stehen dem Auftraggeber bereits dann zu, wenn entsprechende Änderungen sachdienlich sind, um das Projekt entsprechend seinen Anforderungen zu realisieren. Voraussetzung ist, dass das Unternehmen des Auftragnehmers auf die Erbringung der geänderten Projektmanagement-*/Projektsteuerungsleistungen* eingerichtet ist. Die Auswirkungen geänderter und zusätzlicher Leistungen auf die Vergütung werden in § 7.2 dieses Vertrags geregelt.

3.8 Rechtsdienstleistungen

Sofern bei der Projektabwicklung Rechtsdienstleistungen erforderlich werden, hat der Auftragnehmer den Auftraggeber hierauf hinzuweisen, die erforderlichen juristischen Leistungsbeiträge zu benennen und entsprechende Leistungen beim Auftraggeber anzufordern.

§ 4 Zusammenarbeit Auftraggeber–Auftragnehmer und sonstige Projektbeteiligte

4.1 Allgemeine Leistungsanforderungen

Der Auftragnehmer hat alle Leistungen zu erbringen, die nach Maßgabe der Bestimmungen dieses Vertrags und des Leistungsbildes zur Erreichung der in diesem Vertrag beschriebenen Projektziele erforderlich sind. Er hat insbesondere während der gesamten Vertragslaufzeit die im Rahmen der Projektziele festgelegten Quantitäten und Qualitäten, Termine und Kosten zu überwachen und auf deren Einhaltung hinzuwirken. Seine eigenen Leistungen hat der Auftragnehmer so rechtzeitig zu erbringen, dass die Terminziele eingehalten werden können.

Der Auftragnehmer hat darauf hinzuwirken, dass die künftigen Betriebs- und Unterhaltungskosten des Objekts in Abhängigkeit von den funktionalen Nutzungszielen gering gehalten werden. Baukosten dürfen nicht mit der Folge eingespart werden, dass die absehbaren Betriebs-, Verbrauchs- und Instandhaltungskosten so steigen, dass die Einsparungen dadurch ausgeglichen werden.

Die Leistungspflicht des Auftragnehmers umfasst auch die Steuerung solcher Leistungen von Projektbeteiligten, die im Zeitpunkt des Vertragsschlusses noch nicht abschließend definiert sind, jedoch während der Projektrealisierung erforderlich werden. Er ist verpflichtet, die bestehende Projektorganisation kontinuierlich zu überprüfen und ggf. erforderliche oder zweckmäßige Optimierungs- und Verbesserungsvorschläge zu unterbreiten.[22]

4.2 Berichts- und Besprechungswesen

Dem Auftragnehmer obliegt die Führung des Berichts- und Besprechungswesens für das Projekt. Dazu gehören die Dokumentation der von ihm geführten Besprechungen und die Erledigungsverfolgung.

Der Auftragnehmer übernimmt zudem die Entscheidungsvorbereitung und dabei insbesondere eine Entscheidungsterminplanung für den Auftraggeber.

---

22 Weitere Leistungsanforderungen des öffentlichen Auftraggebers können sein:

- ❑ Die Vorgaben der genehmigten Haushaltsunterlagen sind verbindlich; Abweichungen bedürfen der vorherigen Zustimmung des Auftraggebers (§§ 24 und 54 BHO).
- ❑ Die Leistungen sind so rechtzeitig zu erbringen, dass die Bauübergabe nach Abschnitt H RBBau gesichert ist.
- ❑ Das Prüfergebnis auf Rechnungen und entsprechenden Unterlagen ist entsprechend Ziff. 2.3.4 Abschnitt B RBBau und der Anlage Feststellungsbescheinigungen zu kennzeichnen.
- ❑ Das Prüfergebnis auf Nachtragsangeboten ist mit der Bescheinigung sachlich und rechnerisch richtig gemäß Ziff. 2.3.4 Abschnitt B RBBau und der Anlage Feststellungsbescheinigungen zu versehen.
- ❑ Die Projektstufe 2 nach AHO-Heft Nr. 9 umfasst die Erarbeitung der Entwurfsunterlage Bau gemäß Abschnitt F 2 RBBau.
- ❑ Im Rahmen der Ausführungsvorbereitung obliegt dem Auftragnehmer die Umgliederung der Kostengruppen nach DIN 276 in vergabeorientierte Kostenkontrolleinheiten (KKE) auf der Basis der Muster 16 bis 18 RBBau oder gleichwertiger Formulare.
- ❑ Im Rahmen der Ausführung obliegt dem Auftragnehmer die Prüfung der Kostenfeststellung unter Verwendung der digitalen Erhebungsformulare nach K 6 Nr. 2 RBBau.
- ❑ Der Projektabschluss setzt voraus, dass alle Leistungen zur Vorbereitung der Übergabe nach Abschnitt H RBBau erbracht sind.

Darüber hinaus verpflichtet sich der Auftragnehmer, den Auftraggeber regelmäßig über den Projektfortschritt zu unterrichten, und zwar über den terminlichen Verlauf der Maßnahme, durchgeführte Beschaffungen, zu den Kosten, zum Mittelabfluss sowie den Terminen. Die regelmäßige Berichterstattung erfolgt**

- ❑ mittels schriftlicher Quartalsberichte
- ❑ einmal pro Monat als Kurzbericht zum Stichtag Monatsende (Statusbericht) sowie 4 x jährlich als Sachstandsbericht, jeweils zum Quartalsende (Quartalsbericht)
- ❑ ....

Im Rahmen der regelmäßigen Berichterstattung sind Termin- und Kostenabweichungen im Rahmen einer Soll-Ist-Darstellung aufzuzeigen.

Unabhängig von der Regelberichterstattung obliegt dem Auftragnehmer eine unverzügliche schriftliche Informationspflicht über besondere Projektvorkommnisse, insbesondere über das Auftreten von Termin- und Kostenabweichungen gegenüber den Projektzielen sowie des Eintritts von Umständen, die die Gefahr entsprechender Abweichungen hervorrufen.

Der Auftragnehmer hat sein Berichtswesen so aufzubauen, dass eine aktuelle Auskunft über den Stand des Projekts, speziell im Hinblick auf die Durchführung von Beschaffungen, Mittelverwendung, Kosten, Termine und Qualitäten möglich ist.

Der Auftragnehmer wird den Auftraggeber über mit Dritten, z.B. Behörden oder weiteren Projektbeteiligten, geführte Korrespondenz in jedem Einzelfall durch unverzügliche Überstellung von 2 Kopien unterrichten. Das gilt auch für Ergebnisvermerke oder Protokolle sowie auch sonstige Aufzeichnungen im Rahmen der Projektrealisierung, die der Auftragnehmer im Rahmen der Projektrealisierung erstellt.

4.3 Beachtung der Anordnungen des Auftraggebers

Anordnungen des Auftraggebers wird der Auftragnehmer beachten. Der Auftragnehmer hat den Auftraggeber unverzüglich schriftlich darauf hinzuweisen, wenn die Vorgaben oder Anordnungen des Auftraggebers, unrichtig oder unzweckmäßig/unwirtschaftlich sind und Alternativvorschläge unterbreiten.

Die Leistungsanforderungen an den Auftragnehmer werden durch die Sachkunde des Auftraggebers nicht gemindert.

4.4 Information durch den Auftraggeber

Der Auftraggeber wird dem Auftragnehmer alle Pläne, Unterlagen, Verträge, Berechnungen, Daten und Informationen zur Verfügung stellen, damit der Auftragnehmer seine Leistungen zeitgerecht und im Übrigen ordnungsgemäß erstellen kann. Soweit dies erforderlich ist, wird der Auftraggeber den Auftragnehmer bei der Anforderung von Leistungen bzw. der Anspruchsdurchsetzung gegenüber Vertragskräften (insbesondere Planern und ausführenden Unternehmen) unterstützen.

4.5 Finanzierung

Die termingerechte Klärung der Finanzierung zur Sicherstellung des Baubeginns sowie die Zurverfügungstellung eines bebauungsfähigen Grundstücks ist Sache des Auftraggebers.

4.6 Projektteam des Auftragnehmers

Der Auftragnehmer hat die ihm übertragenen Leistungen im eigenen Unternehmen zu erbringen. Eine Übertragung auf Nachunternehmer ist ohne Zustimmung des Auftraggebers nicht zulässig.

Der Auftragnehmer hat als verantwortliche Mitarbeiter für die Bearbeitung der Projektaufgabe folgende Personen benannt (Projektteam)**:

❑ gemäß Mitarbeiterverzeichnis (**Anlage 3**)

❑ Projektleiter: ....

Stellvertretender Projektleiter: ....

Projektmitarbeiter: ....

Projektleiter, stellvertretender Projektleiter und Projektmitarbeiter ... müssen über eine abgeschlossene Fachausbildung und eine angemessene Berufspraxis – i.d.R. mindestens 3/5 Jahre* – verfügen.

Der Auftragnehmer verpflichtet sich, die vorstehend benannten Mitarbeiter während der gesamten Projektdauer zur Leistungserbringung zur Verfügung zu stellen, soweit nicht unabwendbare Ereignisse die Zurverfügungstellung aus rechtlichen oder tatsächlichen Gründen ausschließen. Die Mitarbeiter dürfen im Übrigen nur mit schriftlicher Zustimmung des Auftraggebers ausgewechselt werden. Der Auftraggeber kann die Zustimmung aus sachlichem Grund verweigern, insbesondere wenn neue Mitarbeiter nicht die Qualifikation des vormals angekündigten Mitarbeiters ausweisen.

Der Auftraggeber ist berechtigt, vom Auftragnehmer die Auswechslung eines Mitarbeiters zu verlangen, wenn dieser aufgrund von ihm zu vertretender Umstände nicht mehr das Vertrauen des Auftraggebers hat. Der Auftraggeber kann darüber hinaus eine Ergänzung der Mitarbeiter durch geeignete Fachleute ohne zusätzliche Vergütung verlangen, wenn die vom Auftragnehmer eingesetzten Mitarbeiter einen ordnungsgemäßen bzw. störungsfreien Planungs- bzw. Bauablauf nicht gewährleisten können.

.... [23]

4.7 Projektbüro

Der Auftragnehmer hat**

❑ dafür Sorge zu tragen, dass der Projektleiter bzw. dessen Stellvertreter erreichbar und nach Erfordernis vor Ort präsent sind;

❑ in der räumlichen Nähe zum Bauvorhaben bzw. im Bereich der Baustelleneinrichtung ein eigenes Projektbüro zu unterhalten, und zwar**

  ❑ ab Vertragsbeginn

  ❑ ab Beginn der Ausführungsleistungen

Soweit der Auftragnehmer ein eigenes Projektbüro vorzuhalten hat, vereinbaren die Vertragsparteien betreffend die Zurverfügungstellung der Büroräume, Büroausstattung und Kommunikationsmittel Folgendes:

....

Der ... trägt die Kosten des Projektbüros (Miete, Medien, Reinigung).

Das Projektbüro ist während folgender Zeiträume besetzt zu halten: ....

Für eine Vertretung während Urlaubs- bzw. sonstigen Abwesenheitszeiten von Projektleiter und Stellvertreter hat der Auftragnehmer vorausschauend Sorge zu tragen.

23 Ein öffentlicher Auftraggeber könnte hier regeln: „Weder der Auftragnehmer noch eine der in § 16 Abs. 1 und Abs. 2 VgV genannten Personen dürfen in einem von ihm vertragsgemäß betreuten Vergabeverfahren für einen Bewerber oder Bieter tätig sein."

4.8 Büroausstattung

Der Auftragnehmer stellt die notwendigen Kommunikationsmittel. Er hat sicherzustellen, dass er per Telefon, Telefax und E-Mail erreichbar ist. Die Kosten der Telekommunikationseinrichtungen werden wie folgt getragen**:

- ❑ Die gesamten Betriebskosten der Kommunikationsmittel trägt der …
- ❑ Die verbrauchsunabhängigen Kosten trägt der Auftraggeber, die verbrauchsabhängigen Kosten trägt der Auftragnehmer

4.9 EDV/Projektkommunikationssysteme**

- ❑ Die Projektkommunikation wird unter Einsatz eines internetbasierten Projektkommunikationssystems … abgewickelt. Der Auftragnehmer verwendet dieses Programm während der Durchführung der vertraglichen Leistungen. Die Bereitstellung, Datenerhaltung und -sicherung sowie Master-Administration und Gestaltung werden vom Systemanbieter des Auftraggebers vorgenommen.
- ❑ Ein geeignetes Projektkommunikationssystem stellt der Auftragnehmer im Rahmen seiner Vertragsleistungen zur Verfügung. Der Auftragnehmer übermittelt dem Auftraggeber in abzustimmenden zeitlichen Abständen auf Datenträger den aktuellen Datenstatus des Projekts. Nach Beendigung des Projekts erhält der Auftraggeber einen kompletten Datensatz.
- ❑ Die Ablage von Daten erfolgt nach der vom Auftraggeber vorgegebenen bzw. mit dem Auftraggeber abgestimmten Aktenablagestruktur …

Die mit der Nutzung des Projektkommunikationssystems verbundenen personellen Mehraufwendungen (z.B. für Schulung und Dateneingabe/Datenauswertung) sind, soweit in diesem Vertrag und seinen Anlagen nichts anderes bestimmt ist, mit dem vertraglichen Honorar abgegolten.

4.10 Informationsübermittlung

Die vom Auftragnehmer vorzulegenden Unterlagen/Dokumentationen sind dem Auftraggeber in Papierform sowie in einer für den Auftraggeber ohne weitere Konvertierung zu verarbeitenden Datenform zu übergeben.

Mehrausfertigungen von Unterlagen/Dokumentationen für Gremien und fachlich Beteiligte sind vom Auftragnehmer bei Bedarf zur Verfügung zu stellen.

§ 5 Vertretung des Auftraggebers durch den Auftragnehmer

5.1 Ausrichtung der Tätigkeit auf die Interessen des Auftraggebers

Der Auftragnehmer ist zur Wahrung der Rechte und Interessen des Auftraggebers im Rahmen der ihm übertragenen Leistungen berechtigt und verpflichtet. Der Auftragnehmer hat den Auftraggeber unverzüglich zu unterrichten, sofern sich Ansprüche gegen andere Projektbeteiligte oder Dritte ergeben könnten.

5.2 Bevollmächtigung**

- ❑ Der Auftragnehmer hat grundsätzlich keine Vertretungsmacht für den Auftraggeber, insbesondere kann er für den Auftraggeber keine Verträge abschließen, aufheben oder ändern.
- ❑ Für folgende Entscheidungen wird dem Projektsteuerer indessen Vertretungsmacht erteilt**:
  - ❑ Einforderung von Leistungen der Projektbeteiligten, einschließlich Mängelrügen, Abhilfeverlangen und Inverzugsetzung
  - ❑ Geltendmachung von Auskunfts- und Einsichtsrechten

- ❑ Organisation von Projekt-, Planungs- und Baubesprechungen, Festlegung von Organisationsterminen und Qualitäten in Baubesprechungen
- ❑ Entscheidungen zu Planungsfreigaben und Bemusterungen
- ❑ Vertretung des Auftraggebers bei Abnahmen/Erklärung von Vorbehalten wegen Vertragsstrafen
- ❑ Dem Auftragnehmer wird im Rahmen der Übertragung von Projektleitungsaufgaben Vertretungsmacht für folgende mit der Projektabwicklung in Zusammenhang stehende Geschäfte eingeräumt:

  ....

  ....

  ....

Im Innenverhältnis ist der Auftragnehmer verpflichtet, die Weisung des Auftraggebers in Bezug auf alle wesentlichen Geschäftsvorfälle einzuholen, insbesondere bei finanziellen Entscheidungen ab ... € (einmalig oder bei laufenden Leistungen jährlich) sowie bei Maßnahmen, die die Drittverwendungsfähigkeit oder die Funktionsfähigkeit zu beeinträchtigen vermögen oder wesentliche Qualitätseinbußen bei dem Projekt beinhalten.

§ 6 Termine, Fristen, Regelbauzeit

6.1 Beginn der Leistungen des Auftragnehmers**

- ❑ Der Auftragnehmer hat am ... mit seinen Leistungen begonnen.
- ❑ Der Auftragnehmer wird mit seinen Leistungen am ... beginnen.

6.2 Beendigung der Leistungen des Auftragnehmers

Die Leistungen des Auftragnehmers enden**

- ❑ ... Monate nach Abschluss dieses Vertrags
- ❑ 3 Monate nach Abnahme der Leistungen der bauausführenden Unternehmen, mit Ausnahme der Prüfung der Schlussrechnungen der Planer
- ❑ nach Erledigung aller übernommenen Leistungen

Sofern nach vorstehend benanntem Zeitpunkt für die Beendigung der Leistungen des Auftragnehmers noch Restleistungen vorzunehmen sind, wie etwa solche zur Prüfung der Schlussrechnungen der Planungs- und Baubeteiligten, der Kostenfeststellung, der Mitwirkung bei der Beseitigung von Abnahmemängeln, endet die Leistungsverpflichtung des Auftragnehmers spätestens 1 Jahr nach dem vorgenannten Zeitpunkt.

Sofern zum vorgesehenen Beendigungszeitraum Hauptleistungen noch nicht erbracht sind, insbesondere weil die Ausführungsleistungen der Unternehmen noch nicht abgeschlossen sind, führt die vorzeitige Beendigung der Leistungspflicht gemäß § 6.2 (1. und 2. Variante) nicht zu einer Reduzierung der Vergütung. Dem Auftraggeber steht es frei, eine Verlängerung des Leistungszeitraums nach § 6.3 zu vereinbaren.

6.3 Verlängerung des Leistungszeitraums/Regelleistungszeitraum

6.3.1

Die Vertragsparteien haben bei der Vergütungsfestlegung einen Regelleistungszeitraum des Auftragnehmers von ... Monaten für die Projektstufe(n) ... und ... Monate für die Projektstufe ... zugrunde gelegt.

6.3.2

Sofern der Auftragnehmer nach Beendigung der vorbenannten Regelleistungszeiten noch Vertragsleistungen zu erbringen hat und die Regelleistungszeit um 10 % überschritten wird sowie der Auftragnehmer die Terminüberschreitungen nicht zu vertreten hat, so kann der Auftragnehmer eine zusätzliche Vergütung für den dadurch entstehenden Mehraufwand gemäß § 7.2 dieses Vertrags verlangen, wenn der Auftraggeber den Auftragnehmer zu den weiteren Leistungen hinzuzieht.

6.4 Abnahme

Beide Vertragsparteien können die förmliche Abnahme der Leistungen des Auftragnehmers beantragen, wenn diese vollständig und im Wesentlichen mangelfrei erbracht worden sind. Soweit in diesem Vertrag nichts anderes bestimmt ist, ist eine Teilabnahme einzelner Leistungsstufen und Leistungsphasen ausgeschlossen.

§ 7 Honorierung

7.1 Vergütungssystem

Die Vertragsparteien legen folgendes Honorarsystem zugrunde**:

- ❑ Honorierung nach anrechenbaren Kosten gemäß § 4 AHO-Heft Nr. 9
- ❑ Honorarpauschale als Festpreis (**Anlage 2**)
- ❑ Honorierung nach Zeitaufwand (Abrechnungsauftrag) § 9 AHO-Heft Nr. 9
- ❑ Honorarpauschale auf Basis einer Personaleinsatzplanung
- ❑ Bonus-/Malus-Regelung (**Anlage 2**)

Soweit in diesem Vertrag und/oder den Vertragsanlagen nicht etwas anderes bestimmt ist, kommen für die Honorarregelungen die §§ 1 f. AHO-Heft Nr. 9 zur Anwendung.

7.2 Vergütung für geänderte und zusätzliche Projektsteuerungsleistungen

Ändern sich die Projektvorgaben für den Auftragnehmer, etwa dadurch, dass der Auftraggeber Projektziele ändert, zusätzliche oder geänderte Leistungen anordnet oder sonstige Störungen auftreten, die der Sphäre des Auftraggebers zuzuordnen sind und die sich auf die Beauftragung der Projektmanagement-*/Projektsteuerungsleistungen* dergestalt auswirken, dass sich die Anforderungen an die Projektsteuerungsleistung in nicht vorhersehbarer Form ändern (das Steuerungssoll geändert wird), hat der Auftragnehmer Anspruch auf Anpassung der vertraglichen Vergütung nach Maßgabe der vereinbarten Honorargrundlagen. Der Auftragnehmer schuldet die Mitwirkung bei der Überwindung von Störungen während der Projektabwicklung, insbesondere durch mangelhafte, verspätete oder aus sonstigen Gründen vertragswidrige Leistungen freiberuflich Tätiger oder ausführender Unternehmen sowie hieraus resultierender Nachbesserungen, Fristsetzungen, Kündigungen und erforderlicher Beauftragungen von Drittunternehmern, der Überwindung von Insolvenzen usw. Dementsprechend begründen derartige Störungen grundsätzlich keine Ansprüche auf Mehrvergütung, Entschädigung oder Schadensersatz, es sei denn, der Auftraggeber kommt seinen Mitwirkungspflichten in Bezug auf die Beseitigung der Störungen nicht nach oder es liegt ein Fall der Störung der Geschäftsgrundlage vor, vgl. § 313 Abs. 1 BGB. § 6.3 dieses Vertrags bleibt unberührt.

7.2.1 Anzeigepflicht

Glaubt der Auftragnehmer, aufgrund einer Änderung des Steuerungssolls (Beauftragungen/Anordnungen des Auftraggebers oder geänderter Projektumstände) zusätzliche Vergütungsansprüche geltend machen zu können, hat er diese vor Ausführung der entsprechenden Leistungen schriftlich dem Auftraggeber unter Benennung der voraussichtlichen Vergütungshöhe anzuzeigen. Mehrvergütungsansprüche des Auftragnehmers sind ausgeschlossen, wenn dieser die vorgenannte Anzeige unterlassen hat, es sei denn, der Auftraggeber hat die Änderung eingefordert/angeordnet oder die notwendige Abweichung vom Steuerungssoll ist aus sonstigen Gründen offenkundig.

7.2.2 Honorargrundlagen

Die Vergütung für geänderte oder zusätzliche Projektmanagementleistungen wird auf Grundlage des gewählten Honorarsystems nach § 7.1 dieses Vertrags ermittelt. Lässt sich insoweit keine eindeutige Grundlage feststellen, werden Vergütungsänderungen nach Maßgabe des zusätzlichen oder ersparten Zeitaufwands berechnet. Maßgeblich sind die in der Honorarermittlung (**Anlage 2**) zum Vertrag festgelegten Honorarsätze, hilfsweise die Sätze gemäß § 9 Abs. 2 AHO-Heft Nr. 9. Der Auftragnehmer hat dem Auftraggeber prüfbar durch Stundenbelege nachzuweisen, in welcher Höhe ihm für einzelne Leistungen aufgrund von geänderten Anforderungen/geändertem Steuerungssoll Mehraufwand entstanden ist. Sämtliche Nebenkosten und Erschwernisse sind in diesem Fall durch zeitaufwandsbezogene Zusatzvergütung abgegolten.

7.2.3 Nachtragsvereinbarungen

Auftraggeber und Auftragnehmer sollen zeitnah einen Vergütungsnachtrag hinsichtlich etwaiger Vergütungsänderungen in schriftlicher Form schließen. Bei gravierenden Veränderungen in der Projektabwicklung, insbesondere auch bei Überschreiten der in diesem Vertrag zugrunde gelegten Bauzeit, sollen sich die Vertragsparteien möglichst über eine ergänzende Pauschalierung auf der Grundlage des Vertragspreisniveaus verständigen. Schlägt die Verständigung fehl, ist nach konkretem Mehraufwand abzurechnen. Streitigkeiten über vermeintliche Mehrvergütungsansprüche berechtigen grundsätzlich nicht zur Leistungsverweigerung.

7.2.4 Abschlagszahlungen

Abschlagszahlungen des Auftraggebers erfolgen nach Maßgabe des Zahlungsplans (**Anlage 5**), sofern der dort zugrunde gelegte Leistungsfortschritt erreicht wird. Liegt kein Zahlungsplan vor, kann der Auftragnehmer Abschlagszahlungen in Höhe der nachgewiesenen Leistungen fordern.

7.2.5 Schlusszahlung

Die Schlusszahlung wird fällig, wenn der Auftragnehmer die Leistung aus diesem Vertrag erfüllt und eine Schlussrechnung eingereicht hat. Der Auftraggeber wird innerhalb von … Tagen nach Vorlage einer Abschlags- oder Schlussrechnung Zahlung leisten.

7.2.6 Nebenkosten

Hinsichtlich der Nebenkosten treffen die Vertragsparteien folgende Regelung**:

- ❑ Als Festpauschale für sämtliche Nebenkosten i.S.d. § 14 Abs. 2 HOAI (2013) wird ein Monatsbetrag von … € vereinbart.
- ❑ Nebenkosten i.S.d. § 14 Abs. 2 HOAI (2013), einschließlich aller Reisekosten (Fahrt- und Übernachtungskosten), werden pauschal mit … % des Nettohonorars vergütet.
- ❑ Nebenkosten i.S.d. § 14 Abs. 2 HOAI (2013) werden ausschließlich auf Einzelnachweis erstattet.
- ❑ Nebenkosten i.S.d. § 14 Abs. 2 HOAI (2013) werden nicht erstattet, mit Ausnahme von Fahrt- und Übernachtungskosten, die nach Maßgabe der steuerrechtlichen Freibeträge zusätzlich erstattet werden.
- ❑ Eine Nebenkostenerstattung findet nicht statt; die Nebenkosten sind im Pauschalhonorar enthalten.
- ❑ ……………[24]

24 Bei öffentlichen Auftraggebern kann zusätzlich angeführt werden: „Bei Erstattung von Reisekosten auf Einzelnachweis ist das Bundesreisekostengesetz anzuwenden."

7.2.7 Umsatzsteuer

Der Auftraggeber zahlt zusätzlich zu der Vergütung nach dieser Vereinbarung die jeweilige Umsatzsteuer in der gesetzlichen Höhe.

§ 8 Allgemeine Pflichten des Auftragnehmers

8.1 Vertrauensvolle Zusammenarbeit

Der Auftragnehmer arbeitet eng und vertrauensvoll mit dem Auftraggeber und den anderen, vom Auftraggeber für die Abwicklung des Vorhabens eingesetzten Projektbeteiligten zusammen.

8.2 Anforderungen an die Tätigkeit

Als Sachwalter des Auftraggebers darf der Auftragnehmer Unternehmer- oder Lieferanteninteressen ebenso wenig vertreten wie Interessen sonstiger Dritter.

Der Auftragnehmer schuldet eine fachkundige und im Übrigen ordnungsgemäße Projektsteuerungsleistung. Im Rahmen der Koordinierung übernimmt er grundsätzlich keine Objektplanungs- oder Fachplanungsleistungen. Er hat die Leistungsbeiträge der übrigen Projektbeteiligten allerdings – unter Berücksichtigung der berufsüblichen Kenntnisse eines Architekten oder Ingenieurs mit der nach diesem Vertrag zugrunde gelegten Berufserfahrung – zu überprüfen und Stichprobenkontrollen vorzunehmen.

8.3 Geheimhaltung

Der Auftragnehmer verpflichtet sich überdies, alle Informationen, das Objekt betreffend, vertraulich zu behandeln und seine Mitarbeiter einer entsprechenden Geheimhaltungsverpflichtung zu unterwerfen. Auf seine Projektbeteiligung darf der Auftragnehmer hinweisen. Der Auftraggeber kann Muster für entsprechende Geheimhaltungserklärungen vorgeben.

8.4 Unterlagen des Auftragnehmers

Die vom Auftragnehmer in Erfüllung dieses Vertrags gefertigten oder beschafften Unterlagen sind dem Auftraggeber nach Vertragsende auf dessen Verlangen auszuhändigen. Der Auftragnehmer darf die Herausgabe wegen fälliger Honoraransprüche verweigern, sofern der Auftraggeber eine Vergütungspflicht dem Grunde nach verneint und keine Sicherheit stellt.

8.5 Auskünfte des Auftragnehmers

Nach der Erfüllung aller Leistungen hat der Auftragnehmer gleichwohl Auskunft zu erteilen. Auskünfte, die der Auftraggeber später als 3 Monate nach Vertragsbeendigung verlangt, sind vergütungspflichtig. Die Vergütung erfolgt auf der Grundlage des Zeithonorars gemäß **Anlage 2**.

§ 9 Versicherungen/Haftung

9.1 Umfang des Haftpflichtversicherungsschutzes

Der Auftragnehmer schließt zur Sicherung etwaiger Ersatzansprüche nach diesem Vertrag eine Haftpflichtversicherung mit folgenden Deckungssummen ab und weist diese nach:

- Personenschäden … €
- Sach- und Vermögensschäden … €

jeweils**

- ❑ einfach maximiert im Versicherungsjahr (die Versicherungssumme steht einmal im Versicherungsjahr zur Verfügung)
- ❑ zweifach maximiert im Versicherungsjahr

für die gesamte Vertragsdauer

9.2 Versicherungsschutz als Zahlungsvoraussetzung

Der Auftragnehmer hat vor dem Nachweis des Versicherungsschutzes keinen Anspruch auf Zahlungen nach diesem Vertrag. Auf Anforderung des Auftraggebers wird der Auftragnehmer seinen Versicherer anweisen, dem Auftraggeber Mitteilung zu machen, wenn sich Veränderungen hinsichtlich des Versicherungsschutzes ergeben.

9.3 Haftungsansprüche

Mängel- und Schadensersatzansprüche des Auftraggebers richten sich, soweit nachfolgend nichts Abweichendes bestimmt ist, nach den gesetzlichen Vorschriften.

Sofern der Auftragnehmer nicht vorsätzlich oder grob fahrlässig gehandelt hat, ist seine Haftung auf die Höhe der in diesem Vertrag vereinbarten Deckungssummen der Haftpflichtversicherung begrenzt. Das gilt nicht bei Schadensersatzansprüchen wegen der Verletzung von Leben, Körper und Gesundheit oder bei der Verletzung von sogenannten Kardinalspflichten (wesentliche Vertragspflichten).

Der Auftragnehmer kann verlangen, dass er an der Beseitigung eines festgestellten Mangels beteiligt wird, soweit dies dem Auftraggeber im Einzelfall zumutbar ist.

9.4 Verjährung von Haftungsansprüchen

Die Verjährung für sämtliche Haftungsansprüche, einschließlich Mängelansprüche, beginnt mit der Abnahme der letzten vom Projektsteuerer zu betreuenden Leistung ausführender Unternehmen, spätestens jedoch mit Abnahme der Projektsteuerungsleistung; für hiernach noch vom Projektsteuerer zu erbringende Leistungen beginnt die Verjährung mit dem Zeitpunkt des Abschlusses dieser Leistungen.

9.5 Haftung von ARGE-Mitgliedern

Für die Erfüllung der vertraglichen Leistungen haftet jedes Mitglied einer Arbeitsgemeinschaft, auch nach dem etwaigen Austritt aus der Arbeitsgemeinschaft und nach deren Auflösung gesamtschuldnerisch.

Zahlungen erfolgen mit befreiender Wirkung an das federführende Mitglied oder ein allein vertretungsberechtigtes Mitglied. Das gilt auch für den Fall der Auflösung der Arbeitsgemeinschaft.

§ 10 Urheberrecht

10.1 Grundsatz

Soweit die vom Auftragnehmer erzeugten Arbeitsergebnisse urheberrechtlichen Charakter haben, überträgt der Auftragnehmer dem Auftraggeber – ohne zusätzliche Vergütung – das unbeschränkte Nutzungsrecht für das vertragsgegenständliche Bauvorhaben, und zwar auch in Bezug auf Änderungen und unabhängig davon, ob das Vertragsverhältnis fortbesteht oder vorzeitig beendet wird.

10.2 Weisungen des Auftraggebers

Fachliche Weisungen darf der Auftragnehmer nicht unter Berufung auf seine Urheberrechte zurückweisen.

10.3 Dateien

Soweit der Auftragnehmer im Laufe des Projekts Dateien anlegt, hat er diese dem Auftraggeber nach Beendigung des Projekts unentgeltlich auf geeigneten Datenträgern zu überlassen. Der Auftragnehmer wird dem Auftraggeber behilflich sein, etwaige Programme, die zur Bearbeitung dieser Daten notwendig sind, zu angemessenen Bedingungen zu erwerben.

§ 11 Kündigung

11.1 Allgemeine Anforderungen an Kündigungen

Der Auftragnehmer kann diesen Vertrag nur aus wichtigem Grund kündigen. Eine Kündigung hat schriftlich zu erfolgen.

11.2 Kündigung durch den Auftraggeber aus wichtigem Grund

Kündigt der Auftraggeber aus einem Grund, den der Auftragnehmer zu vertreten hat, so sind die bis dahin erbrachten und nachgewiesenen Leistungen sowie die hierauf entfallenden Nebenkosten bis zum Wirksamwerden der Kündigung abzurechnen und zu vergüten. Weitere Vergütungsansprüche stehen dem Auftragnehmer nicht zu. Ein wichtiger Grund für eine Kündigung durch den Auftraggeber liegt u.a. vor, wenn:

11.2.1 der Auftragnehmer ohne Zustimmung des Auftraggebers Leistungen an Nachunternehmer vergibt;

11.2.2 der Auftragnehmer das in **Anlage 3** „Mitarbeiterverzeichnis" aufgeführte Personal ohne vorherige Ankündigung gegenüber dem Auftraggeber vertragswidrig austauscht;

11.2.3 der Auftragnehmer überschuldet oder zahlungsunfähig ist oder ein Antrag auf Eröffnung eines Insolvenzverfahrens über das Unternehmen des Auftragnehmers gestellt und nicht binnen eines Kalendermonats zurückgenommen oder anderweitig erledigt wurde;

11.2.4 der Auftragnehmer auch nach fruchtlosem Ablauf einer angemessenen Nachfrist den Berufshaftpflichtversicherungsschutz nicht nachweist;

11.2.5 der Auftragnehmer erkannt hat, dass die Einhaltung der Projektziele nachhaltig gefährdet ist, den Auftraggeber jedoch darüber nicht unterrichtet hat;

11.2.6 der Auftragnehmer seine Tätigkeit trotz fruchtloser Nachfristsetzung nicht rechtzeitig aufnimmt oder sein vorzuhaltendes Baubüro nicht ordnungsgemäß personell und/oder sachlich ausgestattet vorhält;

11.2.7 der Auftragnehmer mehrfach oder gravierend gegen ihm nach diesem Vertrag obliegende wesentliche Vertragspflichten verstößt und dem Auftraggeber deshalb eine weitere Zusammenarbeit nicht zumutbar ist.

11.3 Kündigung durch den Auftraggeber ohne wichtigen Grund

Wird der Vertrag aus einem sonstigen Grund vom Auftraggeber gekündigt, gilt Folgendes**:

❑ § 649 BGB

❑ Der Auftragnehmer erhält die volle vertragliche Vergütung unter Abzug ersparter Aufwendungen und Anrechnung eines Erwerbs durch anderweitige Verwendung der Arbeitskraft sowie böswilliger Unterlassung anderweitiger Verwendung seiner Arbeitskraft. Ersparte Aufwendungen werden grundsätzlich mit 60 % des Honorars für die noch nicht erbrachten

Leistungen pauschaliert, sofern nicht eine der Vertragsparteien andere ersparte Aufwendungen nachweist.

- ❑ Über die Vergütung für erbrachte Leistungen hinaus erhält der Auftragnehmer die vertragliche Vergütung für eine Höchstdauer von weiteren … Monaten ab Beendigung des Monats, in dem die Kündigung erklärt wurde, sofern und soweit er nachweist, dass er seine projektbearbeitenden Mitarbeiter nicht in anderen Projekten beschäftigen kann. Weitere Ansprüche sind ausgeschlossen.

§ 12 Schlussvorschriften

12.1 Abwerbeverbot

Im Hinblick auf die vertrauensvolle Zusammenarbeit verpflichten sich Auftraggeber und Auftragnehmer, während der Projektlaufzeit und 2 Jahre hiernach keinen Mitarbeiter des anderen Vertragspartners oder eines mit diesem verbundenen Unternehmens abzuwerben.

12.2 Erfüllungsort

Erfüllungsort für alle Leistungen nach diesem Vertrag ist der Sitz des Auftraggebers.

12.3 Anwendbares Recht/Gerichtsstand

Es gilt das Recht der Bundesrepublik Deutschland. Gerichtsstand ist …

12.4 Schriftform

Änderungen und Ergänzungen sowie Nebenabreden zu diesem Vertrag bedürfen der Schriftform.

12.5 Salvatorische Klausel

Sollten einzelne Bestimmungen dieses Vertrags rechtsunwirksam sein, wird die Rechtswirksamkeit der übrigen Bestimmungen hiervon nicht berührt. Die Vertragsparteien verpflichten sich, die unwirksame Bestimmung durch eine Regelung zu ersetzen, die rechtlich zulässig ist und dem Sinn und Zweck des Vertrags nach den Vorstellungen der Vertragsparteien am nächsten kommt.

12.6 Weitere Bestimmungen[25]

………

………………………………………	………………………………………
Ort, Datum	Ort, Datum
………………………………………	………………………………………
Auftraggeber	Auftragnehmer

25 Für öffentliche Auftraggeber kann sich ein Hinweis auf das Verpflichtungsgesetz empfehlen: „Der Auftragnehmer verpflichtet sich, auf Verlangen des Auftraggebers rechtzeitig vor Aufnahme der Tätigkeiten eine Verpflichtungserklärung über die gewissenhafte Erfüllung seiner Obliegenheiten nach dem Verpflichtungsgesetz abzugeben. Er hat dafür zu sorgen, dass auch seine mit den Leistungen fachlich betrauten Beschäftigten und Nachunternehmer gegenüber dem Auftraggeber ebenfalls rechtzeitig eine Verpflichtungserklärung abgeben." Zum Teil wird von öffentlichen Auftraggebern eine aufschiebbare Bedingung dergestalt aufgenommen, dass die erstmalige förmliche Verpflichtung nach dem Verpflichtungsgesetz erfolgt sein muss.

6.3 Praxisbeispiele: Vertragsanlagen für die Honorarermittlung

Alternative 1: Honorarermittlung nach anrechenbaren Kosten

(1) Die Vertragsparteien gehen von vorläufigen anrechenbaren Kosten nach DIN 276 (2008) mit den Kostengruppen 100 bis 700 ohne 110, 710 und 760 in Höhe von voraussichtlich ... € aus.

(2) Gemäß § 5 Abs. 2 AHO-Heft Nr. 9 legen die Vertragsparteien die Honorarzone wie folgt fest: ....

(3) Die Vertragsparteien bewerten die dem Auftragnehmer zu übertragenden Projektstufen und die darauf entfallende Vergütung wie folgt:

- ❑ mit den in § 6 Abs. 4 AHO-Heft Nr. 9 genannten Prozentsätzen
- ❑ ....

(4) Die in dem Leistungsbild enthaltenen Aufgabenstellungen der Projektleitung in § 3 AHO-Heft Nr. 9 werden wie folgt festgelegt : ... % / €

(5) Honoraranpassung wegen Besonderheiten der Projektrealisierung:

- ❑ Aufgrund der Notwendigkeiten von Umbauten und Modernisierungen ergibt sich eine Honorarerhöhung wie folgt:

  ... € oder ... % des Honorars

- ❑ Bei den anrechenbaren Kosten wird die vorhandene Bausubstanz, deren technische bzw. gestalterische Bearbeitung mitgesteuert wird, in folgender Höhe mitberücksichtigt:

  ... €

- ❑ Aufgrund der gewählten Planer- und Unternehmereinsatzform ergibt sich folgende weitere Festlegung entsprechend § 8 AHO-Heft Nr. 9: ....

(6) Das vorläufige Gesamthonorar beläuft sich bei diesen Grundlagen auf

... €

(7) Zusätzlich erhält der Auftragnehmer Nebenkosten nach Ziff. 7.2.6 des Vertrags.

(8) Der Auftraggeber trägt überdies die jeweils gültige Umsatzsteuer in der gesetzlichen Höhe.

(9) Endgültige Honorarbestimmung

- ❑ Die endgültige Honorarabrechnung erfolgt nach Maßgabe der Kostenberechnung.

(10) Bedarfsmonats- und -stundensätze

Sofern der Auftraggeber geänderte oder zusätzliche Leistungen anordnet, werden für den Mitarbeitereinsatz des Auftragnehmers folgende Honorarsätze vereinbart:

- ❑ Honorarsätze gemäß § 7 Abs. 5 AHO-Heft Nr. 9 (Mittelsatz),
- ❑ Es werden folgende Monatsverrechnungssätze vereinbart:
  - ❑ für den Inhaber/den Projektleiter/in: ... €/Monat
  - ❑ für den Projektbearbeiter/in: ... €/Monat
  - ❑ technische/wirtschaftliche/r Mitarbeiter/in: ... €/Monat

Die anteiligen Tagesverrechnungssätze ergeben sich durch Division mit dem Faktor ... Ein anteiliger Stundensatz errechnet sich durch Division des Tagessatzes durch ...

Hilfs- und Sekretariatskräfte sind von den vorgenannten Stundensätzen umfasst.

Entsprechende Zeithonorare werden zzgl. Nebenkosten und jeweils gültiger Umsatzsteuer vom Auftragnehmer abgerechnet.

(11) Weitere Vereinbarungen

- ❑ Bei der Honorarermittlung haben die Vertragsparteien eine Regelleistungszeit gemäß § 6.3 des Vertrags wie folgt festgelegt:
- ❑ ....

....	....
Ort, Datum	Ort, Datum
....	....
Auftraggeber	Auftragnehmer

Alternative 2: Pauschalhonorarbildung auf Basis einer Personaleinsatzplanung

(1) Die Vertragsparteien vereinbaren ein Pauschalhonorar. Das Pauschalhonorar ist für die gesamte Vertragsdauer fest vereinbart. Es ist grundsätzlich unabhängig von der Entwicklung der anrechenbaren Kosten des Projekts sowie des tatsächlichen Ressourceneinsatzes durch den Auftragnehmer.

(2) Mit dem vereinbarten pauschalen Projektmanagement-/Projektsteuerungshonorar* sind sämtliche vertragsgegenständlichen Leistungen des Auftragnehmers für die Vertragsdauer abgegolten, ausgenommen vergütungspflichtige zusätzliche und geänderte Leistungen nach dem abgeschlossenen Projektmanagement-/Projektsteuerungsvertrag*.

(3) Vorbehaltlich anderweitiger Festlegungen im Projektmanagement-/Projektsteuerungsvertrag* bleibt das Pauschalhonorar unverändert, wenn es zu zeitlich versetzter oder überlappender Abfolge von Projektstufen kommt.

(4) Der Auftragnehmer erhält als Gesamtpauschale für sämtliche Leistungen nach dem Projektmanagement-/Projektsteuerungsvertrag* folgende Vergütung:

... €

Die Gesamtpauschale verteilt sich auf die einzelnen Projektstufen und Handlungsbereiche gemäß der nachfolgenden Tabelle:

Projektstufen Handlungsbereiche	*Projektvorbereitung*	*Planung*	*Ausführungsvorbereitung*	*Ausführung*	*Projektabschluss*
Organisation/Information					
Qualitäten/Quantitäten					
Kosten/Finanzierung					
Termine/Kapazitäten					
Verträge/Versicherungen					

Die Vertragsparteien haben bei der Vereinbarung der Honorarpauschale die **Personaleinsatzplanung** des Auftragnehmers (**Anlage** ...) zugrunde gelegt. Die Personaleinsatzplanung ist nicht Vertragsgegenstand. Änderungen des Personaleinsatzes auf Seiten des Auftragnehmers führen grundsätzlich nicht zu einer Anpassung der vereinbarten Pauschale.

Sofern allerdings das Steuerungssoll durch den Auftraggeber geändert wird, sind etwaige Mehr- oder Minderkosten unter Berücksichtigung der Personaleinsatzplanung und der nachfolgend benannten Bedarfsstundensätze zu berechnen.

(5) Zusätzlich erhält der Auftragnehmer **Nebenkosten** nach Ziff. 7.2.6 des Vertrags. Der Auftraggeber trägt überdies die jeweils gültige **Umsatzsteuer** in der gesetzlichen Höhe.

(6) Bedarfsmonats- und -stundensätze

Sofern der Auftraggeber geänderte oder zusätzliche Leistungen anordnet, werden für den Mitarbeitereinsatz des Auftragnehmers folgende Honorarsätze vereinbart:

* *Unzutreffendes bitte streichen*

- ❑ Honorarsätze gemäß § 8 Abs. 2 AHO-Heft Nr. 9 (Mittelsatz),
- ❑ Es werden folgende Monatsverrechnungssätze vereinbart:
  - ❑ für den Inhaber/den Projektleiter/in … €/Monat
  - ❑ für den Projektbearbeiter/in … €/Monat
  - ❑ technische/wirtschaftliche/r Mitarbeiter/in … €/Monat

Die anteiligen Tagesverrechnungssätze ergeben sich durch Division mit dem Divisor … Ein anteiliger Stundensatz errechnet sich durch Division des Tagessatzes durch …

Technische Hilfs- und Sekretariatskräfte sind von den vorgenannten Stundensätzen umfasst.

Entsprechende Zeithonorare werden zzgl. Nebenkosten und jeweils gültiger Umsatzsteuer vom Auftragnehmer abgerechnet.

(7) Weitere Vereinbarungen

- ❑ Bei der Honorarermittlung haben die Vertragsparteien eine Regelleistungszeit gemäß § 6.3 des Vertrags wie folgt festgelegt:
- ❑ ....

....	....
Ort, Datum	Ort, Datum
....	....
Auftraggeber	Auftragnehmer

Anhang A: Mitwirkungshandlungen des Auftraggebers bei Beauftragung eines Projektsteuerers mit dem Grundleistungsbild AHO-Heft Nr. 9 (2014)

Die Grundleistungen der Projektsteuerung sowie die im Regelfall erforderlichen Mitwirkungshandlungen des Auftraggebers bei der Steuerung von Bauprojekten sind nachfolgend in der Form einer Synopse so nebeneinander gestellt, dass der Zusammenhang sofort zu erkennen ist.

Die Auflistung der auftraggeberseitigen Mitwirkungsleistungen bei der Anwendung des AHO-Leistungsbildes soll eine Hilfestellung sowohl für den Auftraggeber als auch für den Projektsteuerer sein.

Leistungen der Projektsteuerung nach AHO-Leistungskatalog 2014	*Mitwirkungshandlungen des Auftraggebers (bzw. der Auftraggeber-Gremien)*

Grundleistungen	*Auftraggeber-Aufgaben*
1. Projektvorbereitung	
	• Auswahl eines Projektsteuerers (kurz: PS) gemäß Kap. 5
	• Information über auftraggeberseitige Randbedingungen des Projekts – Führungsstruktur des Auftraggebers (AG) – Vorhandene Kommunikationsstrukturen
	• Katalog der Hauptziele im Hinblick auf – Kosten – Termine – Qualität und Quantitäten
	• Einholung Angebot und Vertragsvorschlag
	• Erteilung des Auftrags für die Projektsteuerung

A Organisation, Information, Koordination und Dokumentation (übrige Handlungsbereiche einbeziehend)	
1 Entwickeln, Abstimmen und Dokumentieren der projektspezifischen Organisationsvorgaben mit Projektstrukturplanung	Zurverfügungstellen von Informationen zum Unternehmen und zum Projekt sowie Abstimmungen mit der Projektsteuerung; Entscheidungen zur Projektorganisation

Grundleistungen		*Auftraggeber-Aufgaben*
2	Entwickeln und Abstimmen der Grundlagen für die Planung der Planung	Entscheidungen über die Beauftragung von Objekt- und Fachplanern sowie anderer Spezialisten und Vorgaben für den Planungsprozess; Notwendige Vollmachten klären und erteilen
3	Mitwirken bei der Festlegung der Projektziele und der Dokumentation der Projektvorgaben	Projektziele abstimmen und endgültig festlegen, der PS erläutern und abstimmen
4	Vorschlagen und Abstimmen der Kommunikationsstruktur, des Informations-, Berichts- und Protokollwesens	Klärung, Abstimmung und Entscheidung über Art, Wege und Empfänger von Informationen, Berichten und Protokollen, einschl. eines Projektkommunikationssystems (PKS) nach Vorschlägen der PS
5	Vorschlagen und Abstimmen des Entscheidungsmanagements	Abstimmung und Festlegung der Planungsprozesse; Einrichten/Bestimmen der zentralen Projektanlaufstelle; Sorge für das Abarbeiten des Entscheidungs- und Maßnahmenkatalogs
6	Vorschlagen und Abstimmen des Änderungsmanagements	Abstimmung und Festlegung der Verfahrensweise bei Änderungen
7	Mitwirken beim Risikomanagement	Informieren des PS über Projektrisiken; aktive Einbeziehung des PS in das Risikomanagement und Festlegung des Risikomanagementsystems
8	Mitwirken bei der Auswahl eines Projektkommunikationssystems	Entscheiden, ob ein eigenes, das der PS oder ein externes Projektkommunikationssystem eingesetzt werden soll

B	**Qualitäten und Quantitäten**	
1	Überprüfen der bestehenden Grundlagen zur Bedarfsplanung auf Vollständigkeit und Plausibilität	Bedarfsplanung an PS übergeben; falls nicht vorhanden, Bedarfsplanung beauftragen
2	Mitwirken bei der Klärung der Standortfragen, bei der Beschaffung der standortrelevanten Unterlagen, bei der Grundstücksbeurteilung hinsichtlich Nutzung in privatrechtlicher und öffentlich-rechtlicher Hinsicht	Vollmachten erteilen für die Beschaffung von Unterlagen, ggf. unter Einholung von Vertraulichkeitserklärungen

	Grundleistungen	*Auftraggeber-Aufgaben*
3	Überprüfen der Ergebnisse der Grundlagenermittlung der Planungsbeteiligten	Von der PS überprüfte Ergebnisse der Grundlagenermittlung der bis jetzt beauftragten Objekt- und Fachplaner zur Kenntnis nehmen und ggf. bestätigen oder verwerfen; Entscheidung über die Weiterführung des Projekts treffen

C	**Kosten und Finanzierung**	
1	Mitwirken bei der Erstellung des Kostenrahmens für Investitionskosten und Nutzungskosten	Kostenrahmen/Kostengrenzen/Wirtschaftlichkeitsziele festlegen und allen Projektbeteiligten vorgeben
2	Mitwirken bei der Ermittlung und Beantragung von Investitions- und Fördermitteln	Evtl. Spezialisten für die Erlangung von Fördermitteln beauftragen; Evtl. Spezialisten mit Wirtschaftlichkeitsuntersuchungen beauftragen
3	Prüfen und Freigabevorschläge bzgl. der Rechnungen der Planungsbeteiligten und sonstigen Projektbeteiligten (außer bauausführenden Unternehmen) zur Zahlung	Geprüfte Rechnungen entgegennehmen, mit Budget vergleichen, kontieren und Rechnungen anweisen
4	Abstimmen und Einrichten der projektspezifischen Kostenverfolgung	Abstimmung mit der PS über die Kostenziele, klären, wie und mit welchen Mitteln die Kostenverfolgung zeitnah dargestellt werden soll, und dies verbindlich vorgeben; Für den Mittelabfluss gilt das Gleiche

D	**Termine, Kapazitäten und Logistik**	
1	Aufstellen und Abstimmen des Terminrahmens	Terminrahmen abstimmen und festlegen
2	Aufstellen und Abstimmen des Steuerungsterminplans für das Gesamtprojekt und Ableiten des Kapazitätsrahmens	Zwischentermine mit dem PS abstimmen und festlegen
3	Erfassen logistischer Einflussgrößen unter Berücksichtigung relevanter Standort- und Rahmenbedingungen	Entscheidungen zu Erschließungs-/Zufahrts- und Lagerflächen bei beengten Baustellenverhältnissen und Entscheidung über mögliche Zusatzkosten treffen

Grundleistungen		*Auftraggeber-Aufgaben*
E	**Verträge und Versicherungen**	
1	Mitwirken bei der Erstellung einer Vergabe- und Vertragsstruktur für das Gesamtprojekt	Festlegungen zur Vergabe und Vertragsstruktur – Beistellung juristischen Sachverstands für die Vergabe- und Vertragsstruktur des Gesamtprojekts
2	Vorbereiten und Abstimmen der Inhalte der Planerverträge	Freigabe der Planerverträge
3	Mitwirken bei der Auswahl der zu Beteiligenden, bei Verhandlungen und Vorbereitungen der Beauftragungen	Entscheiden über die Bieter, Teilnahme an den Verhandlungen, rechtsverbindliche Beauftragung
4	Vorschlagen der Vertragstermine und -fristen für die Planerverträge	Kenntnisnahme und ggf. Entscheidung
5	Mitwirken bei der Erstellung eines Versicherungskonzepts für das Gesamtprojekt	Vorgabe von Randbedingungen zum Versicherungskonzept und endgültige Entscheidung darüber, Abschluss der Verträge

Grundleistungen		*Auftraggeber-Aufgaben*
2.	**Planung**	
A	**Organisation, Information, Koordination und Dokumentation (übrige Handlungsbereiche einbeziehend)**	
1	Fortschreiben der projektspezifischen Organisationsvorgaben mit Projektstrukturplanung	Abstimmen und ggf. festlegen der fortgeschriebenen Organisationsvorgaben sowie der Projektstrukturplanung
2	Analysieren und Bewerten der Planungsprozesse auf Konformität mit den vorgegebenen Projektzielen	Evtl. Änderungen der Zielvorgaben entscheiden und bekannt geben; Entscheidung über weitere Maßnahmen aus den Analysen
3	Fortschreiben der Dokumentation der Projektvorgaben	Entgegennahme der Dokumentation der Projektvorgaben, ggf. Entscheidung
4	Überprüfen und Umsetzen der Kommunikationsstruktur – regelmäßiges Informieren und Abstimmen mit dem Auftraggeber (Berichtswesen)	Entgegennahme von Berichten und Abstimmung mit der PS über Vorgaben zu Kosten, Terminen, Qualitäten und Quantitäten
5	Umsetzen des Entscheidungsmanagements	Entscheidungsvorlagen der PS entgegennehmen und entscheiden
6	Umsetzen des Änderungsmanagements	Änderungsanträge der PS entgegennehmen und entscheiden
7	Analysieren und Bewerten der Koordinationsleistungen des Objektplaners	Ggf. Entscheidungen zu Leistungen der Objektplanung
8	Mitwirken beim Risikomanagement	Entscheidungen zum Risikomanagement
9	Analysieren und Bewerten der ordnungsgemäßen Nutzung des Projektkommunikationssystems durch die Projektbeteiligten	Meldung an die PS bei Unregelmäßigkeiten im Projektkommunikationssystem
10	Mitwirken bei der Herbeiführung der behördlichen Genehmigung	Eigenverantwortliches Führen der Verhandlungen mit Behörden/Antragstellungen

B	**Qualitäten und Quantitäten**	
1	Laufendes Analysieren und Bewerten der Leistungen der Planungsbeteiligten	Entscheidung über weiteres Vorgehen bei Schlechtleistungen der Projektbeteiligten
2	Steuern der Planung der Bemusterungen	Entgegennahme der Bemusterungsplanung, Bekanntgabe oder Vorgabe eigener Vorstellungen, Treffen von Bemusterungsentscheidungen

Grundleistungen		*Auftraggeber-Aufgaben*
3	Überprüfen der Ergebnisdokumentation der Planungsbeteiligten zu den einzelnen Leistungsphasen der Planung	Entgegennahme der Dokumentation der vorhergehenden Leistungsphasen, Durchsicht und Entscheidung über das weitere Vorgehen

C	**Kosten und Finanzierung**	
1	Überprüfen der Kostenschätzung und -berechnung der Objekt- und Fachplaner sowie Veranlassen erforderlicher Anpassungsmaßnahmen	Entgegennahme der Ergebnisse der zurzeit vorliegenden Kostenermittlung, Klärung und Abstimmung sowie Entscheidung über das weitere Vorgehen
2	Kostensteuerung zur Einhaltung der Kostenziele	Entgegennahme von Entscheidungsvorlagen und ggf. Entscheidung
3	Planen von Mittelbedarf und Mittelabfluss	Klärung mit der PS über Mittelbedarf und Mittelabfluss und Abstimmung mit Kreditgebern
4	Prüfen und Freigabevorschläge bzgl. der Rechnungen der Planungsbeteiligten und sonstigen Projektbeteiligten (außer bauausführenden Unternehmen) zur Zahlung	Entgegennahme der geprüften Rechnungen der Projektbeteiligten und zur Zahlung anweisen
5	Fortschreiben der projektspezifischen Kostenverfolgung (kontinuierlich)	Kenntnisnahme der aktuellen projektspezifischen Kostenverfolgung und ggf. intervenieren

D	**Termine, Kapazitäten und Logistik**	
1	Fortschreiben des Terminrahmens	Kenntnisnahme und Freigabe
2	Überprüfen des Terminplans der Planungsbeteiligten für den Planungs- und Bauablauf, insb. auf Einhaltung des Terminrahmens	Entgegennahme der Ergebnisse und ggf. entscheiden
3	Fortschreiben des Steuerungsterminplans unter Berücksichtigung des Terminplans der Planungsbeteiligten für den Planungs- und Bauablauf	Entgegennahme der aktualisierten Terminpläne und Diskussion bei abweichenden Vorstellungen
4	Terminsteuerung der Planung einschließlich Analyse und Bewertung der Terminfortschreibungen der Planungsbeteiligten	Kenntnisnahme der Analyse und Bewertung und ggf. entscheiden
5	Mitwirken bei der Aktualisierung der logistischen Einflussgrößen	Bekanntgabe der für den eigenen Bedarf freizuhaltenden Flächen auf dem Baugrundstück

	Grundleistungen	*Auftraggeber-Aufgaben*
6	Aufstellen und Abstimmen des Terminrahmens zur Integration des strategischen Facility Managements	Formulierung von Vorgaben zur Betreiberstrategie; Entscheidungen zur Einbeziehung des Facility Managements

E	**Verträge und Versicherungen**	
1	Mitwirken bei der Durchsetzung von Vertragspflichten gegenüber den Beteiligten	Entscheiden, welche Verfahren bei Vertragsverletzungen in Gang gesetzt werden sollen
2	Mitwirken bei der Umsetzung des Versicherungskonzepts für alle Projektbeteiligten	Entgegennahme des Versicherungskonzepts und kritische Würdigung

Grundleistungen		*Auftraggeber-Aufgaben*
3.	**Ausführungsvorbereitung**	
A	**Organisation, Information, Koordination und Dokumentation (übrige Handlungsbereiche einbeziehend)**	
1	Fortschreiben der projektspezifischen Organisationsvorgaben mit Projektstrukturplanung	Kenntnisnahme sowie ggf. Entscheidungen treffen
2	Analysieren und Bewerten der Planungsprozesse auf Konformität mit den vorgegebenen Projektzielen	Klärung und Abstimmung bei Abweichungen von vorgegebenen Projektzielen
3	Fortschreiben der Dokumentation der Projektvorgaben	Kenntnisnahme und ggf. Bestätigung
4	Überprüfen und Umsetzen der Kommunikationsstruktur – regelmäßiges Informieren und Abstimmen mit dem Auftraggeber (Berichtswesen)	Entgegennahme von Berichten und Abstimmung mit der PS über Kosten, Termine, Qualität und Quantitäten; ggf. Treffen von Entscheidungen
5	Umsetzen des Entscheidungsmanagements	Entscheidungsvorlagen des PS entgegennehmen und entscheiden
6	Umsetzen des Änderungsmanagements	Änderungsanträge des PS entgegennehmen und entscheiden
7	Analysieren und Bewerten der Koordinationsleistungen des Objektplaners	Entgegennahme und Prüfung der Änderungen/ggf. entscheiden
8	Mitwirken beim Risikomanagement	Treffen von Entscheidungen zum Risikomanagement
9	Analysieren und Bewerten der ordnungsgemäßen Nutzung des Projektkommunikationssystems durch die Projektbeteiligten	Meldung an PS bei Unregelmäßigkeiten im Projektkommunikationssystem

B	**Qualitäten und Quantitäten**	
1	Laufendes Analysieren und Bewerten der Planungsergebnisse auf Konformität mit den vorgegebenen Projektzielen	Entscheidung und Bekanntgabe von evtl. Modifikationen bei den Projektzielen
2	Überprüfen der von den Planungsbeteiligten erstellten Angebotsauswertungen und Vergabevorschläge	Prüfen der Vorschläge, ggf. Vorgaben zu Angebotsauswertungen und Vergabevorschlägen
3	Überprüfen der unmittelbaren und mittelbaren Auswirkungen von Nebenangeboten auf Konformität mit den vorgegebenen Projektzielen	Diskussion und Entscheidung über Nebenangebote im Zusammenhang mit Projektzielen

	Grundleistungen	*Auftraggeber-Aufgaben*
4	Mitwirken bei den erforderlichen Bemusterungen	Entscheidungen treffen bei Bemusterungen

	C Kosten und Finanzierung	
1	Überprüfen der von den Planern ermittelten Soll-Werte für die Vergaben auf Basis der aktuellen Kostenberechnung	Diskussion und Entscheidung bei Abweichungen der Kosten-Ist-Werte von den Soll-Werten
2	Überprüfen der von den Planungsbeteiligten auf der Grundlage bepreister Leistungsverzeichnisse erstellter Kostenermittlungen	Kenntnisnahme und ggf. entscheiden
3	Überprüfen der Angebotsauswertungen im Hinblick auf die Angemessenheit der Preise	Kenntnisnahme und ggf. entscheiden
4	Vorgeben der Deckungsbestätigungen für Aufträge	Herausgabe von Deckungsbestätigungen für Aufträge
5	Kostensteuerung unter Berücksichtigung der Angebotsprüfungen und Kostenvergleiche der Planungsbeteiligten	Kenntnisnahme und ggf. entscheiden
6	Prüfen und Freigabevorschläge der Rechnungen der Planungsbeteiligten und sonstigen Projektbeteiligten (außer bauausführenden Unternehmen) zur Zahlung	Entgegennahme von geprüften Rechnungen und zur Zahlung anweisen
7	Planen von Mittelbedarf und Mittelabfluss	Abgleich von Mittelbedarf und Mittelabfluss mit der PS
8	Fortschreiben der projektspezifischen Kostenverfolgung (kontinuierlich)	Kenntnisnahme aktueller Berichte der projektspezifischen Kostenverfolgung, ggf. Maßnahmen einleiten

	D Termine, Kapazitäten und Logistik	
1	Fortschreiben des Terminrahmens	
2	Überprüfen der Vergabeterminplanung der Planungsbeteiligten	Abgleich der Vergabetermine mit denen der PS
3	Fortschreiben des Steuerungsterminplans unter Berücksichtigung des Terminplans der Planungsbeteiligten für den Planungs- und Bauablauf	Kenntnisnahme und ggf. entscheiden

	Grundleistungen	*Auftraggeber-Aufgaben*
4	Überprüfen der vorliegenden Angebote im Hinblick auf vorgegebene Terminziele	Kenntnisnahme und ggf. entscheiden
5	Terminsteuerung mit Soll-Ist-Vergleichen betreffend Ausführungsplanung sowie Vorbereitung und Durchführung der Vergabe	Abstimmung über Vergabeprozesse und ggf. entscheiden
6	Mitwirken bei der Aktualisierung und Prüfung der Entwicklung der logistischen Einflussgrößen	Kenntnisnahme und ggf. entscheiden

E	**Verträge und Versicherungen**	
1	Mitwirken bei der Durchsetzung von Vertragspflichten gegenüber den Beteiligten	Entscheiden, welche Verfahren bei Vertragsverletzungen in Gang gesetzt werden sollen
2	Mitwirken bei der Strukturierung des Vergabeverfahrens	Entscheidung und Bekanntgabe der zu beteiligenden Stellen bei den Vergabeverfahren
3	Überprüfen der Vertragsunterlagen für die Vergabeeinheiten auf Vollständigkeit und Plausibilität sowie Bestätigen der Versandfertigkeit	Versenden der Ausschreibungs-/Vertragsunterlagen; Submission, wenn im Verfahren so vorgesehen
4	Mitwirken bei den Vergabeverhandlungen bis zur Unterschriftsreife	Führen der Vergabeverhandlungen bzw. der Aufklärungsgespräche
5	Mitwirken bei der Vorgabe der Vertragstermine und -fristen für die Besonderen Vertragsbedingungen der Ausführungs- und Lieferleistungen	Ggf. entscheiden zu Vertragsvorschlägen

Grundleistungen		*Auftraggeber-Aufgaben*
4.	**Ausführung**	
A	**Organisation, Information, Koordination und Dokumentation (übrige Handlungsbereiche einbeziehend)**	
1	Fortschreiben der projektspezifischen Organisationsvorgaben mit Projektstrukturplanung	Kenntnisnahme, abstimmen und ggf. entscheiden
2	Analysieren und Bewerten der Planungsprozesse auf Konformität mit den vorgegebenen Projektzielen	Diskussion bei Abweichungen von vorgegebenen Projektzielen und ggf. entscheiden
3	Fortschreiben der Dokumentation der Projektvorgaben	Kenntnisnahme und ggf. entscheiden
4	Überprüfen und Umsetzen der Kommunikationsstruktur – regelmäßiges Informieren und Abstimmen mit dem Auftraggeber (Berichtswesen)	Kenntnisnahme und ggf. entscheiden
5	Umsetzen des Entscheidungsmanagements	Entscheidungsvorlagen der PS entgegennehmen und entscheiden
6	Umsetzen des Änderungsmanagements	Änderungsvorlagen der PS entgegennehmen und entscheiden
7	Analysieren und Bewerten der Koordinationsleistungen der Objektüberwachung	Kenntnisnahme und ggf. entscheiden
8	Mitwirken beim Risikomanagement	Entscheidungen zum Risikomanagement
9	Analysieren und Bewerten der ordnungsgemäßen Nutzung des Projektkommunikationssystems durch die Projektbeteiligten	Meldung an PS bei Unregelmäßigkeiten im Projektkommunikationssystem ggf. mit Vorschlägen, wie diese abgestellt werden sollten
10	Unterstützen des Auftraggebers bei der Einleitung von selbständigen Beweisverfahren	Selbständige Beweisverfahren in Gang setzen mit Unterstützung der PS, wenn erforderlich

B	**Qualitäten und Quantitäten**	
1	Analysieren und Bewerten der Leistungen der Objektüberwachung sowie Vorschlagen und Abstimmen von Anpassungsmaßnahmen bei Gefährdung von Projektzielen	Berichte zur Kenntnis nehmen und über Anpassungsmaßnahmen entscheiden
2	Anlassbezogenes örtliches Überprüfen der Leistungen der Objektüberwachung	Kenntnisnahme und ggf. entscheiden

Grundleistungen		*Auftraggeber-Aufgaben*
C	**Kosten und Finanzierung**	
1	Kostensteuerung zur Einhaltung der Kostenziele	Laufende Kenntnisnahme
2	Prüfen und Freigabevorschläge bzgl. der Rechnungen der Planungsbeteiligten und sonstigen Projektbeteiligten (außer bauausführenden Unternehmen) zur Zahlung	Entgegennahme von Rechnungen und zur Zahlung anweisen
3	Überprüfen und Freigabevorschläge bzgl. der Rechnungsprüfung der Objektüberwachung zur Zahlung an ausführende Unternehmen	Entgegennahme von Rechnungen und zur Zahlung anweisen
4	Vorgeben von Deckungsbestätigungen für Nachträge	Kostendeckung für Nachträge prüfen und ggf. entscheiden
5	Fortschreiben der Planung zu Mittelbedarf und Mittelabfluss	Mittelbedarf und Mittelabfluss abgleichen und ggf. entscheiden
6	Fortschreiben der projektspezifischen Kostenverfolgung (kontinuierlich)	Kenntnisnahme und ggf. entscheiden

D	**Termine, Kapazitäten und Logistik**	
1	Fortschreiben des Terminrahmens	
2	Überprüfen des Terminplans der Planungsbeteiligten, insb. auf Einhaltung des Terminrahmens	Kenntnisnahme und ggf. entscheiden
3	Fortschreiben der Steuerungsterminpläne unter Berücksichtigung des Terminplans der Planungsbeteiligten	Kenntnisnahme und ggf. entscheiden
4	Terminsteuerung der Ausführung unter Berücksichtigung der Objektüberwachungsleistungen	Kenntnisnahme und ggf. entscheiden

E	**Verträge und Versicherungen**	
1	Mitwirken bei der Durchsetzung von Vertragspflichten gegenüber den Beteiligten	Entscheiden, welche Verfahren bei Vertragsverletzungen in Gang gesetzt werden sollen
2	Unterstützen des Auftraggebers bei der Abwendung von Forderungen Dritter (Nachbarn, Bürgerinitiativen etc.)	Stakeholder-Management, ggf. mit externer Unterstützung (durch PS, Moderator, Mediator)

Grundleistungen		*Auftraggeber-Aufgaben*
3	Überprüfen der Nachtragsprüfungen durch die Objektüberwachung und Mitwirken bei der Beauftragung	Geprüfte Nachträge entgegennehmen und entscheiden
4	Mitwirken bei der Abnahmevorbereitung sowie bei der Durchführung der Abnahmen und Inbetriebnahme	Rechtsverbindliche Abnahme von Leistungen und Lieferungen

Grundleistungen		*Auftraggeber-Aufgaben*
5.	**Projektabschluss**	
A	**Organisation, Information, Koordination und Dokumentation (übrige Handlungsbereiche einbeziehend)**	
1	Mitwirken bei der organisatorischen und administrativen Konzeption und bei der Durchführung der Übergabe/Übernahme bzw. Inbetriebnahme/Nutzung	Über endgültige Inbetriebnahme entscheiden
2	Veranlassen der systematischen Zusammenstellung und Archivierung der Projektdokumentation	Systematik der Aktenordnung für die Projektdokumentation mit PS und anderen Beteiligten abstimmen
3	Überprüfen der Zusammenstellung von Dokumentationsunterlagen durch die Planungsbeteiligten	Kenntnisnahme und ggf. entscheiden
4	Überprüfen und Umsetzen der Kommunikationsstruktur – regelmäßiges Informieren und Abstimmen mit dem Auftraggeber (Berichtswesen)	Kenntnisnahme und ggf. entscheiden
5	Abschließen des Entscheidungs-/Änderungs- und Risikomanagements	Kenntnisnahme und ggf. entscheiden
6	Organisieren des Abschlusses des Projektkommunikationssystems	Abschluss des Projektkommunikationssystems, ggf. Datensicherung

B	**Qualitäten und Quantitäten**	
1	Analysieren und Bewerten der Auflistung der Verjährungsfristen der Mängelansprüche	Mängelhaftungsverzeichnisse entgegennehmen und mit der eigenen Betriebsorganisation abstimmen; Dokumentationsunterlagen entgegennehmen, überprüfen und evtl. Ergänzungsbedarf anmelden

C	**Kosten und Finanzierung**	
1	Überprüfen der Kostenfeststellung der Objekt- und Fachplaner	Kostenfeststellung entgegennehmen, prüfen und ggf. an das Finanzierungsinstitut weiterleiten
2	Prüfen und Freigabevorschläge bzgl. der Rechnungen der Planungsbeteiligten und sonstigen Projektbeteiligten zur Zahlung	Geprüfte und freigegebene Rechnungen zur Zahlung anweisen

	Grundleistungen	*Auftraggeber-Aufgaben*
3	Überprüfen und Freigabevorschläge bzgl. der Rechnungsprüfung der Objektüberwachung zur Zahlung an ausführende Unternehmen	Geprüfte und freigegebene Rechnungen zur Zahlung anweisen
4	Überprüfen der Leistungen der Planungsbeteiligten bei der Freigabe von Sicherheitsleistungen	Freigegebene Sicherheitsleistungen zur Zahlung anweisen
5	Abschließen der projektspezifischen Kostenverfolgung	Kostenabschlussbericht entgegennehmen

D	**Termine, Kapazitäten und Logistik**	
1	Steuern der Inbetriebnahme, Abnahme und Übergabe	Anlagen nach der Abnahme und Übergabe in Betrieb nehmen; ggf. mit Unterstützung eines beauftragten Facility Managements

E	**Verträge und Versicherungen**	
1	Mitwirken bei der rechtsgeschäftlichen Abnahme der Planungsleistungen	Planungs- und Projektsteuerungsleistungen rechtsverbindlich abnehmen, wenn sie fehlerfrei sind und die Revisionsunterlagen vorliegen

Anhang B: Literaturverzeichnis

AHO 2003, Nr. 9 — Ausschuss der Verbände und Kammern der Ingenieure und Architekten für die Honorarordnung e.V. (Hrsg.) (2003), Untersuchungen zum Leistungsbild des § 31 HOAI und zur Honorierung für die Projektsteuerung, 5. Nachdruck. Bundesanzeiger Verlag, Bonn

AHO 2004, Nr. 9 — Ausschuss der Verbände und Kammern der Ingenieure und Architekten für die Honorarordnung e.V. (Hrsg.) (2004), Untersuchungen zum Leistungsbild, zur Honorierung und zur Beauftragung von Projektmanagementleistungen in der Bau- und Immobilienwirtschaft, 2. Auflage. Bundesanzeiger Verlag, Köln

AHO 2009, Nr. 9 — Ausschuss der Verbände und Kammern der Ingenieure und Architekten für die Honorarordnung e.V. (Hrsg.) (2009), Untersuchungen zum Leistungsbild, zur Honorierung und zur Beauftragung von Projektmanagementleistungen in der Bau- und Immobilienwirtschaft, 3. Auflage. Bundesanzeiger Verlag, Köln

AHO 2004, Nr. 19 — Ausschuss der Verbände und Kammern der Ingenieure und Architekten für die Honorarordnung e.V. (Hrsg.) (2004), Neue Leistungsbilder zum Projektmanagement in der Bau- und Immobilienwirtschaft. Bundesanzeiger Verlag, Köln

AHO 2006, Nr. 21 — Ausschuss der Verbände und Kammern der Ingenieure und Architekten für die Honorarordnung e.V. (Hrsg.) (2006), Interdisziplinäre Leistungen zur Wertoptimierung von Bestandsimmobilien. Bundesanzeiger Verlag, Köln

AHO 2006, Nr. 22 — Ausschuss der Verbände und Kammern der Ingenieure und Architekten für die Honorarordnung e.V. (Hrsg.) (2006), Untersuchungen zum Leistungsbild Interdisziplinäres Projektmanagement für PPP-Hochbauprojekte. Bundesanzeiger Verlag, Köln

BGB — Bürgerliches Gesetzbuch vom 18.8.1896 (RGBl. S. 195), zuletzt geändert durch Art. 4 Abs. 5 des Gesetzes vom 1.10.2013 (BGBl. I S. 3719).

BKI 2013 — Baukosteninformationszentrum (Hrsg.) (2013), BKI Baukosten Gebäude 2013

BMBau 2009 — Bundesministerium für Raumordnung, Bauwesen und Städtebau (Hrsg.) (2009), Richtlinien für die Durchführung von Bauaufgaben des Bundes, 19. Aust.-Lfg. November 2009. Deutscher Bundes-Verlag, Bonn

Bötzel 1999 — Bötzel B (1999), Überprüfen der Planungsergebnisse auf Konformität mit den vorgegebenen Projektzielen. In: DVP e.V. (Hrsg.), Bausteine der Projektsteuerung – Teil 6. DVP-Verlag, Wuppertal

BMVBS 2012	Bundesministerium für Verkehr, Bau und Stadtentwicklung (2012), Leitfaden WU Hochbau. Verfasser: DU Diederichs PM. Hausdruckerei Bundesministerium für Verkehr, Bau und Stadtentwicklung, Berlin
BMVBW 2003	Bundesministerium für Verkehr, Bau und Wohnungswesen (Hrsg.) (2003), Gutachten „PPP im öffentlichen Hochbau". www.bmvbw.de
Diederichs 2002	Diederichs C J (2002), Beispielsammlung zu den Grundleistungen der Projektsteuerung – Handlungsbereich D, Termine und Kapazitäten. DVP-Verlag, Wuppertal
Diederichs 2003a	Diederichs C J (2003a), Beispielsammlung zu den Grundleistungen der Projektsteuerung – Handlungsbereich B, Qualitäten und Quantitäten. DVP-Verlag, Wuppertal
Diederichs 2003b	Diederichs C J (2003b), Beispielsammlung zu den Grundleistungen der Projektsteuerung – Handlungsbereich C, Kosten und Finanzierung. DVP-Verlag, Wuppertal
Diederichs 2003c	Diederichs C J (2003c), Weiterentwicklung deutscher Bauprojektmanagement-Praxis. In: DVP e.V. (Hrsg.), Strategien des Projektmanagements – Teil 8. DVP-Verlag, Wuppertal
Diederichs 2003d	Diederichs C J (2003d), Kommentar zu § 31 HOAI. In: Hartmann, R HOAI-Kommentar. WEKA-Fachverlag, Augsburg
Diederichs 2003e	Diederichs C J (2003e), Die Vermeidbarkeit gerichtlicher Streitigkeiten über das Honorar nach der HOAI. In: NZBau, 2003, Heft 7, Verlag C.H. Beck, S. 353–359
Diederichs 2004	Diederichs C J (2004), Positionspapier Bauwirtschaft – was wurde erreicht, was bleibt zu tun?, Baumarkt + Bauwirtschaft 2/2004, S. 1
Diederichs 2005	Diederichs C J (2005), Führungswissen für Bau- und Immobilienfachleute, 2., erweiterte und aktualisierte Auflage, Springer Verlag, Berlin/Heidelberg
Diederichs 2005	Diederichs C J (2005), Beispielsammlungen zu den Grundleistungen der Projektsteuerung – Handlungsbereich A, Organisation, Information, Koordination und Dokumentation, 2. Auflage, DVP-Verlag, Wuppertal
Diederichs 2006	Diederichs C J (2006), Immobilienmanagement im Lebenszyklus – Projektentwicklung, Projektmanagement, Facility Management, Immobilienbewertung, 2., erweiterte und aktualisierte Auflage, Springer Verlag, Berlin
Diederichs 2007a	Diederichs C J (2007a), PPP-Hochbauprojekte – Interdisziplinäres Projektmanagement, BundesBauBlatt4/2007, S. 56–59
Diederichs 2007b	Diederichs C J (2007b), Immobilien-Portfoliomanagement. Facility Management 5/2007, S. 31–35. Bauverlag, Gütersloh

Diederichs 2008a	Diederichs C J (2008a), Interdisziplinäres Projektmanagement für PPP-Hochbauprojekte. Facility Management 1/2008, S. 28–31. Bauverlag, Gütersloh
Diederichs 2008b	Diederichs C J (2008b), Due Diligence von Immobilienbeständen. Facility Management 4/2008, S. 29–34. Bauverlag, Gütersloh
Diederichs 2012	Diederichs C J (2012), Bauwirtschaft und Baubetrieb. In: Zilch/ Diederichs/Katzenbach/Beckmann: Handbuch für Bauingenieure, 2. Auflage. Springer Verlag, Berlin/Heidelberg, S. 379–852
Diederichs 2013	Diederichs C J (2013), Bauprojektmanagement: 10 Gebote für den Erfolg, Deutsches Ingenieurblatt, Heft 7/8 2013, S. 40–47 und Heft 9/2013, S. 46–51. Fachverlag Schiele & Schön GmbH, Berlin
Diederichs/Buck 2002a	Diederichs C J, Buck C (2002a), Workflow-orientiertes Projektmanagement. In: BundesBauBlatt, Heft 10/2002, S. 39–43
Diederichs/Buck 2002b	Diederichs C J, Buck C (2002b), Projektmanagement im Münchner Baureferat – Vom Bauherrn zum städtischen Dienstleister. In: Der Städtetag, Heft 11/2002, S. 38–42
Diederichs/Hepermann 1989	Diederichs C J, Hepermann H (1989), Kostenermittlung im Hochbau durch Kalkulation von Leitpositionen: Technische Gebäudeausrüstung. Bergische Universität Wuppertal
Diederichs/Kulartz 2003	Diederichs C J, Kulartz H-P (2003), Kommentar zu § 8 VOF. Diederichs C J, Müller-Wrede M, Kommentar zu § 13 VOF. In: Müller-Wrede M (Hrsg.), Kommentar zur VOF, 2. Auflage. Werner Verlag, Düsseldorf
Diederichs/Kulartz 2007	Diederichs C J, Kulartz H-P (2007), Kommentar zu § 8 VOF. Diederichs C J, Müller-Wrede M, Kommentar zu § 13 VOF. In: Müller-Wrede M (Hrsg.), Kommentar zur VOF. 3., neu bearbeitete Auflage. Werner Verlag, Düsseldorf
Diederichs/Peine 2013	Diederichs C J, Peine M (2013). Unterdeckung Allgemeiner Geschäftskosten nach § 6 VI VOB/B oder § 642 BGB aus baubetrieblicher Sicht. In: NZBau, Heft 1/2013, S. 1–8
Diederichs/Preuß 2003	Diederichs C J, Preuß N (2003), Entscheidungsprozesse im Projektmanagement von Hochbauten. In: Baumarkt + Bauwirtschaft, 02/2003, S. 28 ff. Bertelsmann-Springer Bauverlag, Gütersloh
Diederichs/Streck 2003	Diederichs C J, Streck S (2003), Entwicklung eines Bewertungssystems für die ökonomische und ökologische Erneuerung von Wohnungsbeständen. DVP-Verlag, 2003
Diederichs/Streckel 2009	Diederichs C J, Streckel S (2009), Beurteilung gestörter Bauabläufe, Anteile der Verursachung durch Auftraggeber und Auftragnehmer. In: NZBau, Heft 1/2009, S. 1–5
DIN 276	DIN 276: (2008-12) Kosten im Bauwesen – Teil 1 Hochbau

DIN 277	DIN 277 (2005-02) Grundflächen und Rauminhalte von Bauwerken im Hochbau
DIN 18205	DIN 18205 (1996) Bedarfsplanung im Bauwesen
DIN 18960	DIN 18960 (2008) Nutzungskosten im Hochbau
DIN 69900	DIN 69900:2009 Projektmanagement – Netzplantechnik, Beschreibungen und Begriffe
DIN 69901	DIN 69901:2009 Projektmanagementsysteme
DIN EN ISO 9001:2008	DIN EN ISO 9001:2008 Qualitätsmanagementsysteme, Anforderungen
DU Diederichs 2002	DU Diederichs Projektmanagement AG & Co. KG (2002), Zertifiziertes QM System. Selbstverlag, Berlin, Wuppertal, München
DVP 2009	Nutzungskostenmanagement als Aufgabe der Projektsteuerung/ Ergebnisse des Arbeitskreises Nutzungskosten, DVP-Verlag Berlin
DVP 2011	Nachhaltigkeitsrelevante Prozesse in der Projektsteuerung, DVP-Verlag Berlin
Eschenbruch 2009	Eschenbruch K (2009), Projektmanagement und Projektsteuerung, 3. Auflage. Werner Verlag, Düsseldorf
Getto/Diederichs 2002	Getto P, Diederichs C J (2002), Entwicklung eines Bewertungssystems für ökonomischen und ökologischen Wohnungs- und Bürogebäudeneubau. DVP-Verlag, Wuppertal
HOAI	Honorarordnung für Architekten und Ingenieure (2013)
ISO 21500	ISO 21500:2012-06 Leitfaden zum Projektmanagement
Kalusche 2011	Kalusche W (2011), Projektmanagement für Bauherren und Planer, 3. Auflage. Oldenbourg Wissenschaftsverlag, München
Kniffka 1995	Kniffka R (1995), Die Zulässigkeit rechtsbesorgender Tätigkeiten durch Architekten, Ingenieure und Projektsteuerer. ZfBR 6 (1994), S. 253–256 und ZfBR 1 (1995), S. 10–15
Kochendörfer/ Liebchen/Viering 2010	Kochendörfer B, Liebchen J, Viering M (2010), Bau-Projekt-Management. Grundlagen und Vorgehensweisen, 4. Auflage. Vieweg+Teubner Verlag, Wiesbaden
Landesinstitut für Bauwesen NRW 1998	Landesinstitut für Bauwesen NRW (Hrsg.) (1998), Terminplanung – Zeitbedarfswerte für Bauleistungen im Hochbau. Selbstverlag, Aachen
Lechner/Stifter 2010	Lecher H, Stifter D (2010), Grundlagen des BauProjektManagement. Verlag der Technischen Universität Graz, Graz
Mittelstädt 2006	Mittelstädt N (2006), Leitlinie zur projektbezogenen Spezifikation und erfolgsabhängigen Honorarbemessung von extern beauftragten Projektmanagement-Leistungen im Hochbau, Institut für Bauwirtschaft, Universität Kassel

Müller/Volkmann 1995	Müller W-H, Volkmann W (1995), Optimierung der Planung. In: DVP e.V. (Hrsg.), Bausteine der Projektsteuerung – Teil 3. DVP-Verlag, Wuppertal
Pfarr/Hasselmann/ Will 1984	Pfarr K, Hasselmann W, Will L (1984), Bauherrenleistungen und die §§ 15 und 31 HOAI. Consulting-Verlag, Essen
Preuß 1996	Preuß N (1996), Änderungsmanagement in der Angebots- und Ausführungsphase. In: DVP e.V. (Hrsg.), Bausteine der Projektsteuerung/Teil 4 – Fachtagung 24.3.1996 in Berlin. DVP-Verlag, Wuppertal
Preuß 1998	Preuß N (1998), Entscheidungsprozesse im Projektmanagement von Hochbauten. DVP-Verlag, Wuppertal
Preuß 2001	Preuß N (2001), Entscheidungsprozesse im Projektmanagement von Hochbauten bei verschiedenen Unternehmenseinsatzformen. In: Kapellmann, Vygen Jahrbuch Baurecht
Preuß 2003	Preuß N (2003), Projektmanagement beim Einsatz von Kumulativ-Leistungsträgern. In: DVP e.V. (Hrsg.), Strategien des Projektmanagements – Teil 8. DVP-Verlag, Wuppertal
Preuß 2006	Preuß N (2006), Due Diligence als Managementaufgabe der Bereiche Technik, Wirtschaftlichkeit, Recht, Steuern. In: DVP, Projektmanagement zur Wertoptimierung von Bestandsimmobilien, 24.3.2006, Berlin
Preuß 2007	Preuß N (2007), Unternehmenseinsatzmodell Generalunternehmer auf schmalem Grat zwischen Anspruch und Wirklichkeit. In: DVP, Projektmanagement-Kompetenztagung, Generalunternehmereinsatz und alternative Projektabwicklungsformen, 23.3.2007, Berlin
Preuß 2007	Preuß N (2007), Anforderungen an das Projektmanagement in partnerschaftlich strukturierten Projekten sowie Status der Arbeiten zur Fortschreibung des Leistungsbildes nach AHO-Heft Nr. 9. In: DVP, Projektmanagement-Kompetenztagung, Alternative Projektabwicklungsformen – Strategie, Methodik, Werkzeuge, 26.10.2007, München
Preuß 2008	Preuß N (2008), Revitalisierungsmanagement von großen Wohnungsportfolien im Spannungsfeld von Nachhaltigkeitskriterien. In: DVP, Projektmanagement-Kompetenztagung, Nachhaltigkeit bei Immobilienprojekten – Anforderungen an das Projektmanagement, 18.4.2008, Berlin
Preuß 2008	Preuß N (2008), Überblick der Projektmanagementleistungen des Projektabschlusses am Praxisbeispiel eines Einkaufzentrums. In: DVP, Projektmanagement-Herbsttagung, Projektmanagement beim Projektabschluss – Prozesssteuerung bis zur Übergabe, 17.10.2008, München
Preuß/Schöne 2009	Preuß N, Schöne L B (2009), Real Estate und Facility Management, 3. Auflage. Springer Verlag, Berlin

Preuß 2013	Preuß N (2013), Projektmanagement von Immobilienprojekten: Entscheidungsorientierte Methoden für Organisation, Termine, Kosten und Qualität, 2., korrigierte Auflage. Springer Vieweg, Berlin/Heidelberg
RBBau	BMBau (Hrsg.) (2005), Richtlinien zur Durchführung von Bauaufgaben des Bundes im Zuständigkeitsbereich der Finanzverwaltungen der Länder, 18. Aust.-Lfg. Bundesanzeiger Verlag, Köln
RBBau	BMBau (Hrsg.) (2009), Richtlinien zur Durchführung von Bauaufgaben des Bundes im Zuständigkeitsbereich der Finanzverwaltungen der Länder, 19. Aust.-Lfg. Bundesanzeiger Verlag, Köln
RBBau 2013	BMVBS (Hrsg.) (2013) Vergabehandbuch für die Durchführung von Bauaufgaben des Bundes
Roquette/Viering/Leupertz 2013	Roquette A, Viering M, Leupertz S (Hrsg.), Handbuch Bauzeit, 2. Auflage 2013. Werner Verlag, Köln
RPW 2008	BMVBS (Hrsg.) (2008), Richtlinien für Planungswettbewerbe
Schach/Sperling 2001	Schach R, Sperling W (2001), Baukosten. Kostensteuerung in Planung und Ausführung. Springer Verlag, Berlin/Heidelberg
Schneider 2002	Schneider K J (2002), Bautabellen für Ingenieure, 15. Auflage. Werner Verlag, Düsseldorf
Schneider 2012	Schneider K J (2012), Bautabellen für Ingenieure, 20. Auflage. Werner Verlag, Düsseldorf
Schneider 2001	Schneider W (2001), EDV-basierte Projektkoordination und -kooperation am Beispiel eines Modernisierungsprojektes des Landes Hessen. In: DVP e.V. (Hrsg.), Strategien des Projektmanagements – Teil 6: Künftige Anforderungen an das Baumanagement aus der Sicht von DVP-Mitgliedern, DVP-Verlag, Wuppertal
Schneider 2003	Schneider W (2003), Alternative Honorarmodelle im Bauprojektmanagement. In: DVP e.V. (Hrsg.), Strategien des Projektmanagements – Teil 8. DVP-Verlag, Wuppertal
Schneider/Volkmann 2013	Schneider W, Volkmann W (2013), Kurzanleitung Prozessorientiertes Bauprojektmanagement, Edition DVP, Heft 1. DVP-Verlag, Wuppertal
Schulte/Bone-Winkel/Thomas 2005	Schulte K-W, Bone-Winkel S, Thomas M (2005), Handbuch Immobilieninvestitionen, 2., vollständig überarbeitete Auflage. Immobilien Manager, Köln
Schulte 2005–2008	Schulte K-W et al. (2005–2008), Immobilienökonomie. Oldenbourg Verlag, München/Wien Band 1: (2008) Betriebswirtschaftliche Grundlagen, 4. Auflage Band 2: (2006) Rechtliche Grundlagen, 2. Auflage Band 3: (2005) Stadtplanerische Grundlagen Band 4: (2008) Volkswirtschaftliche Grundlagen

Schulte/Bone-Winkel 2002	Schulte K-W, Bone-Winkel S (2002), Handbuch Immobilien-Projektentwicklung, 2. Auflage. Verlag Rudolf Müller, Köln
Schulte/Bone-Winkel 2008	Schulte K-W, Bone-Winkel S (2008), Handbuch Immobilien-Projektentwicklung, 3. Auflage. Immobilien Manager, Köln
Schulte/Vaeth 1996	Schulte K-W, Vaeth A (1996), Finanzierung und Liquiditätssicherung. In: Diederichs C J (Hrsg.), Handbuch der strategischen und taktischen Bauunternehmensführung. Bauverlag, Wiesbaden/Berlin
Seifert 2003	Seifert W (2003), Praxis des Baukostenmanagements, 2., überarbeitete und erweiterte Auflage. Werner Verlag, Düsseldorf
sirAdos 2012	sirAdos Baupreishandbücher. WEKA, Kissing • Baupreis-Handbuch NEUBAU • Baupreis-Handbuch ALTBAU • Baupreis-Handbuch GEBÄUDETECHNIK • Baupreis-Handbuch TIEFBAU/GALA
Streck 2004	Streck S (2004), Entwicklung eines Bewertungssystems für die ökonomische und ökologische Erneuerung von Wohnungsbeständen. DVP-Verlag, Wuppertal
Turney/Lakenbrink/Bötzel 2012	Turney, C, Lakenbrink S, Bötzel B (2012), Praxis-Handbuch für nachhaltige Gebäude. Optimierung der Kosteneffizienz im Zertifizierungsprozess. Verlag Dr. Köster, Berlin
VHB 1999	BMVBW (Hrsg.) (1999), Vergabehandbuch für die Durchführung von Bauaufgaben des Bundes im Zuständigkeitsbereich der Finanzbauverwaltungen. Deutscher Bundes-Verlag, Bonn
VHB 2004	BMVBW (Hrsg.) (2004), Vergabehandbuch für die Durchführung von Bauaufgaben des Bundes im Zuständigkeitsbereich der Finanzbauverwaltungen. Deutscher Bundes-Verlag, Bonn
Volkmann 1996	Volkmann W (1996), Messen und Bewerten von Projektsteuerungsleistungen. IIR-Fachtagung am 24.4.1996 in Düsseldorf. unveröffentlicht, Frankfurt
Volkmann 2003	Volkmann W (2003), Projektabwicklung, Arbeitshilfen/Vordrucke für Architekten und Ingenieure, 2. Auflage. Handbuch für die planerische und baupraktische Umsetzung. Verlag für Wirtschaft und Verwaltung Hubert Wingen, Essen
Wibera 1983	Müller Wolfgang-H (1983), Gutachten zur Wirtschaftlichkeit und Organisation der Staatshochbauverwaltung Nordrhein-Westfalen. unveröffentlicht, Düsseldorf
Zilch/Diederichs/Katzenbach/Beckmann 2012	Zilch K, Diederichs C J, Katzenbach R, Beckmann K J (2012), Handbuch für Bauingenieure. Technik, Organisation und Wirtschaftlichkeit, 2. aktualisierte Auflage. Springer Verlag, Berlin/Heidelberg

Anhang C: Abkürzungsverzeichnis

Abs.	Absatz
AG	Auftraggeber; Aktiengesellschaft
AGB	Allgemeine Geschäftsbedingungen
AHO	Ausschuss der Verbände und Kammern der Ingenieure und Architekten für die Honorarordnung e.V., Berlin
AN	Auftragnehmer
ARGE	Arbeitsgemeinschaft
AVB	Allgemeine Vertragsbedingungen
BauGB	Baugesetzbuch
BDA	Bund Deutscher Architekten
BGB	Bürgerliches Gesetzbuch
BGBl.	Bundesgesetzblatt
BGF	Bruttogrundfläche
BGH	Bundesgerichtshof
BIM	Building Information Modeling
BKI	Baukosteninformationszentrum Deutscher Architektenkammern GmbH
BMVBS	Bundesministerium für Verkehr, Bau und Stadtentwicklung
B-Plan	Bebauungsplan
BRI	Bruttorauminhalt
BVB	Besondere Vertragsbedingungen
BVerfG	Bundesverfassungsgericht
ca.	circa
CAD	Computer Aided Design
CM	Construction Management
CREM	Corporate Real Estate Management
d.h.	das heißt
DIN	Deutsches Institut für Normung e.V.
DIN EN ISO	Deutsche Industrienorm(en); europäische Norm; International Organization for Standardization
DVP	Deutscher Verband der Projektmanager in der Bau- und Immobilienwirtschaft e.V., Berlin
e.V.	eingetragener Verein
etc.	et cetera
EU	Europäische Union
EVM	Einheitliche Verdingungsmuster
FM	Facility Management

FNP	Flächennutzungsplan
GAEB	Gemeinsamer Ausschuss Elektronik im Bauwesen
GbR	Gesellschaft bürgerlichen Rechts
gem.	gemäß
GEP	Gebietsentwicklungsplan
ggf.	gegebenenfalls
GmbH	Gesellschaft mit beschränkter Haftung
GP	Gesamte Pufferzeit
GU	Generalunternehmer
GÜ	Generalübernehmer
GWB	Gesetz gegen Wettbewerbsbeschränkungen
HOAI	Honorarordnung für Architekten und Ingenieure
i.S.d.	im Sinne der/des
i.d.R.	in der Regel
i.V.m.	in Verbindung mit
inkl.	inklusive
IT	Informationstechnologie
KGR	Kostengruppen
KNA	Kosten-Nutzen-Analyse
KWA	Kostenwirksamkeitsanalyse
LEP	Landesentwicklungsplan
Lph.	Leistungsphase
LV	Leistungsverzeichnis
MA	Mitarbeiter
max.	maximal
Mio.	Million(en)
Mon.	Monat
NF	Nutzfläche
NKU	Nutzen-/Kostenuntersuchung
NWA	Nutzwertanalyse
p.a.	pro anno
PE	Projektentwicklung
PL	Projektleitung
PM	Projektmanagement
PPP	Public Private Partnership
PS	Projektsteuerung
PSP	Projektstrukturplan
QM	Qualitätsmanagement

RBBau	Richtlinien für die Durchführung von Bauaufgaben des Bundes im Zuständigkeitsbereich der Finanzbauverwaltungen
RGBl.	Reichsgesetzblatt
ROP	Raumordnungsprogramm
RPW	Richtlinie für Planungswettbewerbe
StLB	Standardleistungsbuch
TA	Technische Ausrüstung
TGA	Technische Gebäudeausrüstung
TU	Totalunternehmer
TÜ	Totalübernehmer
TÜV	Technischer Überwachungsverein
u.a.	unter anderem
u.U.	unter Umständen
UP	Unabhängige Pufferzeit
UVPG	Umweltverträglichkeitsprüfung
v.H.	vom Hundert
VE	Vergabeeinheiten
VEP	Verkehrsentwicklungsplan
vgl.	vergleiche
VHB	Vergabehandbuch für die Durchführung von Bauaufgaben des Bundes im Zuständigkeitsbereich der Finanzbauverwaltungen
VOB	Vergabe- und Vertragsordnung für Bauleistungen
VOF	Verdingungsordnung für freiberufliche Leistungen
VwVfG	Verwaltungsverfahrensgesetz
W+M-Planung	Werkstatt- und Montageplanung
WU	Wirtschaftlichkeitsuntersuchung
Ziff.	Ziff.
ZTV	Zusätzliche Technische Vertragsbedingungen
ZVB	Zusätzliche Vertragsbedingungen

Anhang D: Glossar

Ablaufanalyse	Untersuchung einzelner Arbeitsabläufe und ihrer Einflussparameter, z.B. über das Zusammenwirken von Menschen und Betriebsmitteln sowie deren technische, räumliche und zeitliche Zuordnung.
Ablauforganisation	Ablauforganisation ist die Koordination von Tätigkeiten, d.h. über die Darstellung des Ablaufs hinaus die eindeutige Zuweisung von Zuständigkeiten. Die Ablauforganisation regelt die sachliche, zeitliche und räumliche Folge der Arbeiten und legt die Art und Reihenfolge des Zusammenwirkens der Aufgabenträger fest. In Flussdiagrammen können Abläufe, Leistungsträger und deren Koordination miteinander zur Ablauforganisation vereinigt werden. Die Prozesse werden dadurch übersichtlicher und durchschaubarer.
Ablaufplanung	Die Ablaufplanung beschäftigt sich mit der Abfolge einzelner Vorgänge, wobei die Zuständigkeiten unberücksichtigt bleiben. Ergebnis der Ablaufplanung ist die Darstellung von Abläufen als Netz-, Balkenplan oder Zeit-/Wegdiagramm. Ziel der Ablaufplanung ist die Ermittlung des Idealablaufs. Terminplanung ist die um konkrete Zeitangaben ergänzte Ablaufplanung.
Ablaufstruktur	Gesamtheit der Anordnungsbeziehungen zwischen den Vorgängen der Ablaufelemente/Vorgänge. Die Ablaufstrukturplanung geht der Ablaufplanung, diese der Ablauforganisation und diese wiederum der Prozessplanung voran.
Abnahme	Verpflichtung des Bestellers nach BGB § 640, das vertragsmäßig hergestellte Werk abzunehmen und gemäß BGB § 641 die vereinbarte Vergütung zu entrichten. Für Bauverträge gilt ergänzend VOB/B § 12, sofern die VOB/B Vertragsbestandteil ist.
Abschlagsrechnung	Schriftlich fixierte Forderung des Auftragnehmers für vertragsgemäß erbrachte Teilleistungen; bei Bauverträgen vgl. VOB/B § 14.
Abschlagszahlung	Zahlung des Auftraggebers in Höhe des Werts der jeweils durch Abschlagsrechnung nachgewiesenen vertragsgemäßen Leistung; bei Bauverträgen vgl. VOB/B § 16.
Abstimmen	Vorlage von Arbeitsergebnissen unter Herbeiführung der Zustimmung des Auftraggebers zur Umsetzung.

Abweichungsanalyse	Ermittlung der Ursachen aufgetretener Abweichungen zwischen geplanten Soll-Werten und tatsächlich erzielten Ist-Werten für z.B. Qualität, Kosten und Termine dem Grunde und der Höhe nach, um den Verursacher, mögliche Anpassungsmaßnahmen zur Erreichung der Soll-Werte und ggf. Haftungstatbestände und Schadensersatzansprüche festzustellen.
Analysieren	Die Kontrolle eines laufenden Projektprozesses/Projektfortschritts bzw. Leistungen von Projektbeteiligten in Stichproben, mit dem Ziel einer Handlungsempfehlung an den Auftraggeber.
Anordnungsbeziehung	Quantifizierbare Abhängigkeit zwischen Ereignissen oder Vorgängen. Nach DIN 69900 Teil 1 werden unterschieden: • Normalfolge NF vom Ende eines Vorgangs zum Anfang seines Nachfolgers, • Anfangsfolge AF vom Anfang eines Vorgangs zum Anfang seines Nachfolgers, • Endfolge EF vom Ende eines Vorgangs zum Ende seines Nachfolgers oder • Sprungfolge SF vom Anfang eines Vorgangs zum Ende seines Nachfolgers. • Für die Taktplanung im Bauwesen hat sich zusätzlich bewährt die • Annäherung A, durch die gleichzeitig eine Anfangs- und eine Endfolge zwischen einem Vorgang und seinem Nachfolger festgelegt werden.
Aufbaustruktur	Aufbaustrukturen zeigen die Hierarchien und Verantwortlichkeiten im Projekt. Strukturieren kann man nach vielerlei Gesichtspunkten; es kommt immer auf die Projekterfordernisse an. Komplexe Projekte erfordern meist tiefer gegliederte Strukturen, weil man nur so die Übersicht behalten kann. Die wichtigsten Aufbaustrukturen sind: das Organigramm, die Projektbeteiligtenliste, Aufbau und Zusammensetzung der Leitungsebenen und Arbeitskreise, der Projektstrukturplan und der Produktstrukturplan.
Aufstellen	Das Aufstellen umfasst die schriftliche Ausarbeitung eines Arbeitsergebnisses.
Aufwandswert	Arbeitsaufwand zur Erzeugung einer Leistungseinheit, z.B. Lohnstunden zur Verlegung von 1 to Bewehrung Stabstahl, ∅ 16–28 mm.

Ausgleichsposten	Er ist das Sammelbecken aller Abweichungen zwischen Plan-, Vergabe- und Abrechnungswerten, sofern diese sich im Rahmen üblicher Schwankungen bewegen und zum Ausgleich tendieren. Dieser Ausgleich muss ggf. durch geeignete Kostensteuerungsmaßnahmen unterstützt werden.
Ausschreibung	Förmliches Verfahren zur Einholung von Angeboten für Bauleistungen, das in der VOB/A geregelt ist. Zu den Anwendungsbereichen der 4 Abschnitte von VOB/A, DIN 1960 Ausgabe 2006, wird verwiesen auf die Hinweise im Vorwort dazu.
Ausstattungsprogramm	Festlegung der Ausstattung/Ausrüstung, welche nicht fest mit dem Bauwerk verbunden ist (Interieurlisten).
Baugenehmigungsverfahren	Durch die jeweiligen Landesbauordnungen geregeltes Verfahren für Bauvorlagen/Bauantragsunterlagen, der Behandlung des Bauantrags bis zur Baugenehmigung, der erforderlichen Anzeigen während der Bauausführung und der Bauzustandsbesichtigung bis zur Schlussabnahme.
Baukosten	Nicht eindeutig abgegrenzter Begriff für die Kosten von Bauleistungen aus der Sicht des Auftraggebers.
Baunutzungskosten	Nach DIN 18960 alle bei Gebäuden, den dazu gehörenden baulichen Anlagen und deren Grundstücken unmittelbar entstehenden regelmäßig oder unregelmäßig wiederkehrenden Kosten vom Beginn der Nutzbarkeit des Gebäudes bis zum Zeitpunkt seiner Beseitigung. Die betriebsspezifischen und produktionsbedingten Personal- und Sachkosten werden nicht nach DIN 18960 erfasst.
Bauprogramm	Es enthält eine Zusammenstellung der erforderlichen Bauwerksflächen und -räume, der fest mit dem Bauwerk verbundenen Ausstattungen, der umgebenden Grundstücksflächen sowie der Infrastruktur.
Bauunterhaltungskosten	Gesamtheit der Maßnahmen zur Bewahrung und Wiederherstellung des Soll-Zustands an Gebäuden und dazugehörenden Anlagen (Kostengruppe 6 der DIN 18960), jedoch ohne Reinigung und Pflege der Verkehrs- und Grünflächen nach KG 5.7 und ohne Wartung und Inspektion der haus- und betriebstechnischen Anlagen nach KG 5.6.

Bedarfsplanung	Bedarfsplanung im Bauwesen bedeutet nach dem nationalen Vorwort zu DIN 18205 • die methodische Ermittlung der Bedürfnisse von Bauherren und Nutzern, • deren zielgerichtete Aufbereitung als „Bedarf" und • dessen Übersetzung in eine für den Planer, Architekten und Ingenieur verständliche Aufgabenstellung. Nach Ziff. 4 der DIN 18205 ist Bedarfsplanung ein Prozess. Er besteht daraus, 1. die Bedürfnisse, Ziele und einschränkenden Gegebenheiten (die Mittel, die Raumbedingungen) des Bauherrn und wichtiger Beteiligter zu ermitteln und zu analysieren sowie 2. damit zusammenhängende Probleme zu formulieren, deren Lösung man vom Planer erwartet.
Besondere Leistungen	Besondere Leistungen können nach HOAI § 3 (3) zu den Grundleistungen hinzu oder an deren Stelle treten, wenn besondere Anforderungen an die Ausführung des Auftrags gestellt werden, die über die allgemeinen Leistungen hinausgehen oder diese ändern. Sie sind in den Leistungsbildern nicht abschließend aufgeführt. Besondere Leistungen sind gemäß Ziff. 4.2 der DIN 18299 f der VOB/C Leistungen, die nicht Nebenleistungen gemäß Abschnitt 4.1 sind und nur dann zur vertraglichen Leistung gehören, wenn sie in der Leistungsbeschreibung erwähnt sind. Werden solche Besonderen Leistungen vom Auftraggeber nachträglich verlangt, so besteht hierfür seitens des Auftragnehmers ein Anspruch auf besondere Vergütung.
Bewerten	→ Analysieren
BIM	Building Information Modeling, BIM (deutsch: Gebäude-Daten-Modellierung) beschreibt als Methode die ganzheitliche, digitale Vernetzung aller relevanten Gebäude- und Planungsdaten in allen Lebensphasen einer Immobilie. Die Daten werden mit Hilfe von Software erfasst, kombiniert und vernetzt.
Controlling	Controlling ist eine Teilfunktion der Unternehmensführung, die Planungs-, Kontroll-, Steuerungs- und Koordinationsaufgaben wahrnimmt, um die Entscheidungsträger mit den notwendigen Informationen zur Steuerung des Unternehmens zu versorgen. Controlling umfasst u.a. die Durchführung von Analysen, betriebswirtschaftliche Methodenwahl, Entscheidungsvorbereitung, Investitions- und Wirtschaftlichkeitsberechnungen.

Deckungsbestätigung	Zu unterscheiden ist zwischen Deckungsbestätigungen für Aufträge und Nachträge. Deckungsbestätigungen für Aufträge erfordern den Vergleich der Soll-Werte für Vergabeeinheiten auf der Basis der aktuellen Kostenberechnung mit den Angeboten von Bietern. Im Fall der Überschreitung der Soll-Werte durch die Angebote sind geeignete Deckungsmöglichkeiten zu erarbeiten. Deckungsbestätigungen für Nachträge sind entweder durch bei der Vergabe gebildete Rückstellungen oder durch Einsparungen bei anderen Teilleistungen oder aber durch Budgeterhöhungen nachzuweisen. Voraussetzungen jeder ordnungsgemäßen Erst- und Nachtragsbeauftragung ist der Nachweis und die Bestätigung der finanziellen Deckung durch eine Deckungsbestätigung.
Erstellen	→ Aufstellen
Fachplaner	Fachplaner werden in direktem Vertragsverhältnis mit dem Auftraggeber zur Erbringung von Fachplanungsleistungen beauftragt, z.B. der Tragwerksplanung, der Planung der Technischen Gebäude-Ausrüstung, der Baugrundbeurteilung etc. Verantwortung, Haftung und Gewährleistung der Fachplaner erstrecken sich jeweils nur auf ihren begrenzten Aufgabenbereich.
Facility Management	Es bedeutet ganzheitliches Betreiben von Gebäuden und Anlagen mit dem Ziel der optimalen Wertschöpfung durch die Immobilie. Dazu gehören: • das Flächen- und Veranstaltungsmanagement, • das Wartungs-, Instandhaltungs- und Energiemanagement, • Vermietung, Verwaltung und Controlling, • das Informations- und Kommunikationsmanagement sowie • das Entwickeln und Verfolgen von Programmen zur Werterhaltung des Immobilienbestands. Beim FM werden insbesondere Methoden des Projektmanagements angewendet. In der Regel ist das FM keine Teildisziplin des Projektmanagements (z.B. Fehlen des Charakters der Einmaligkeit). In besonderen Fällen kann z.B. ein Umzugsvorhaben eines großen Unternehmens jedoch Projektcharakter besitzen.
Fortschreiben	Die laufende Aktualisierung der erarbeiteten Unterlagen in regelmäßigen Abständen.

Funktionsprogramm	Es regelt die Zuordnung von Räumen und Neben- und Verkehrsflächen sowohl horizontal als auch vertikal. Bei Betriebsgebäuden kommen hinzu die Zuordnung einzelner Arbeitsräume, Arbeitssysteme/Betriebsbereiche und Betriebsteile zueinander unter Berücksichtigung der Arbeitsbeziehungen und betrieblichen Material- und Energieflüsse.
Gebäude- und Raumbuch	Es ist eine Besondere Leistung der Projektsteuerung. Gebäude und Räume werden verbal beschrieben. Es ist die konsequente Fortführung des Bau-, Funktions-, Raum- und Ausstattungsprogramms sowie der Baubeschreibung und ergänzt zeichnerische Darstellungen. Mit einem Gebäude- und Raumbuch wird die Präzisierung der Vorgaben des Nutzers/Bauherrn und die gemeinsame Informations-/Abstimmungs-/Entscheidungsbasis für Nutzer/Bauherr einerseits und Planer andererseits geschaffen. Ein Gebäude- und Raumbuch kann als Anlage zum Nutzerbedarfsprogramm erstmals als Forderungskatalog aufgestellt, mit Abschluss der Vor-, Entwurfs- und Ausführungsplanung fortgeschrieben und mit Baufertigstellung als Bestandsgebäude- und -raumbuch abgeschlossen und an den Nutzer übergeben werden.
Generalplanung	Generalplanung ist die Zusammenfassung des Auftrags des führenden Planers mit den Aufträgen für: Freianlagenplanung, Tragwerksplanung, technische Gebäudeausrüstung usw. Ziel des Auftraggebers ist Schnittstellenverminderung und damit einhergehende Einsparung eigener Ressourcen. Der Generalplaner beschäftigt sich mit der Planungsorganisation, der Koordination und der Fortschrittskontrolle, aber immer nur auf der Hierarchieebene der Fachplaner.
Generalübernehmer	Der Generalübernehmer übernimmt die Ausführung der Bauleistungen aller Gewerbezweige für ein Bauwerk, führt jedoch selbst keinerlei Bauleistungen im eigenen Betrieb aus.
Generalunternehmer	Einem Generalunternehmer werden vom Auftraggeber die Bauleistungen aller Gewerbezweige für ein Bauwerk übertragen. Dabei hat er ggf. auch Teile der Ausführungsplanung zu erbringen. In diesem Fall spricht man von einem „qualifizierten Generalunternehmer". Häufig übernimmt der Generalunternehmer eine Kosten- und Termingarantie unter Vereinbarung einer Vertragsstrafe bei Nichteinhaltung. Er führt wesentliche Teile der Bauleistungen selbst aus, z.B. die Rohbauarbeiten. Die übrigen Bauleistungen vergibt er an Nachunternehmer, die ihre Leistungen selbständig und eigenverantwortlich auch im Rahmen von Werkverträgen erfüllen.

Gewerk	Veraltete, heute aber noch weitgehend übliche Bezeichnung für die einzelnen gewerblichen Leistungen. Diese werden in der VOB als Fachlose (vgl. VOB/A § 4 (2)) und nach dem Standardleistungsbuch (StLB) des Gemeinsamen Ausschusses Elektronik im Bauwesen (GAEB) als Leistungsbereiche bezeichnet.
Grundleistungen	Sie umfassen nach HOAI § 3 (2) die Leistungen, die zur ordnungsgemäßen Erfüllung eines Auftrags im Allgemeinen erforderlich sind. Sachlich zusammengehörige Grundleistungen sind zu jeweils in sich abgeschlossenen Leistungsphasen zusammengefasst.
Honorarordnung für Architekten und Ingenieure (HOAI)	Geltendes Recht für die Berechnung von Honoraren bei Objektplanungsleistungen von inländischen Architekten und Ingenieuren ist die Honorarordnung für Architekten und Ingenieure HOAI in der Fassung vom 10.7.2013 (BGBl. I S. 2276).
Investitionsrahmen	Entspricht dem → Kostenrahmen.
Investitionsrechnung	Sie umfasst sämtliche statischen und dynamischen Verfahren der Wirtschaftlichkeitsberechnung.
Jours-fixes	Zur Bewältigung laufender Aufgaben werden feste Gesprächskreise, sog. Jour fixe, eingerichtet, wenn ein Problem nicht per Telefon oder Brief (Fax) zwischen nur zwei oder drei Partnern, sondern nur im Zusammenwirken mehrerer oder vieler Beteiligter im unmittelbaren Dialog gelöst werden kann. Jours-fixes finden i.d.R. in einem festen Rhythmus statt. Im Gegensatz dazu werden für die Bearbeitung von Spezialthemen Arbeitskreise eingerichtet, die nach Lösung der ihnen gestellte Aufgabe(n) mit der Vorlage des Ergebnisses wieder aufgelöst werden. Der Zeitaufwand und damit die Kosten für Zusammenkünfte werden i.d.R. nicht gemessen und dokumentiert, sind aber trotzdem sehr hoch. Grundlage der Gesprächskreise ist das Organigramm.
Kapazität	Nach DIN 69902 Einsatzmittel (englisch: resources), d.h. Personal- und Sachmittel, die zur Durchführung von Vorgängen, Arbeitspaketen oder Projekten benötigt werden.
Kapazitätsrahmen	Er gibt die voraussichtlich erforderlichen Kapazitäten/Ressourcen für Planung und Ausführung vor. Zur Ermittlung sind Überschlagsrechnungen für den erforderlichen Personaleinsatz in der Planung und Ausführung, ggf. auch für den Geräteeinsatz in der Ausführung, anzustellen.

Kosten — Sie sind der bewertete betriebsnotwendige Verbrauch von Gütern und Dienstleistungen sowie für die Bereitstellung der hierfür erforderlichen Kapazitäten, die zur Herstellung und zum Absatz der betrieblichen Leistung benötigt werden. Dem Werteverzehr steht i.d.R. eine Wertschöpfung in Form einer Leistung gegenüber.

Kosten im Bauwesen sind nach DIN 276 Teil 1: Hochbau 2008-12, Aufwendungen für Güter, Leistungen und Abgaben, die für die Planung und Ausführung von Baumaßnahmen erforderlich sind. DIN 276 sieht 3 Kostengliederungsebenen durch dreistellige Ordnungszahlen vor. In der 1. Ebene werden die Gesamtkosten in folgende 7 Kostengruppen gegliedert:

100 Grundstück
200 Herrichten und Erschließen
300 Bauwerk – Konstruktionen
400 Bauwerk – Technische Anlagen
500 Außenanlagen
600 Ausstattung und Kunstwerke
700 Baunebenkosten.

Kostenabweichung — Sie ist das Ergebnis der Differenz eines Soll-Ist-Vergleichs. Kostenabweichungen werden begründet durch:

- gewollte Projektänderungen hinsichtlich Standard oder Menge,
- Schätzungsberichtigungen, die auf Ungenauigkeiten in der Mengenermittlung oder auf Abweichungen von den Kostenkennwerten vorausgegangener Projektphasen beruhen oder
- Indexänderungen aufgrund der Baupreisentwicklung.

Kostenanschlag — Ist die Ermittlung der Kosten nach DIN 276 auf der Grundlage der Ausführungsvorbereitung. Beim Kostenanschlag werden die Gesamtkosten nach Kostengruppen mindestens bis zur 3. Ebene der Kostengliederung ermittelt.

Kostenberechnung — Ist die Ermittlung der Kosten nach DIN 276 auf der Grundlage der Entwurfsplanung. Bei der Kostenberechnung werden die Gesamtkosten nach Kostengruppen mindestens bis zur 2. Ebene der Kostengliederung ermittelt.

Kostenermittlung — Ist die Vorausberechnung der entstehenden Kosten bzw. Feststellung der tatsächlich entstandenen Kosten nach DIN 276.

Die Stufen der Kostenermittlung sind entsprechend dem Planungsfortschritt: Kostenrahmen, Kostenschätzung, Kostenberechnung, Kostenanschlag, Kostenfeststellung.

Kostenfeststellung — Sie ist die Ermittlung der endgültigen Kosten nach DIN 276.

Kostengliederung	Sie ist nach DIN 276 die Ordnungsstruktur, nach der die Gesamtkosten einer Baumaßnahme in Kostengruppen unterteilt werden.
Kostengruppe	Sie ist nach DIN 276 die Zusammenfassung einzelner, nach den Kriterien der Planung oder des Projektablaufs zusammengehörender Kosten.
Kostenkennwert	Er ist nach DIN 276 ein Wert, der das Verhältnis von Kosten zu einer Bezugseinheit darstellt (z.B. Grundflächen oder Rauminhalte nach DIN 277 Teil 1 und Teil 2).
Kostenkontrolle	Sie ist der Vergleich einer aktuellen mit einer früheren Kostenermittlung, um Kostenabweichungen zu erkennen.
Kosten-Nutzen-Analyse (KNA)	Sie dient der Beurteilung der Vorteilhaftigkeit gesamtwirtschaftlich bedeutsamer Investitionen und versucht, eine Beziehung zwischen dem Nutzen und den durch die Investition verursachten Kosten herzustellen mit der Zielsetzung, den gesamtwirtschaftlichen Nutzen zu maximieren. Sie bietet sich an, wenn alle betrieblichen und gesellschaftlichen Nutzen- und Kostenfaktoren mit Geldeinheiten bewertbar sind, und weist damit wie die Wirtschaftlichkeitsberechnung ein nur eindimensionales Zielsystem auf.
Kostenplanung	Sie ist nach DIN 276 die Gesamtheit aller Maßnahmen der Kostenermittlung, Kostenkontrolle und der Kostensteuerung. Die Kostenplanung begleitet alle Phasen der Baumaßnahme. Sie befasst sich systematisch mit den Ursachen und Auswirkungen der Kosten.
Kostenrahmen	Er ist die Ermittlung der Kosten nach DIN 276 auf der Grundlage der Bedarfsplanung.
Kostenschätzung	Sie ist die Ermittlung der Kosten nach DIN 276 auf der Grundlage der Vorplanung.
Kostenwirksamkeitsanalyse (KWA)	Sie ist eine Methode zur Rangbestimmung bei komplexen Entscheidungs- oder Handlungsalternativen. Sie erlaubt die Beachtung mehrdimensionaler Zielsysteme. Die in Geldeinheiten bewertbaren Faktoren werden wie bei der Kosten-Nutzen-Analyse (KNA) und die nicht monetär bewertbaren Faktoren (intangiblen Effekte) wie bei der Nutzwertanalyse (NWA) behandelt. Die KWA erlaubt keine Beurteilung einer Einzelmaßnahme, sondern nur eine Aussage über die relative Vorteilhaftigkeit von Investitionsalternativen und damit die Aufstellung einer Rangliste.
Kritischer Weg	Er ist der Weg, auf dem Ereignisse bzw. Vorgänge in einem System so angeordnet sind, dass die geplante Pufferzeit minimiert wird.

Kumulativleistungsträger	Auftragnehmer, die mehrere Fachleistungen als Eigen- oder Fremdleistung erbringen, z.B. Generalplaner (GP), Generalunternehmer (GU), Generalübernehmer (GÜ), Totalunternehmer (TU), Totalübernehmer (TÜ), Construction Manager (CM) u.s.w.
Leistungsbeschreibung	Eine Leistungsbeschreibung ist eine Beschreibung der Sachleistung bei einem Austauschvertrag, beispielsweise einem Werkvertrag. Mit der Leistungsbeschreibung wird festgelegt, welche Sachleistung der Verkäufer erbringen muss, d.h., es werden insbesondere die geschuldeten Eigenschaften, Funktionen und Qualitätsmerkmale beschrieben. Besondere Bedeutung hat der Begriff Leistungsbeschreibung bei Bauverträgen zur Beschreibung der Sachleistung, dort oft als Bausoll bezeichnet. Die Leistung ist nach VOB/A § 7 eindeutig und so erschöpfend zu beschreiben, dass alle Bewerber die Beschreibung im gleichen Sinne verstehen müssen und ihre Preise sicher und ohne umfangreiche Vorarbeiten berechnen können. Übliche Formen der Leistungsbeschreibung werden in der VOB/A angegeben als: • Leistungsbeschreibung mit Leistungsverzeichnis. Dabei wird die Leistung i.d.R. durch eine allgemeine Darstellung der Bauaufgabe (Baubeschreibung) und ein in Teilleistungen gegliedertes Leistungsverzeichnis beschrieben. • Leistungsbeschreibung mit Leistungsprogramm. Das Leistungsprogramm umfasst eine Beschreibung der Bauaufgabe. Diese wird auch häufig funktionale Leistungsbeschreibung genannt.
Leistungsbild	Die in der HOAI, Teil 2, 3 und 4 enthaltenen Leistungsbeschreibungen für die Architekten- und Ingenieurleistungen, die nach Grundleistungen und Besonderen Leistungen unterschieden werden.
Leistungswert	Nach DIN 69902 Einsatzmittel-Leistungsvermögen (englisch: resource unit capacity), d.h. Menge von Einheiten, die durch die Nutzung oder den Verbrauch eines Einsatzmittels in einer Zeiteinheit erzeugt werden kann (z.B. ein Tieflöffelbagger mit 1 m^3 Löffelinhalt kann in einer Stunde 50 m^3 ausheben).
Leitposition	Diejenigen Teilleistungen der verschiedenen Leistungsbereiche eines Bauwerks, die wertmäßig (aus dem Produkt von Mengen und Einheitspreisen) ca. 80 % bis 90 % der Gesamtkosten des Leistungsbereichs ausmachen, zahlenmäßig jedoch nur einen prozentualen Anteil zwischen 20 % und 30 % haben.

Logistik	Logistik bedeutet Materialfluss vom Hersteller oder Lieferanten zur Einbaustelle sowie der Abtransport von nicht verwendeten, bzw. nicht mehr verwendungsfähigen Materialien (Abfällen) zum Recycling bzw. zur Deponie.
Mitwirken	Der beauftragte Projektsteuerer fasst die genannten Teilleistungen in Zusammenarbeit mit anderen Projektbeteiligten inhaltlich abschließend zusammen und übermittelt diese mit einer eigenen Bewertung dem Auftraggeber zur Entscheidung.
Nachforderung	Sie ist eine vom Auftragnehmer nach Vertragsschluss über die Vereinbarung der Vergütung hinaus erhobene Forderung. Dem Grunde und der Höhe nach aus Leistungsänderungen oder Leistungsstörungen berechtigte Nachforderungen führen zu entsprechenden Nachtragsvereinbarungen.
Nachunternehmer	Er wird von einem Generalunter-, Generalüber- oder Totalunternehmer im Werkvertragsverhältnis beauftragt. Es besteht kein direktes Vertragsverhältnis zu deren Auftraggeber.
Nebenleistungen/ Besondere Leistungen	Nebenleistungen sind nach VOB/C 4.1 Leistungen, die auch ohne Erwähnung im Vertrag zur vertraglichen Leistung gehören und infolgedessen in die Einheitspreise oder den Pauschalpreis einzurechnen sind. Besondere Leistungen sind nach VOB/C 4.2 Leistungen, die nicht Nebenleistungen gemäß Abschnitt 4.1 sind und nur dann zur vertraglichen Leistung gehören, wenn sie in der Leistungsbeschreibung besonders erwähnt sind.
Netzplan	Der Netzplan ist nach DIN 69900:2009-01 die grafische oder tabellarische Darstellung von Abläufen und deren Abhängigkeiten.
Nutzen-Kosten-Untersuchung (NKU)	Sie ist definitionsgemäß immer dann anzuwenden, wenn neben einzelwirtschaftlichen auch gesamtwirtschaftliche Ziele und entsprechende Nutzen- und Kostenfaktoren in die Betrachtungen einzubeziehen sind oder aber für einzelwirtschaftliche Untersuchungen auch nicht monetär bewertbare Teilziele herangezogen werden sollen. Im Wesentlichen haben sich 3 Verfahren durchgesetzt: die → Kosten-Nutzen-Analyse (KNA), die → Nutzwertanalyse (NWA) und die → Kostenwirksamkeitsanalyse (KWA).
Nutzwertanalyse (NWA)	Soll unter mehreren, miteinander schwer vergleichbaren Alternativen ausgewählt werden, stellt die Nutzwertanalyse ein Instrument zur Bestimmung der vom Entscheidungsträger bevorzugten Alternativen dar. Dazu müssen die Alternativen parametrisiert und auf – ebenfalls parametrisierbare Konsequenzen – abgebildet werden. Die NWA nimmt an, dass der Entscheidungsträger die Alternative bevorzugt, die ihm den größten Nutzen bringt.

Objekt	Ein in der HOAI verwendeter Begriff für den jeweiligen Gegenstand der Planungsleistungen wie Gebäude und Innenräume, Freianlagen, Ingenieurbauwerke und Verkehrsanlagen, Tragwerke, Technische Einbauten sowie Leistungen bei der Bau- und Raumakustik. Objektüberwachung nach HOAI Leistungsphase 8 wird umgangssprachlich oft mit Bauleitung bezeichnet.
Planfeststellungs-verfahren	Es wird angewendet auf Planungen auf den Gebieten des Verkehrs-, Wege- und Wasserrechts und der öffentlichen Versorgung. Planfeststellungsverfahren sind Verwaltungsverfahren mit Beteiligung der Planungsbetroffenen. Elemente des Verfahrens sind die Anordnung des Verfahrens durch Rechtsvorschrift, das Anhörungsverfahren und der Planfeststellungsbeschluss. Einzelheiten regelt das Verwaltungsverfahrensgesetz (VwVfG).
Planungskennwert	Planungskennwerte dienen als Orientierungswerte und als Maßstab zur Beurteilung der Wirtschaftlichkeit einer Planung. Sie sind teilweise in Vorschriften und Richtlinien verankert, teilweise gehören sie zum individuellen Erfahrungsschatz der Architekten und Fachplaner. Sie werden als Verhältniswerte je nach Verwendungszweck und Bezugsbasis in 3 Gruppen eingeteilt: • zur Bedarfsableitung mit der Bezugsbasis Nutzeinheiten, wie z.B. Flächenkennwerte pro Schüler- oder Kindergartenplatz pro Krankenhausbett, • zur wirtschaftlichen Entwurfsgestaltung als Verhältniswerte von Flächen und Kubaturen, wie z.B. m^2 BGF/m^2 HNF, und • zur wirtschaftlichen Gestaltung von Bauteilen oder Bauelementen, wie z.B. Bauteil- oder Baustoffkennwerte über zulässige Beanspruchungen, Eigenschaften und Nutzungsdauern in Abhängigkeit von der Beanspruchung.
Projekt	Nach DIN 69901 ist ein Projekt ein Vorhaben, das im Wesentlichen durch Einmaligkeit der Bedingungen in ihrer Gesamtheit gekennzeichnet ist, wie z.B. • Zielvorgabe, • zeitliche, finanzielle, personelle oder andere Begrenzungen, • Abgrenzung gegenüber anderen Vorhaben und • projektspezifische Organisation.

Die drei tragenden Säulen eines Projekts sind:

- Kosten,
- Termine,
- Qualität und Quantitäten.

Hinzu kommen:

- Aufbau- und Ablauforganisation,
- Verträge und Versicherungen,
- Projektgegenstand und Projektumfeld, erweitert um die
- Genehmigungsorganisationen sowie das
- Informationsmanagement.

Projektänderung	Sie ist eine bewusste Abweichung von dem jeweils genehmigten Projektstatus hinsichtlich Standard oder Menge und führt zu einer Veränderung von Funktion, Gestaltung oder Konstruktion des Projekts oder einzelner Projektteile. Projektänderungen haben Einfluss auf Qualitäten, Kosten und Termine. Daher sind alle gewünschten oder notwendigen Änderungen gegenüber dem jeweils aktuellen Planungsstand vom jeweiligen Initiator der Projektleitung des Auftraggebers mit Begründung und Auswirkungen auf Qualitäten, Kosten und Termine so rechtzeitig schriftlich anzumelden, dass sie nach einer entsprechenden Entscheidung ggf. ohne Zeitverzögerung umgesetzt oder aber bei Ablehnung noch vermieden werden können. Genehmigte Projektänderungen/-ergänzungen werden mit ihren Auswirkungen in einer Projektänderungsliste mit Genehmigungsvermerken dokumentiert.
Projektbuchhaltung	Sie enthält alle Auftrags- und Abrechnungsdaten der an einem Projekt beteiligten Planer, Ausführungsunternehmen, behördlichen und sonstigen Institutionen. Zielsetzung ist die jederzeitige Auskunftsbereitschaft über die Entwicklung des Budgets, die Auftrags- und Abrechnungssummen, den Stand des Ausgleichspostens, der Rückstellungen und des Unvorhergesehenen sowie der Über- und Unterschreitungen zwischen Soll-Vorgaben, Vergabe- und Schlussabrechnungswerten.
Projektchronik	Sie ist die Zusammenstellung ausgewählter wesentlicher Daten über erreichte Projektziele, Kosten und Termine, Qualität (der Durchführung) und Quantitäten.
Projektcontrolling	→ Controlling

Projektentwicklung	Durch Projektentwicklungen sind die Faktoren Standort, Projektidee und Kapital so miteinander zu kombinieren, dass einzelwirtschaftlich wettbewerbsfähige, arbeitsplatzschaffende und -sichernde sowie gesamtwirtschaftlich sozial- und umweltverträgliche Immobilienobjekte geschaffen und dauerhaft rentabel genutzt werden können. Projektentwicklung im engeren Sinne umfasst die Phase vom Projektanstoß bis zur Entscheidung über die weitere Verfolgung der Projektidee durch Erteilung von Planungsaufträgen bzw. bis zur Entscheidung über die Einstellung aller weiteren Aktivitäten aufgrund zu hoher Projektrisiken. Die Projektentwicklung im weiteren Sinne umfasst den gesamten Lebenszyklus der Immobilie vom Projektanstoß bis hin zur Umwidmung oder dem Abriss am Ende der wirtschaftlich vertretbaren Nutzungsdauer. Sie entspricht dem Immobilienmanagement (englisch: corporate real estate management – CREM).
Projektkommunikationssystem	Die Intensität der Kommunikation zwischen den Baubeteiligten von „niedrig" bis „hoch" beschreiben die Verben „informieren", „koordinieren", „kollaborieren" und „kooperieren" (in dieser Reihenfolge). Projektkommunikationssysteme unterstützen die Zusammenarbeit über elektronische Netzwerke in allen vorgenannten Intensitäten. Dabei stehen Funktionen für den Austausch und die gemeinsame Ablage von Dokumenten, für den Austausch von Nachrichten, für die Verwaltung von Adressen und Kalendern sowie die Vorgangssteuerung in Form von Workflows im Vordergrund.
Projektleitung (PL)	Für die Dauer eines Projekts geschaffene Organisationseinheit, die für Planung, Steuerung und Überwachung dieses Projekts verantwortlich ist (DIN 69901).
Projektmanagement (PM)	Gesamtheit von Führungsaufgaben, -organisation, -techniken und -mitteln für die Abwicklung eines Projekts (DIN 69901).
Projektspezifische Organisationsvorgaben	Sinn der projektspezifischen Organisationsvorgaben sind: Bestimmungen zur Aufgabe, Kompetenz, Verantwortung, Mitarbeit und Information aller Beteiligten des Projekts einvernehmlich festzulegen sowie das Sicherstellen einer stets gleichen, effizienten Abwicklung der anfallenden Probleme und Entscheidungen. Sie ist damit die strukturierte und á jour gehaltene Datensammlung der Planungsergebnisse und der Realisierung eines bestimmten Projekts.

Projektsteuerung (PS)	Nach der Berufsordnung des Deutschen Verbandes der Projektmanager in der Bau- und Immobilienwirtschaft e.V. (DVP) ist Projektsteuerung die neutrale und unabhängige Wahrnehmung von Auftraggeberfunktionen in technischer, wirtschaftlicher und rechtlicher Hinsicht.
Projektstrukturplan (PSP)	Darstellung der Gesamtheit der wesentlichen Beziehungen zwischen den Elementen eines Projekts, wobei nach dem Aufbau, dem Ablauf, den Grundbedingungen oder sonstigen Gesichtspunkten differenziert werden kann. Der PSP ist Basis der Codifizierung der Projektarbeit sowohl für Pläne, Beschreibungen, Kostenermittlungen und -kontrollen, Terminplanungen und -überwachungen als auch für Auftragszuordnungen, Budgetierungen und Inventarisierungen (DIN 69901).
Projektstufen	Den 9 Leistungsphasen der HOAI angepasste Zusammenfassung des Leistungsbildes Projektsteuerung zu 5 Projektstufen, erweitert um die Leistungsphase Projektentwicklung: 1 Projektvorbereitung, 2 Planung, 3 Ausführungsvorbereitung, 4 Ausführung, 5 Projektabschluss.
Projektziele	Projektziele beschreiben Ereignisse, die im Projekt erreicht werden sollen. Ohne klare Zieldefinition können Ziele nicht erreicht werden. Anzustreben ist immer eine Bedarfsplanung nach Zweck und Ziel. Ziele müssen dokumentiert werden!
Prüfen	Eine umfassende inhaltliche Prüfung auf Vertragskonformität und Richtigkeit. Entsprechende Unterlagen sind mit einem Prüfvermerk zu versehen und vom Bearbeiter zu unterzeichnen. Die Prüfung der Rechnungen der Planungsbeteiligten und der sonstigen freiberuflich Tätigen umfasst eine entsprechende inhaltliche Überprüfung.
Quartals-/Statusbericht	Lagebericht zum Projekt als auch Rechenschaftsbericht des Projektmanagements für den Berichtszeitraum. Die Gliederung bezieht sich auf die 5 Handlungsbereiche des Projektmanagements: A Organisation, Information, Koordination und Dokumentation B Qualitäten und Quantitäten C Kosten und Finanzierung D Termine, Kapazitäten und Logistik E Verträge und Versicherungen Ferner sind die Risiken für die definierten Qualitäts-, Kosten- und Terminziele bis zum Projektende aufzuzeigen.

Rahmenterminplan	Die Rahmenterminplanung dient der generellen Projektplanung. Sie umfasst relativ wenige, aber übergeordnete Vorgänge (meistens 20 bis 50). Die Zeitdimension sind Monate oder Quartale.
Raumprogramm	→ Bauprogramm
Rückstellungen	Sie werden im Zusammenhang mit der Vorgabe der Deckungsbestätigung für Aufträge gebildet und dienen als Reserve zur Deckung von evtl. Nachträgen zu dem jeweiligen Auftrag. Die Größenordnung ist auftragsindividuell abzuschätzen und liegt meistens zwischen 3 % und 5 % der Vergabesumme. Bis zur Schlusszahlung eines Auftrags nicht benötigte Rückstellungen werden aufgelöst und dem Ausgleichsposten zugeführt.
Schlussrechnung	Die Schlussrechnung ist die abschließende Abrechnung des Werklohns.
Schlusszahlung	Die Schlusszahlung ist nach VOB/B § 16 Nr. (3) 1. alsbald nach Prüfung und Feststellung der vom Auftragnehmer vorgelegten Schlussrechnung zu leisten, spätestens innerhalb von 30 Tagen nach Zugang. Nach 2. schließt die vorbehaltlose Annahme der Schlusszahlung durch den Auftragnehmer Nachforderungen aus, wenn der AN über die Schlusszahlung vom Auftraggeber schriftlich unterrichtet und auf die Ausschlusswirkung hingewiesen wurde. Nach 5. ist ein Vorbehalt innerhalb von 28 Werktagen nach Zugang der Mitteilung über die Schlusszahlung seitens des AN zu erklären. Er wird hinfällig, wenn nicht innerhalb von weiteren 24 Werktagen eine prüfbare Rechnung über die vorbehaltenen Forderungen eingereicht oder, wenn das nicht möglich ist, der Vorbehalt eingehend begründet wird.
Schnittstelle/ Schnittstellenmanagement	Schnittstellen sind Übergabestellen zwischen Teilleistungen. Schnittstellenarten: • Planung – Weitergabe von Arbeitsergebnissen an den nächsten Bearbeiter • Objekt – z.B. zwischen Bauteilen • Funktion – z.B. Wechsel von Verantwortlichkeiten • Phase, Rang, Zweck – z.B. je nach Vertragsgestaltung am Ende einer Teilphase. • Schnittstellen werden gemanagt durch: • Erkennen der Schnittstellen

- Planung, Organisation und Kontrolle der Schnittstellen durch: Bereitstellen von Informationen, Treffen von Entscheidungen und Vertragsgestaltung.

Zu beachten ist, dass bei Übergaben des eigenen Leistungsbeitrags an den nächsten Leistenden, die Leistung nicht unbedingt den Anforderungen entsprechen muss. Die Prüfung der Vorleistung ist deshalb von großer Bedeutung.

Stakeholder – Person, Gruppe oder Organisation, die an irgendeinem Aspekt des Projekts interessiert ist oder diesen beeinflusst, davon betroffen ist oder sich davon betroffen fühlen kann.

Steuern – Die zielgerichtete Beeinflussung der Beteiligten zur Umsetzung der gestellten Aufgabe.

Steuerungsablaufplanung – Die Steuerungsablaufpläne der Planung und der Ausführung dienen den Ablaufkontrollen mit Soll-/Ist-Vergleich, Abweichungsanalyse und ggf. erforderlichen Anpassungsmaßnahmen zur Erreichung der Terminziele. Sie werden vom Projektmanager in den Projektstufen der Planung und Ausführungsvorbereitung aufgestellt auf der Basis der Grobablaufplanung für die Planung und Ausführung und mit den Projektbeteiligten abgestimmt. Während der Ausführung übernimmt der Projektmanager aus den Zeitplänen des Objektplaners und den Detailablaufplänen der Ausführung der Firmen wichtige Zwischentermine und schreibt die Steuerungsablaufpläne der Ausführung fort.

Steuerungsterminplanung – Unterschieden wird in die Steuerungsterminplanung Gesamtprojekt und die Steuerungsterminplanung der einzelnen Leistungsphasen (Planung der Planung, Bauausführung etc.). Sie umfasst mehrere Hundert bis ggf. mehrere Tausend Vorgänge. Die Zeitdimension sind Tage.

Subunternehmer – → Nachunternehmer

Teilschlusszahlung – Nach VOB/B § 16 Nr. 4 können in sich abgeschlossene Teile der Leistung nach Teilabnahme ohne Rücksicht auf die Vollendung der übrigen Leistungen endgültig festgestellt und durch eine Teilschlusszahlung bezahlt werden.

Terminrahmen – Der Terminrahmen hat sich während der Projektstufe der Projektvorbereitung an den Zielen des AG zu orientieren. Er steckt mit nur wenigen Vorgängen und Ereignissen (≤ 15) die Dauern der Projektstufen und die Entscheidungszeitpunkte für das Projekt ab.

Totalübernehmer – Der Totalübernehmer unterscheidet sich vom Totalunternehmer dadurch, dass er zwar auch neben der Ausführung die Planungsleistungen übernimmt, jedoch wie der → Generalübernehmer keinerlei Planungs- und Ausführungsleistungen in eigenem Betrieb erbringt. Damit gelten die für den → Generalübernehmer genannten Nachteile analog.

Totalunternehmer
: Er übernimmt neben der Ausführung der Bauleistungen aller Gewerbezweige für ein Bauwerk auch die Planungsleistungen ab der Entwurfsplanung mit einem Vertrag, d.h. sämtliche Leistungen eines Generalplaners und eines Generalunternehmers zusammen. Teilweise besorgt der Totalunternehmer für den Auftraggeber auch noch das Grundstück und regelt Finanzierungsfragen. Totalunternehmer werden im Rahmen Beschränkter Ausschreibungen (Nichtoffener Verfahren) vor allem dadurch gewonnen, dass sie ihre Angebote auf der Basis einer Leistungsbeschreibung mit Leistungsprogramm nach § 9 Nr. 10 bis 12 VOB/A unterbreiten. Zielsetzung dabei ist es, zusammen mit der Bauausführung auch den Entwurf für die Leistung dem Wettbewerb zu unterstellen, um die technisch, wirtschaftlich und gestalterisch beste sowie funktionsgerechte Lösung der Bauaufgabe zu ermitteln.

Überprüfen
: Kontrolle eines abgeschlossenen Arbeitsergebnisses in Stichproben, mit dem Ziel der Freigabe des Arbeitsergebnisses oder der Verwerfung/Zurückweisung. Der Auftragnehmer ist insbesondere nicht verpflichtet, Leistungen von Planern und Gutachtern im Detail zu kontrollieren. Vielmehr schuldet er eine stichprobenhafte Kontrolle der Leistungsergebnisse, u.a. auf Vollständigkeit, Plausibilität und Übereinstimmung mit den Projektzielen. Die Stichproben sind vom Auftragnehmer eigenverantwortlich so vorzunehmen, dass besonders kritische und fehlerträchtige Vorgänge fachgerecht kontrolliert und etwaige Mängel aufgedeckt werden können. Auch die Stichprobe ist zu dokumentieren.

Umsetzen
: Abgestimmte Prozesse über das Informations- und Besprechungswesen einführen und deren Einhaltung überprüfen.

Umweltverträglichkeitsprüfung
: Sie regelt das Verwaltungsverfahren zur vorausschauenden Beurteilung der Auswirkungen von besonders umweltrelevanten Vorhaben. Ziel des Gesetzes über die Umweltverträglichkeitsprüfung (UVPG) vom 12.2.1990 (BGBl. I S. 2749) ist es, bei umweltgefährdenden Projekten zur wirksamen Umweltvorsorge nach einheitlichen Grundsätzen sicherzustellen, dass

- die Auswirkungen auf die Umwelt frühzeitig und umfassend ermittelt, beschrieben und bewertet werden,
- das Ergebnis der Umweltverträglichkeitsprüfung so früh wie möglich bei allen behördlichen Entscheidungen über die Zulässigkeit berücksichtigt wird.

Die Umweltverträglichkeitsprüfung ist ein unselbständiger Teil verwaltungsbehördlicher Verfahren, die der Entscheidung über die Zulässigkeit von Vorhaben dienen. Die Umweltverträglichkeitsprüfung umfasst die Ermittlung, Beschreibung und Bewertung der Auswirkungen eines Vorhabens auf die Schutzgüter:

- Menschen, Tiere und Pflanzen,
- Boden, Wasser, Luft, Klima und Landschaft, einschließlich der jeweiligen Wechselwirkungen,
- Kultur- und sonstige Sachgüter.

Unvorhersehbares	Kostenansatz in → Kostenermittlungen bei Projekten mit hohem Schwierigkeitsgrad, insbesondere auch bei Umbaumaßnahmen.
Value Engineering	Ist die Orientierung von Planung und Realisierung hin auf die optimale Wertschöpfung, unter Einbeziehung vieler Disziplinen und Bereiche.
Vergabe- und Vertragsordnung für Bauleistungen (VOB/B)	Sie ist aus dem Bedürfnis entstanden, die werkvertraglichen Regelungen des BGB §§ 631 f., die den Interessen der Baubeteiligten und den Bauabläufen nur bedingt gerecht werden, durch entsprechende bauspezifische und praxisbezogene Regelungen zu ergänzen. Die grundsätzliche Bedeutung der Verdingungsordnung für Bauleistungen liegt u.a. in ihrer baupraxisbezogenen Ausrichtung, ihrer ausgewogenen Behandlung der Vertragspartner und – bedingt durch das Fehlen des Gesetzescharakters – in der Möglichkeit, sie fortlaufend, schnell und flexibel sich verändernden Bedürfnissen anzupassen.
Vergabeunterlagen	Sie bestehen nach VOB/A § 8 aus:

- dem Anschreiben, ggf. Bewerbungsbedingungen und
- den Vertragsunterlagen mit
  - Leistungsbeschreibung durch Baubeschreibung mit Leistungsverzeichnis oder mit Leistungsprogramm,
  - Ausschreibungsplänen,
  - ggf. Mustern und Probestücken,
  - Besonderen Vertragsbedingungen (BVB),
  - Zusätzlichen Vertragsbedingungen (ZVB),
  - ggf. Zusätzlichen Technischen Vertragsbedingungen (ZTV),
  - Allgemeinen Technischen Vertragsbedingungen (ATV = VOB/C) und
  - Allgemeinen Vertragsbedingungen (AVB = VOB/B).

VOF	Die Vergabeordnung für freiberufliche Leistungen (VOF) regelt die Ausschreibung und Vergabe von freiberuflichen Leistungen durch öffentliche Auftraggeber in Deutschland. Darunter fallen neben Architekten- oder Ingenieurleistungen auch Leistungen im Rahmen der Kunst am Bau. Sie das Pendant zur Vergabe- und Vertragsordnung für Bauleistungen (VOB) bzw. Vergabe- und Vertragsordnung für Leistungen (VOL).
Vorauszahlung	Vorauszahlungen können vor oder nach Vertragsabschluss vereinbart werden; hierfür ist auf Verlangen des Auftraggebers ausreichende Sicherheit zu leisten. Vorauszahlungen sind, sofern nichts anderes vereinbart wird, mit 1 v.H. über dem Lombardsatz der Deutschen Bundesbank zu verzinsen. Vorauszahlungen sind auf die nächst fälligen Zahlungen anzurechnen, soweit damit Leistungen abzugelten sind, für welche die Vorauszahlungen gewährt worden sind.
Vorgang	Festgelegte Arbeitsaufgabe (Arbeitspaket) im Rahmen eines Plans; erforderlich für die Vollendung eines Projekts.
Werkvertrag	Nach BGB § 631 sind vertragstypische Pflichten beim Werkvertrag: (1) Durch den Werkvertrag wird der Unternehmer zur Herstellung des versprochenen Werkes, der Besteller zur Entrichtung der vereinbarten Vergütung verpflichtet. (2) Gegenstand des Werkvertrags kann sowohl die Herstellung oder Veränderung einer Sache als auch ein anderer durch Arbeit oder Dienstleistung herbeizuführender Erfolg sein.
Wirtschaftlichkeitsberechnung	Methode, mit deren Hilfe die Vorteilhaftigkeit einzelwirtschaftlicher Investitionsmaßnahmen geprüft und im Hinblick auf die Zielsetzungen des jeweiligen Investors bewertet werden soll. Sie gehören damit zur betriebswirtschaftlichen Investitionsrechnung. Die untersuchten Kosten- und Nutzenfaktoren sind als Ausgaben und Einnahmen stets monetär bewertbar. Nicht in Geldeinheiten bewertbare Faktoren können ergänzend nur verbal diskutiert werden (intangible Effekte).
Wirtschaftlichkeitsuntersuchung	Der Grundsatz der Wirtschaftlichkeit umfasst das Sparsamkeits- und das Ergiebigkeitsprinzip: • Das Sparsamkeitsprinzip (Minimalprinzip) verlangt, ein bestimmtes Ergebnis mit möglichst geringem Mitteleinsatz zu erzielen. • Das Ergiebigkeitsprinzip (Maximalprinzip) verlangt, mit einem bestimmten Mitteleinsatz das bestmögliche Ergebnis zu erzielen

Bei der Ausführung eines Projekts steht der Grundsatz der Wirtschaftlichkeit im Vordergrund. Wirtschaftlichkeitsuntersuchungen sind Instrumente zur Umsetzung des Grundsatzes der Wirtschaftlichkeit.

Zeithonorar	Eine Vergütung, die auf Ermittlung des auftragsbezogenen Zeitaufwands basiert. Abgerechnet werden vereinbarte Personenstunden, Tages- oder Monatssätze.

Stichwortverzeichnis

E

F

G

H

I

J

K

Ausschuss der Verbände und Kammern
der Ingenieure und Architekten
für die Honorarordnung e.V.

Der AHO – Tradition und gewachsene Kompetenz

Der AHO Ausschuss der Verbände und Kammern der Ingenieure und Architekten für die Honorarordnung e.V. ist der Zusammenschluss maßgeblicher Ingenieurverbände, der Länderingenieurkammern Deutschlands und einiger Architektenkammern und -verbände. Als Fachverband wahrt und vertritt er die Honorar- und Wettbewerbsinteressen von Ingenieuren und Architekten.

Die Facharbeit des AHO wird in themenbezogen zusammengestellten Arbeitsgremien von hochqualifizierten Ingenieuren und Architekten ehrenamtlich geleistet. Im Mittelpunkt stehen die Diskussionen von Grundsatzfragen zum Honorar- und Wettbewerbsrecht, die Weiterentwicklung der bestehenden Leistungsbilder der Verordnung über die Honorare für Architekten- und Ingenieurleistungen (Honorarordnung für Architekten und Ingenieure – HOAI) sowie die Erarbeitung neuer Leistungsbilder. Beratungsergebnisse aus den einzelnen Arbeitsgremien werden in der Schriftenreihe des AHO als Praxishilfe für Auftragnehmer und Auftraggeber veröffentlicht.

Mitgliedsorganisationen im AHO

Verbände

abv Arbeitskreis Beratende Ingenieure – Vermessung – im BDB Baden-Württemberg

BAB Berufsverband freischaffender Architekten und Bauingenieure e.V.

BDB Bund Deutscher Baumeister, Architekten und Ingenieure e.V.

BDG Berufsverband Deutscher Geowissenschaftler e.V.

BDK Bundesverband Deutscher Baukoordinatoren e.V.

BDVI Bund der Öffentlich bestellten Vermessungsingenieure e.V.

BVPI Bundesvereinigung der Prüfingenieure für Bautechnik e.V.

BVS Bundesverband öffentlich bestellter und vereidigter sowie qualifizierter Sachverständiger e.V.

DVP Deutscher Verband der Projektmanager in der Bau- und Immobilienwirtschaft e.V.

IGVB Ingenieurverband Geoinformation und Vermessung Bayern e.V.

UBF Unabhängige Berater für Fassadentechnik e.V.

VBI Verband Beratender Ingenieure

VDI Verein Deutscher Ingenieure e.V.

VDV Verband Deutscher Vermessungsingenieure e.V.

VIV Verband der Ingenieurbüros für Verkehrstechnik e.V.

VSB Verband zertifizierter Sanierungs-Berater für Entwässerungssysteme e.V.

V.S.G.K. Verband der Sicherheits- und Gesundheitsschutzkoordinatoren Deutschlands e.V.

Kammern

Architektenkammer Baden-Württemberg

Architektenkammer der Freien Hansestadt Bremen

Architektenkammer Sachsen

Architekten- und Ingenieurkammer Schleswig-Holstein

Architekten- und Stadtplanerkammer Hessen

Baukammer Berlin

Bayerische Architektenkammer

Bayerische Ingenieurekammer-Bau

Brandenburgische Ingenieurkammer

Hamburgische Ingenieurkammer-Bau

Ingenieurkammer Baden-Württemberg

Ingenieurkammer-Bau Nordrhein-Westfalen

Ingenieurkammer der Freien Hansestadt Bremen

Ingenieurkammer des Saarlandes

Ingenieurkammer Hessen

Ingenieurkammer Mecklenburg-Vorpommern

Ingenieurkammer Niedersachsen

Ingenieurkammer Rheinland-Pfalz

Ingenieurkammer Sachsen

Ingenieurkammer Sachsen-Anhalt

Ingenieurkammer Thüringen

Außerordentliche Mitglieder

BDIA Bund Deutscher Innenarchitekten e.V.

bdla Bund Deutscher Landschaftsarchitekten

SRL Vereinigung für Stadt-, Regional- und Landesplanung e.V.

VFA Vereinigung Freischaffender Architekten Deutschlands e.V.

Ausschuss der Verbände und Kammern
der Ingenieure und Architekten
für die Honorarordnung e.V.

Veröffentlichungen in der Schriftenreihe des AHO

Alle Hefte der AHO-Schriftenreihe verstehen sich als unverbindliche Honorierungsempfehlungen und Praxishilfen.

Die bisher erschienenen Hefte können – sofern nichts anderes angegeben ist – beim AHO direkt bezogen werden. Ihre Bestellung können Sie online unter www.aho.de/schriftenreihe oder per Fax unter (0 30) 31 01 917-11 aufgeben.

Alle angegebenen Preise sind Bruttopreise inkl. gesetzl. MwSt. zzgl. Versandkosten.

Nr. 3 **HOAI – Besondere Leistungen bei der Tragwerksplanung**
ISBN 978-3-89817-860-0, 4., vollständig überarbeitete Auflage 2010, 44 Seiten, 16,5 × 24,4 cm, kartoniert. 14,80 €

Nr. 4 **HOAI – Ergänzungen zum Leistungsbild der Grundleistungen – Zusätzlich zu vergütende Leistungen bei der Planung von Objekten der Wasser- und Abfallwirtschaft**
ISBN 978-3-89817-741-2, 2., vollständig überarbeitete Auflage 2008, 20 Seiten, 16,5 × 24,4 cm, kartoniert. 14,80 €

Nr. 5 **HOAI – Entwurf zur Fortschreibung von Teil VIIa Verkehrsplanerische Leistungen**
ISBN 978-3-88784-598-8, 1994, 40 Seiten, 16,5 × 24,4 cm, kartoniert. 14,80 €

Nr. 6 **HOAI – Besondere Leistungen bei der Planung von Anlagen der Technischen Ausrüstung nach Teil 4 Abschnitt 2 i.V.m. Anlage 15, Nr. 15.1 HOAI 2013**
ISBN 978-3-8462-0317-0, 3., vollständig überarbeitete Auflage 2014, 64 Seiten, 16,5 x 24,4 cm, kartoniert. 14,80 €

Nr. 7 **HOAI – Besondere Leistungen bei der Planung von Ingenieurbauwerken und Verkehrsanlagen nach Teil VII – ausgenommen Objekte der Wasser- und Abfallwirtschaft –**
ISBN 978-3-88784-636-7, 1995, 68 Seiten, 16,5 × 24,4 cm, kartoniert. 14,80 €

Nr. 8 **Untersuchungen zum Leistungsbild und zur Honorierung für den Planungsbereich „Altlasten"**
ISBN 978-3-89817-914-0, 2., vollständig überarbeitete Auflage 2010, 76 Seiten, 16,5 × 24,4 cm, kartoniert. 21,80 €

Nr. 9 **Projektmanagementleistungen in der Bau- und Immobilienwirtschaft – Leistungsbild und Honorierung**
ISBN 978-3-8462-0189-3, 4., vollständig überarbeitete Auflage 2014, 228 Seiten, 16,5 x 24,4 cm, kartoniert. 36,80 €

Nr. 10 **HOAI – Empfehlungen des AHO zur Definition und Anwendung der Funktionalausschreibung**
ISBN 978-3-88784-883-5, 1998, 36 Seiten, 16,5 × 24,4 cm, kartoniert. 14,80 €

Ausschuss der Verbände und Kammern
der Ingenieure und Architekten
für die Honorarordnung e.V.

Nr. 11 **HOAI – Leistungsbilder von Anlagen der Technischen Ausrüstung nach Teil IX bei der funktionalen Leistungsvergabe inklusive komplementärem Leistungsbild des Generalunternehmers**
ISBN 978-3-89817-282-0, 2. Auflage 2002, 40 Seiten, 16,5 × 24,4 cm, kartoniert. 14,80 €

Nr. 12 **HOAI – Arbeitshilfen zur Vereinbarung von Ingenieurverträgen für die Bearbeitung von Generalentwässerungsplänen (GEP)**
ISBN 978-3-88784-991-7, 2000, 36 Seiten, 16,5 × 24,4 cm, kartoniert. 14,80 €

Nr. 13 **HVA F-StB – Benutzerhinweise zur Verhandlung und Abfassung von Ingenieurverträgen (im Straßen- und Brückenbau)**
ISBN 978-3-89817-036-9, 2001, 28 Seiten, 16,5 × 24,4 cm, kartoniert. 14,80 €

Nr. 14 **HOAI – Tafelfortschreibung Erweiterte Honorartabellen (§§ 34.1, 39.1, 43.1, 47.1, 50.1, 54.1)**
ISBN 978-3-89817-895-2, 2., vollständig überarbeitete Auflage 2010, 48 Seiten, 16,5 × 24,4 cm, kartoniert. 14,80 €

Nr. 15 **Leistungen nach der Baustellenverordnung – Leistungsbild und Honorierung**
ISBN 978-3-89817-940-9, 2., vollständig überarbeitete und erweiterte Auflage 2011, 48 Seiten, 16,5 × 24,4 cm, kartoniert. 14,80 €

Nr. 16 **Untersuchungen zum Leistungsbild und zur Honorierung für das Facility Management Consulting**
ISBN 978-3-89817-841-9, 4., vollständig überarbeitete und erweiterte Auflage 2010, 128 Seiten, 16,5 × 24,4 cm, kartoniert. 28,80 €

Nr. 17 **Leistungen für Brandschutz – Leistungsbild und Honorierung**
ISBN 978-3-89817-835-8, 2., vollständig überarbeitete und erweiterte Auflage 2009, 48 Seiten, 16,5 × 24,4 cm, kartoniert. 14,80 €

Nr. 18 **Arbeitshilfen zur Vereinbarung von Leistungen und Honoraren für den Planungsbereich „Baufeldfreimachung"**
ISBN 978-3-89817-414-5, 2004, 80 Seiten, 16,5 × 24,4 cm, kartoniert. 14,80 €

Nr. 19 **Neue Leistungsbilder zum Projektmanagement in der Bau- und Immobilienwirtschaft**
ISBN 978-3-89817-436-7, 2004, 148 Seiten, 16,5 × 24,4 cm, kartoniert. 28,80 €

Nr. 20 **Abgrenzung der Vergütung von Objektplanungsleistungen der Freianlagen zu Ingenieurbauwerken und Verkehrsanlagen nach Teil 3 der HOAI 2009**
ISBN 978-3-89817-950-8, 2., überarbeitete Auflage 2011, 64 Seiten, 16,5 × 24,4 cm, kartoniert. 21,80 €